21 世纪高职高专汽车系列技能型规划教材

汽车车载网络技术与检修

主　编　闫炳强　黄伟青
副主编　陈昌建　肖　军　常　青
参　编　朱晓红　鄢　玉

内 容 简 介

本书全面系统地介绍了车用单片机及 CAN、LIN、MOST 等车载网络系统的基础知识、结构原理、故障诊断与维修技巧，主要包括汽车车载网络技术基础、车载单片机的结构和原理、CAN 网络系统的结构原理与检修、LIN 网络系统的结构原理与检修、MOST 网络系统的结构原理与检修、VAN 总线多路传输系统、LAN 数据总线系统、车载蓝牙技术等内容。本书内容结合奥迪、宝来、本田等典型车系的车载网络系统编写，便于读者理论联系实际，学得懂，用得上。

本书适合作为高职高专院校汽车电子技术、汽车检测与维修技术、汽车运用技术等汽车专业的教材，也可作为汽车技术培训的教材，同时可供汽车维修人员参考使用。

图书在版编目(CIP)数据

汽车车载网络技术与检修/闫炳强，黄伟青主编．—北京：北京大学出版社，2013.6
（21 世纪高职高专汽车系列技能型规划教材）
ISBN 978-7-301-22363-5

Ⅰ.①汽… Ⅱ.①闫… ②黄… Ⅲ.①汽车—计算机网络—维修—高等职业教育—教材 Ⅳ.①U472.41

中国版本图书馆 CIP 数据核字（2013）第 070734 号

书　　　　名：	汽车车载网络技术与检修
著作责任者：	闫炳强　黄伟青　主编
策 划 编 辑：	张永见
责 任 编 辑：	李娉婷
标 准 书 号：	ISBN 978-7-301-22363-5/U · 0092
出 版 发 行：	北京大学出版社
地　　　　址：	北京市海淀区成府路 205 号　100871
网　　　　址：	http://www.pup.cn　新浪官方微博:@北京大学出版社
电 子 信 箱：	pup_6@163.com
电　　　　话：	邮购部 010-62752015　发行部 010-62750672　编辑部 010-62750667
印 刷 者：	北京虎彩文化传播有限公司
经 销 者：	新华书店
	787 毫米×1092 毫米　16 开本　15.25 印张　354 千字
	2013 年 6 月第 1 版　2022 年 1 月第 5 次印刷
定　　　　价：	30.00 元

未经许可，不得以任何方式复制或抄袭本书之部分或全部内容。
版权所有，侵权必究
举报电话：010-62752024　电子信箱：fd@pup.pku.edu.cn

前　言

随着汽车电子技术的发展，车载网络的应用已经在汽车上迅速扩展开来，传统的维修设备和检测手段已不能满足要求，而各种现代化的检测诊断仪器、设备和新的维修技术正应运而生。这就对汽车维修提出了更高的要求，维修人员除掌握基本的汽车电子控制技术之外，还必须掌握在此基础上发展起来的车载网络技术。为了适应这些变化要求，我们组织了一些对车载网络具有开发、维修和实训经验的人员编写此书。

本书以实际案例为导入，理论精简、贴近实际应用；工学结合，突出实践能力培养；以就业为导向，增强学生的职业能力。本书在编写过程中，充分考虑了目前国内高职教育的特点，力求从生产一线对该专业人才知识、能力的需要出发，本着知识必需、够用的原则，对汽车车载网络的基本组成、结构原理、故障诊断与检修方法进行了剖析。通过对本书的学习，广大在校生可以迅速掌握汽车车载网络检修技巧的捷径，广大汽车维修人员可以吸取外来经验知识。期望本书能对读者有较大的帮助。

本书设置了5个基本模块项目：汽车车载网络技术基础、CAN总线网络系统的结构原理与检修、LIN网络系统的结构原理与检修、MOST网络系统的结构原理与检修、其他车载网络系统的检修。本书把实训内容集中放在教材的最后，方便在学习过程中使用。

本书由闫炳强、黄伟青任主编，陈昌建、肖军、常青任副主编。具体编写分工如下：河北工业职业技术学院闫炳强（项目2）、黄伟青（项目1）、陈昌建（项目4）、朱晓红（实训1、2）、鄢玉（实训3、4），北京理工大学机械与车辆学院常青（项目5），北京汽车股份有限公司肖军（项目3）。

在本书的编写过程中，除了参考书后所列参考文献之外，还参阅了很多国内外有关汽车技术的大量相关资料，在此一并表示深深的感谢。

由于编者水平有限，疏漏之处在所难免，恳请广大读者不吝指正。

编　者
2013年4月

目 录

项目1 汽车车载网络技术基础 ………… 1
- 1.1 认识汽车车载网络系统 ……………… 3
- 1.2 汽车车载网络通信协议 ……………… 21
- 1.3 汽车车载单片机的结构和原理 ……… 26
- 项目小结 …………………………………… 52
- 习题 ………………………………………… 53

项目2 CAN总线网络系统的结构原理与检修 ………………………………… 55
- 2.1 认识CAN总线 ………………………… 56
- 2.2 CAN总线系统的组成 ………………… 62
- 2.3 CAN总线多路传输系统通信协议 …… 77
- 2.4 CAN数据总线传输数据的组成与原理 ………………………………… 81
- 2.5 奥迪CAN数据总线系统的原理与检修 ………………………………… 83
- 项目小结 ………………………………… 140
- 习题 ……………………………………… 142

项目3 LIN网络系统的结构原理与检修 ………………………………… 144
- 3.1 认识LIN总线 ………………………… 145
- 3.2 LIN的结构与协议 …………………… 149
- 3.3 奥迪LIN数据总线系统的结构原理与检修 ………………………… 153
- 项目小结 ………………………………… 162
- 习题 ……………………………………… 163

项目4 MOST网络系统的结构原理与检修 ………………………………… 165
- 4.1 MOST总线的特点及类型 …………… 166
- 4.2 MOST总线协议 ……………………… 168
- 4.3 奥迪车系MOST数据总线系统结构原理与检修 ……………………… 171
- 项目小结 ………………………………… 186
- 习题 ……………………………………… 188

项目5 其他车载网络系统的检修 …… 189
- 5.1 VAN总线多路传输系统 ……………… 190
- 5.2 LAN数据总线系统 …………………… 200
- 5.3 汽车光纤技术 ………………………… 212
- 5.4 车载蓝牙系统 ………………………… 222
- 项目小结 ………………………………… 225

附录 实训部分 ………………………… 227
- 实训1 认识汽车车载网络系统 ……… 227
- 实训2 CAN数据总线检修 …………… 229
- 实训3 LIN数据总线检修 …………… 231
- 实训4 MOST数据总线系统检测 …… 234

参考文献 ………………………………… 236

项目 1
汽车车载网络技术基础

▼ 项目知识目标

- ◆ 了解车载网络在汽车上的应用背景及目前应用情况
- ◆ 掌握车载网络的组成、分类和应用
- ◆ 熟知车载网络标准的分类和应用情况
- ◆ 掌握车载电脑的基本结构及工作原理

▼ 项目技能目标

- ◆ 能说出车载网络常用的基本术语
- ◆ 能认识车载网络的基本组成、结构
- ◆ 能对车载电脑进行检测

案例导入

2005款北京吉普越野车，该车左前门电动窗主开关不能控制其他3个车门的玻璃升降，而其他3个车门的升降开关能控制本车门的玻璃。

该车的电动玻璃升降控制系统原理图如图1.0所示。与传统的控制系统不一样，它采用总线型控制方式。

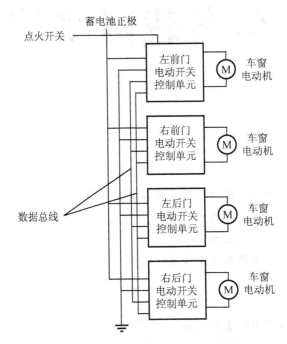

图1.0 总线型电动玻璃升降器控制电路图

从控制电路图中看出总线型电动玻璃升降器控制系统电路与各车门上的玻璃升降开关只有一条地线，而且没有回到主开关而是直接接地，各车门的玻璃升降开关间还多了两条线分别与其他车门的升降开关相连。本车的玻璃升降开关与传统类型的玻璃升降开关不同，是一个集成控制单元。该系统包含4个控制单元，分别控制各个车门的玻璃升降和电动门锁。左前车门上主开关的控制信号通过两条数据总线发送，再由其他3个车门开关控制单元识别接收。系统总线网关是右前门玻璃升降开关控制单元，两条总线（紫/白、棕/白）上的电压是10.8V左右，而且两个后门的开关控制单元因为信号识别不同不能互换。

由于右前门开关控制单元起到网关的作用，首先应该检查其工作是否正常。检查后发现，由于左前门开关控制单元的插头接触不良导致总线上没有信号，主开关的控制信号也就无法传送，也就不能控制其他3个车门。而各个车门开关控制单元可以独立控制本门的玻璃升降，所以仍然能正常工作。

将插头妥善处理后，试车，故障排除。

由此可以看出，维修人员如果不懂车载总线网络的基本原理，将不能解决本车的故障问题。所以本项目将带大家区分车载网络系统与普通电气控制系统，掌握车载网络系统的特点和原理，以协助我们来处理此车辆的故障问题。

1.1 认识汽车车载网络系统

1.1.1 汽车车载网络系统的应用背景及发展简史

1. 汽车车载网络信息传输系统的应用背景

随着对现代汽车性能要求的不断提高,汽车电器与电子控制装置在汽车上的应用也越来越多,例如电子燃油喷射装置、防抱死制动装置(Anti-lock Breaking System,ABS)、电控自动变速器、安全气囊装置、电动门窗装置、主动悬架等。随着集成电路和单片机在汽车上的广泛应用,汽车上控制单元的数量越来越多,线路越来越复杂,传统的点到点布线方式使汽车上的导线数量成倍增加,汽车的线束越来越庞大。而复杂和凌乱的线束使电气线路的故障率增加,降低了汽车电器与电子控制装置的工作可靠性。当线路发生故障时,不仅故障查找相当麻烦,而且维修也很困难,这在一定程度上影响了电子控制技术在汽车上的应用。

除此之外,随着汽车电子控制装置的大量使用,有些数据信息需要在不同的控制系统中共享,大量的控制信号也需要实时交换,以提高系统资源利用率和工作可靠性。很显然,如果在大量采用电子控制装置的汽车上仍然用传统的点到点的连接方式,信号传输的可靠性、信息传送速度均会显现不适应性,信息传输材料成本较高。

为了简化线路,提高信息传输的速度和可靠性,降低故障频率,汽车网络信息技术应运而生。一辆汽车不管有多少块控制单元,每块控制单元都只需引出两条线共同接在两个节点上,这两条导线就称作数据总线,亦称网线。汽车网络信息传输方式如图 1.1 所示。

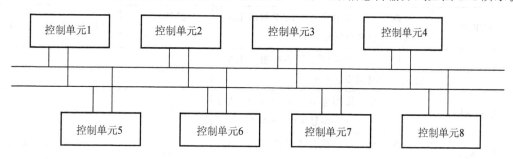

图 1.1 汽车网络信息传输方式

特别提示

汽车使用车载网络进行信号传输可以简化线束、减轻重量、减少成本、减少尺寸、减少连接器的数量;可以进行设备之间的通信、丰富功能;可以通过信息共享,减少传感器信号的重复数量。

2. 汽车车载网络信息传输系统发展简史

从 1980 年起,汽车上开始装用网络。1983 年,日本丰田公司在世纪牌汽车上采用光缆车门多路传输集中控制系统,车身 ECU(电子控制单元)可对各车门锁、电动车窗进行控制。但至此之后，光缆网线并没有在汽车上广泛运用。

1986—1989年间，汽车车身系统上采用了铜网线，如日本日产公司的车门多路传输集中控制系统、美国GM公司的车灯多路传输集中控制系统等，它们都已处于批量生产阶段。在此期间，一些汽车网络标准也纷纷推出。比如，德国Robert Bosch公司的CAN(控制器局域网)网络标准，美国汽车工程师学会(Society of Automotive Engineers，SAE)提出的J1850，以及马自达的PALM NET、德国大众的ANUS等。

为了实现音响系统的数字化，在汽车上建立了将音频数据与信号系统综合在一起的AV网络，这种网络采用光缆，连续地输出大容量的数据。

当汽车引入智能交通系统(Intelligent Transport System，ITS)后，将会使用更大容量的网络，例如DDB协议、MOST及IEEE 1394等。

主要车载网络的名称、概要、通信速度与组织/推动单位见表1-1。

表1-1 主要车载网络的基本情况

车载网络的名称	概 要	通信速度	组织/推动单位
CAN	车身/动力传动系统控制用LAN协议	1Mbit/s	Robert Bosch公司(开发)，ISO
VAN	车身系统控制用LAN协议，以法国为中心	1Mbit/s	ISO
J1850	车身系统控制用LAN协议，以美国为中心	10.4kbit/s 41.6kbit/s	Ford Motor公司
LIN	车身系统控制用LAN协议	20kbit/s	LIN协议会
IDB-C	以CAN为基础的控制用LAN协议	250kbit/s	IDM论坛
TTP/C	重视安全、按用途分类的控制用LAN协议，时分多路复用(TDMA)	2Mbit/s 25Mbit/s	TIT计算机技术公司
TTCAN	重视安全、按用途分类的控制用LAN协议，时间同步的CAN	1Mbit/s	Robert Bosch公司 CiA
Byteflight	重视安全、按用途分类的控制用LAN协议，通用时分多路复用(FTDMA)	10Mbit/s	BMW公司
FlexRay	重视安全、按用途分类的控制用LAN协议	5Mbit/s	BMW公司 Daimler Chrysler公司
DDB/Optical	音频系统通信协议，将DDB作为音频系统总线采用光通信	5.6Mbit/s	C&C公司
MOST	信息系统通信协议，以欧洲为中心，由克莱斯勒与BMW公司推动	22.5Mbit/s	MOST使用组织
IEEE 1394	信息系统通信协议，有转化成IDB 1394的动向	100Mbit/s	1394工业协会

由于汽车各个系统对数据的传输速率要求不同，汽车上常用的总线分为CAN总线、LIN总线和MOST总线。

CAN总线用于对数据传输速率和带宽要求较高的场合，如发动机 ECU 和 ABS ECU 等。LIN总线用于对数据速率传输要求较低的场合，主要用来为车载网络提供辅助功能，多使用在不需要总线的带宽和多功能的场合，如智能传感器和车身系统的通信，使用 LIN 总线可使成本大大降低。

1.1.2　汽车车载网络系统的功能与特点

1. 多路传输通信系统的功能

1) 多路传输功能

为了减少车辆电气线束的数量，多路传输通信系统可使部分数字信号通过共用传输线路进行传输。系统工作时，由各个开关发送的输入信号通过中央处理器(Central Processing Unit，CPU)转换成数字信号，该数字信号将以串行信号的形式从传感器装置传输给接收装置，发送的信号在接收装置处将被转换为开关信号，再由开关信号对有关元件进行控制。

2) "唤醒"和"休眠"功能

该功能用以减少在断开点火开关时蓄电池的额外消耗。当系统处于"休眠"状态时，多路传输通信系统将停止诸如信号传输和 CPU 控制等功能，以节约蓄电池的电能；而当系统一旦有人为操作时，处于"休眠"状态的有关控制装置立即开始工作，同时还将"唤醒"信号通过传输线路发送给其他控制装置。

3) 失效保护功能

它包括硬件失效保护和软件失效保护两种功能。当系统的中央处理器(CPU)发生故障时，硬件失效保护功能使中央处理器以固定的信号进行输出，以确保车辆能继续行驶；当系统某控制装置发生故障时，软件失效保护功能将不受来自有故障的控制装置的信号影响，以保证系统能继续工作。

4) 故障自诊断功能

故障自诊断功能具有两种模式，即多路传输通信系统的自诊断模式和各系统输入线路的故障诊断模式，通过这两种模式既能对自身的故障进行自诊断，同时还能对其他系统进行故障诊断。

2. 网络系统的特点

汽车网络信息传输方式是利用数据总线将汽车上的各个功能模块(控制单元或电器多路控制单元)联结起来，形成汽车信息传输网络系统。发送数据和控制信号的功能模块将数据和控制信号以编码的方式发送到同一根总线上，接收数据或控制信号的功能模块通过解码获得相应的数据和控制命令(或某个开关动作)。总线每次只传送一个信息，多个信息分时逐个(串行)传输。它的传输特点如下：

(1) 由于用一根总线替代了多根导线，减少了导线的数量和线束的体积，简化了整车线束，使线路成本和重量都有所下降。

(2) 由于减少了线路和节点，信号传输的可靠性得以提高，并提高了整车电气线路的工作可靠性。

（3）改善了系统的灵活性，通过系统软件即可实现控制系统功能变化和系统升级。

（4）网络结构将各控制系统紧密连接，达到数据共享的目的，各控制系统的协调性可进一步提高。

（5）总线可为诊断提供通用的接口，可以利用多功能测试仪对数据进行测试与诊断，方便了维修人员对电子系统的维护和故障检修。

1.1.3 汽车车载网络系统的结构与分类

1. 车载网络系统的结构

上海别克荣御轿车汽车车载网络系统结构如图1.2所示。雪铁龙网络的布置如图1.3所示。通常的车载网络结构采用多条不同速率的总线分别连接不同类型的节点，并使用网关服务器来实现整车的信息共享和网络管理。网络数据传输如图1.4所示。上海别克荣御轿车网络系统图如图1.5所示。

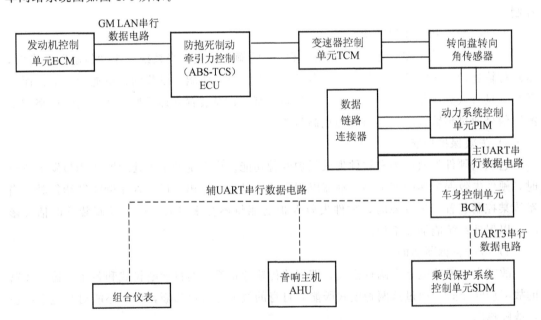

图1.2 车载网络系统结构图（上海别克荣御轿车）

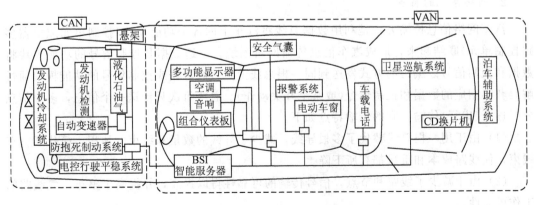

图1.3 雪铁龙轿车网络系统布置图

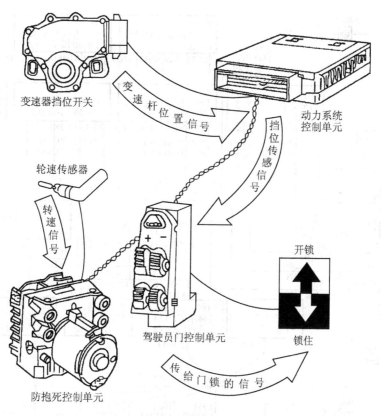

图1.4 车载网络数据传输示意图

动力与传动系统的受控对象直接关系到汽车的行驶状态，它们对通信实时性有较高的要求。因此使用高速的总线连接动力与传动系统。传感器组的各种状态信息可以通过广播的形式在高速总线上发布，各节点可以在同一时刻根据自己的需要获取信息。

数据交换网需建立在优先权竞争的基础上，且具备极高的通信速率。例如，一个8缸柴油机运行速度在2400r/min，则控制单元控制两次喷射时间间隔为6.25ms，其中喷油持续时间为30°的曲轴转角占据2ms时间，在剩余的4ms内需完成转速测量、油量测量、A/D转换、工况计算、执行器的控制等一系列过程。这就意味着数据的发送与接收必须在1ms内完成，以最大限度地满足电控发动机的实时性要求。

车身系统的控制单元多为低速电动机和开关器件，对实时性要求低而数据量大。使用低速的总线连接这些控制单元，将这部分控制单元与汽车的驱动系统分开，有利于保证驱动系统通信的实时性。此外，采用低速总线还可增加传输距离，提高干扰能力，降低硬件成本。

故障诊断系统是将车用诊断系统在通信网络上加以实现。

信息与车载媒体系统对于通信速率的要求更高，一般在2Mbit/s以上，故采用新型的多媒体总线连接车载媒体。这些新型的多媒体总线往往是基于光纤通信的，从而可以保证充足的带宽。

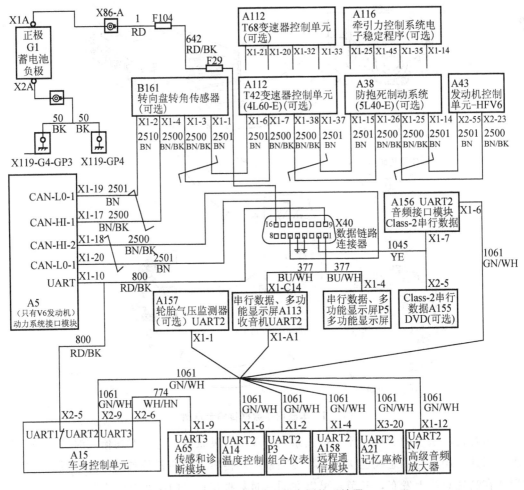

图 1.5 上海别克荣御轿车网络系统图

网关是汽车内部通信的核心，通过它可以实现各条总线信息的共享，以及实现汽车内部的网络管理和故障诊断功能。大部分轿车的网关是组合仪表模块或车身控制单元。上海别克荣御轿车网络系统的网关是动力系统接口模块，如图 1.6 所示。车载网络系统的重要附属设备如图 1.7 所示。

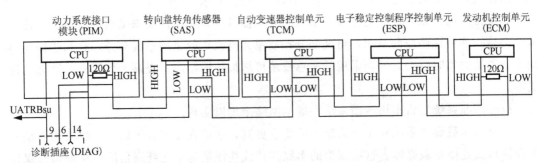

图 1.6 上海别克荣御轿车动力系统接口模块（网关）

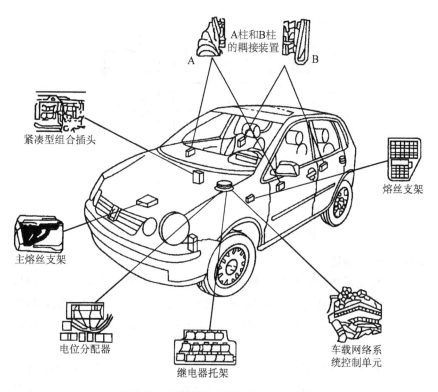

图 1.7 车载网络系统的重要附属设备

2. 车载网络的分类

目前存在的多种汽车网络标准,其侧重的功能有所不同。为方便研究和设计应用,SAE 车辆网络委员会将汽车数据传输划分为 A、B、C 和 D 四类。

通常 A 类网络系统不单独使用,而是和 B 类网络系统结合使用。

当大量共享数据需要在车辆各智能模块间进行交换时,A 类网不再胜任此功能,可采用 B 类网络系统。B 类汽车局域网应用得最为广泛。

到目前为止,满足 C 类网要求的汽车控制局域网只有 CAN 协议。每类网络功能均向下涵盖,即 B 类网支持 A 类网的功能,C 类网能同时实现 B 类网和 A 类网功能。

1) A 类网(低速传输速率)

A 类网是面向传感器执行器控制的低速网络,数据传输速率通常只有 1~10kbit/s。网络协议种类主要有 LIN、UART、CCP 等,适用于对实时性要求不高的场合。A 类网主要应用于车身控制,如电动门窗、中央锁、后视镜、座椅调节、灯光照明及早期的汽车故障诊断。

图 1.8 所示为汽车防盗报警系统,由于车门开关及行李箱开关等信号只在一定的情况下产生,正常时没有信号,所以对数据传输速率要求极低,低速 A 类网就能充分满足系统要求。

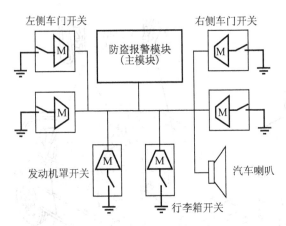

图 1.8　汽车防盗报警 A 类网络系统

2）B 类网（中速传输速率）

B 类网是面向独立模块间数据共享的中速网络，传输速率一般为 10~100kbit/s。B 类网主要应用于电子车辆信息中心、故障诊断、仪表显示、安全气囊等系统，以减少冗余的传感器和其他电子部件。网络协议种类主要有 ISO 11898—3、J 2248、VAN、J 1850（OBD-Ⅱ）等。

B 类网主要应用于车辆电子信息中心、故障诊断、仪表显示等方面的控制。

由控制器局域网（CAN）组成的典型 B 类网络系统如图 1.9 所示。车辆信息中心和仪表组单元无需单独连接液位、温度、车灯、车门及安全带等信号传感器就能从总线上获取上述信息，大大地减少了传感器和其他电子部件数量，有效地节约了安装空间和系统成本。

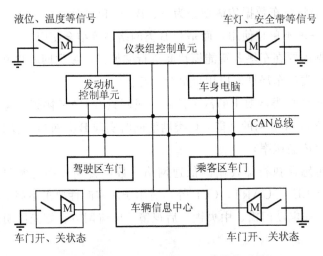

图 1.9　B 类 CAN 总线和 B 类网络系统

3）C 类网（高速传输速率）

C 类网是面向高速、实时闭环控制的多路传输，最高传输速率可达 1Mbit/s，主要用于悬架控制、牵引控制、先进发动机控制、ABS 等系统。图 1.10 所示的 C 类网络系统方案中，CAN 总线有效地将发动机控制系统、驱动防滑系统及自动巡航系统等连接成为一个综合控制系统,整车性能得到大幅度提高。网络协议种类主要有 ISO 11898-2(高速 CAN)、TTP/C、FlexRay 等。

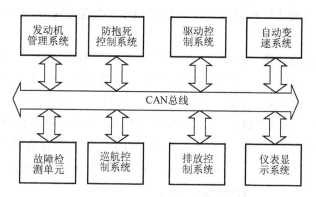

图 1.10　CAN 总线的 C 类网络系统

4) D 类网(统称智能数据总线,IDB)

D 类网主要面向信息、多媒体系统等。D 类网络协议的速率为 250kbit/s~400Mbit/s。它是面向乘员的安全系统,应用于车辆被动安全性领域,位速率一般为 25kbit/s~10Mbit/s。网络协议种类主要有 SafetyBus、Planet、Byteflight 等。

D 类网络使用在信息多媒体系统中,多采用 D2B、MOST 光纤传输和 IDB-Wireless 无线通信技术。

故障实例 1-1

故障现象:一辆奥迪 100 轿车的电控自动空调在开关接通的情况下,鼓风机能工作,但是空调系统却不制冷。

故障检测:通过观察发现空调压缩机的电磁离合器不吸合,但发动机工作正常。检查电磁离合器线路的电阻值,电阻值符合规定值,检查空调控制单元的输出端没有输出信号。此时用 VAG1552 诊断仪读取发动机控制系统和空调控制系统的故障码,均无故障码。用 VAG1552 诊断仪读取空调控制单元的数据流,发动机的转速数据为零。由于发动机工作正常,因此发动机控制单元接收的发动机转速信号应该正常,检查发动机控制单元和空调控制单元之间的通信线路,发现两者之间的转速通信线的端子变形造成链路断路,修复插件后故障排除。

1.1.4　常用基本术语

汽车车载网络系统中有许多计算机专用术语,如数据总线、主总线、分总线、终端电路、网络、通信协议、网关以及各种缩略语等。

CAN 总线(CAN-BUS)技术在汽车上已广泛应用,对于一个汽车修理人员来讲,尽快掌握 CAN 总线技术是很有必要的,修理人员不仅要掌握良好的汽车专业知识,还要掌握相关的网络知识。

1. 网络

为了实现信息共享而把多条数据总线连在一起,或者把数据总线和模块连接为一个系统称为网络。

计算机网络是在协议控制下由一台或多台计算机、若干台终端设备、数据传输设备以及便于终端和计算机之间或者若干台计算机之间数据流动的通信控制处理机等所组成的系统集合。这个定义表明计算机网络是在协议控制下通过通信系统来实现计算机之间的连接的。

例如，新型的雷克萨斯 LS 430 的几条数据总线间共有 29 块相互交换信息的模块，其多路传输网络如图1.11所示。几条数据总线连接29个模块，总线又连接到局域网上，其中有3个接线盒控制单元，2个作为前端模块，一个作为后端模块，其作用是提供诊断支持(包括接插方便的接头及测试点)。从物理意义上讲，汽车上许多模块和数据总线距离很近，因此被称为 LAN(Local Area Network，局域网)。摩托罗拉公司设计的一种智能车身辅助装置网络被称为 LIN(Local Interconnect Network，局域互联网)。

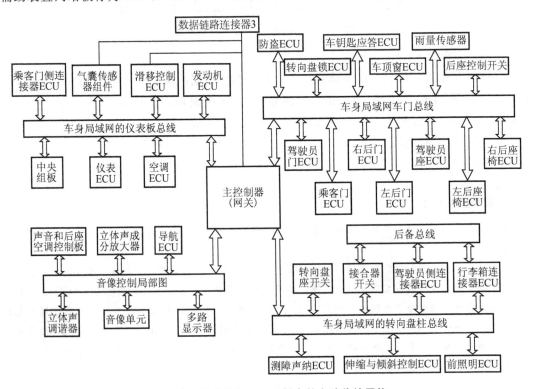

图 1.11　雷克萨斯 LS430 轿车的多路传输网络

2. 架构

网络有特定的通信协议才能称为架构。架构在其输入和输出端规定了什么信息能进和什么信息能出。架构通常包括1至2条线路，采用双线时数据的传输是基于两条线的电压差。当用1条线传输数据时，它对地有个参考电压。

3. 模块/节点

模块就是一种电子装置(可以理解为ECU)，简单一点的如温度和压力传感器，复杂的如计算机(微处理器)。传感器是一个模块装置，根据温度和压力的不同产生不同的电压信号，这些电压信号在计算机(一种数字装置)的输入接口被转变成数字信号。在计算机多路传输系统中一些简单的模块被称为节点。

4. 网关

由于汽车上有很多总线和网络，必须用一种有特殊功能的计算机达到信息共享和不产生协议间的冲突，实现无差错数据传输，这种计算机就叫做网关。

网关实际上就是一种模块，它工作的好坏决定了不同的模块和网络相互间通信的好坏。网关处理的内容主要有：(1) 从第一个网络读取所接收的信息；(2) 翻译信息；(3) 向第二个网络发送信息等。

网关的作用主要有以下几点。

(1) 可以把CAN的数据转变成可以识别的OBD-Ⅱ诊断数据语言，方便诊断。

(2) 使低速的CAN和高速的CAN信息共享。

(3) 负责接收和发送信息。

(4) 激活和监控CAN网络工作状态。

(5) 实现车辆数据的同步性。

5. 局域网

局域网(又称区域网)是在一个有限区域内连接的计算机的网络。一般这个区域具有特定的职能，通过这个网络实现这个系统内的资源共享和信息通信。连接到网络上的节点可以是计算机、基于该微处理器的应用系统或智能装置。局域网的数据传输速度在 $10^2 \sim 10^5$ kbit/s 范围内，传输距离 100～250m，汽车上的网络是局域网与现场总线(Field Bus)之间的一种结构，数据传输速度为 $10 \sim 10^3$ kbit/s，传输距离在几十米范围内。

局域网的传输介质有双绞线、同轴电缆和光纤3种，其传输媒体的特点见表1-2。

表1-2 传输媒体的特点

媒　　体	信号类型	最大数据传输速度/(Mbit/s)	最大传输距离/km	联网设备数
双绞线	数字	1～2	0.04	几十
同轴电缆(50Ω)	数字	10		几百
同轴电缆(75Ω)	数字	50	1	几十
同轴电缆(75Ω)	模拟	20	10	几千
同轴电缆(75Ω)	单信道模拟	50	1	几十
光纤	模拟	100	1	几十

6. 数据总线

数据总线是控制单元之间传递数据的通道。数据总线可以达到在一条数据线上传递的信息能被多个系统(控制单元)共享的目的，从而最大限度地提高系统整体效率，充分利用有限的资源。

如果系统可以发送和接收数据，则该数据总线称为双向数据总线。数据总线可以是单线式或是双线式。双线式的其中一条导线不是用作额外的通道，一旦数据通道出了故障，它让数据换向通过或是在两条数据总线中未发生故障的部分通过。为了抗电磁干扰，双线式数据总线的两条线是绞接在一起的。

各汽车制造商一直在设计各自的数据总线，它们如果不兼容，就称为专用数据总线。如果是制造商按照某种国际标准设计的，就是非专用数据总线。为使不同厂家生产的零部件能在同一辆汽车上协调工作，必须制定标准。按照 ISO 有关标准，CAN 的拓扑结构为总线式，因此也称为 CAN 总线。

7. CAN 总线

CAN 总线全称为 Controller Area Network，中文含义为控制器局域网，是国际上广泛应用的汽车总线之一。

CAN 总线可以实现车载各电子控制装置单元之间的信息交换。发动机控制单元、自动变速器控制单元、仪表装备等均可嵌入 CAN 总线控制装置。在一个 CAN 总线构成的单一网络中，理论上可以挂接无数个节点，而实际应用中，节点数目受网络硬件的电气特性限制。

目前汽车上的网络连接方式主要采用两条 CAN 总线，一条是用于驱动系统的高速 CAN 总线，速率达到 500kbit/s，另一条是用于车身系统的低速 CAN 总线，速率是 100kbit/s。

驱动系统用 CAN 总线主要连接对象是发动机 ECU、ASR 及 ABS ECU、SRSECU、组合仪表等。它们的基本特征相同，都是控制与汽车行驶直接相关的系统。

车身系统用 CAN 总线主要连接对象是 4 门以上的集控锁、电动门窗、后视镜和厢内照明灯等。有些先进的轿车除了上述两条 CAN 总线外，还有第三条 CAN 总线，它主要负责卫星导航智能通信系统。

驱动系统用 CAN 总线和车身系统用 CAN 总线之间可以是独立的，也可以通过设置网关在各根 CAN 总线之间搭桥实现资源共享，将各个数据总线上的信号反馈到仪表板总成上的显示屏上。驾驶员只要看看显示屏，就可以知道各个电控装置是否正常工作。

8. 多路传输

多路传输就是在同一通道或线路上同时传输多条信息。事实上数据是依次传输的，但速度非常之快，似乎就是同时传输的。许多单个的数据都能被一段一段传输，称为分时多路传输。汽车上用的是单线或双线制分时多路传输系统。

图 1.12 所示为常规线路和多路传输线路的简单比较，从图中可以看到多路传输 ECU 之间所用导线与常规线路相比少得多，但是线路设计比常规线路复杂得多。

多路传输可以通过一根数据总线执行多个指令，同时增加了许多功能，比如故障自诊断功能，当系统出现了故障的时候，ECU 可以触发仪表板上的警告灯或故障指示灯等。

9. 网络拓扑结构

组成汽车线束网络时，节点（传感器、控制单元、编码器及解码器）与节点所连接的信号传输线路的连接方式称为网络形态。这种局域网络形态称为拓扑结构，即网络中节点

（器件）和传输线路的几何排序，它对整个网络的设计、功能、经济性、可靠性影响很大。与其他网络不同，汽车线束网络有总线形式、环形形式、星形形式，结构形态如图 1.13 所示。

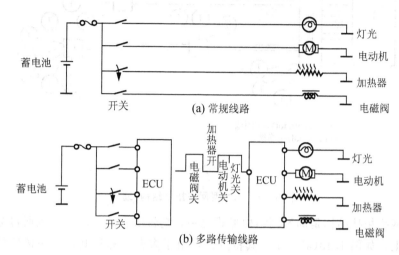

图 1.12 常规线路和多路传输线路的简单对比

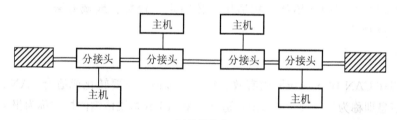

(a)总线形式

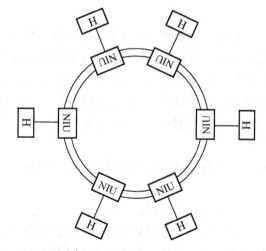

H(Host)—主机
NIU(Network Interface Unit)—网络接口部件

(b)环形形式

图 1.13 总线型网络拓扑结构

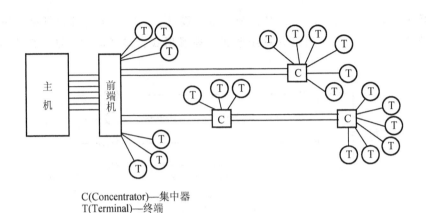

C(Concentrator)—集中器
T(Terminal)—终端

(c)星形形式

图1.13 总线型网络拓扑结构(续)

总线型网络拓扑结构是局域网结构形式之一,它将所有的入网计算机通过分接头接入一条载波线上,如图1.13(a)所示。其特点是:由于多台计算机共用一条传输线,所以信道利用率较高,而同一时刻只能在两条网络点处互相通信,网络延伸距离有限,网络容纳节点有限。所以总线型网络拓扑结构适用于传输距离较短、地域有限的组网环境。CAN总线就是采用这种结构。

10. 报文及帧

信息要想在CAN-BUS局域网内有效、快速地传输,就要转化成适合CAN-BUS总线传输的格式。信息即称为报文(Messages),适合CAN-BUS总线传输的格式称为报文格式。

总线的信息以不同的固定报文格式发送,但长度受限。当总线空闲时任何连接的单元都可以开始发送新报文。

报文传输由数据帧、远程帧、错误帧和过载帧4个不同的帧类型所表示和控制。

为了可靠地传输数据,通常将原始数据分割成一定长度的数据单元,这种数据传输的单元称为帧。一帧内应包括同步信号(例如帧的开始与终止)、错误控制(各类检错码或纠错码,大多数采用检错重发的控制方式)、流量控制(协调发送方与接收方的速率)、控制信息、数据信息、寻址(在信道共享的情况下,保证每一帧都能正确地到达目的站,收方也能知道信息来自何站)等。

帧有两种不同的帧格式:具有11位识别符的帧称为标准帧;含有29位识别符的帧称为扩展帧。

帧按照携带的信息类型可分为4种帧程式。

(1)数据帧。数据帧携带数据,将数据从发送器传输到接收器。

(2)远程帧。远程帧由总线单元发送,用于请求发送具有相同识别符的数帧。

(3)过载帧。过载帧用以在先行的和后续的数据帧(或远程帧)之间提供一附加的延时。

(4)错误帧。任何单元检测到总线错误,就发出错误帧。

数据帧或远程帧通过帧间空间(Inferframe Space)与前述的各帧分开,无论其前面的帧为何种类型(数据帧、远程帧、错误帧、过载帧)。所不同的是,过载帧与错误帧之前没有帧间空间,多个过载帧之间也不是由帧间空间隔离的。

11. 通信协议

要实现汽车内各控制单元之间的通信,必须制定规则保证通信双方能相互配合,即通信方法、通信时间、通信内容,这是通信双方同样能遵守、可接受的一组规定和规则。这就是通信协议——通信实体双方控制信息交换规则的集合。

数据总线的通信协议关于优先权的处理机制可举例简单说明。当模块A检测到发动机已接近过热时,它相对于其他不太重要的信息(如模块B发送的最新的大气压力变化数据)就具有优先权。

12. 主总线

主总线是指总线(通信线路)中两个终端电路间的线束,这里指的是CAN通信系统的主总线。

13. 分总线

分总线是指从主总线分出至ECU或传感器的线束。

14. 终端电路

终端电路是指可以将CAN通信电流转换成总线电压的电路,它由电阻器和电容器组成。在一条总线上需要两个终端电路。

15. CAN J/C

CAN J/C是为CAN通信设计的连接器,用来存储终端电路。

1.1.5 局域网及现场总线

1. 局域网

1) 局域网的定义

车载网络采用的大多是局域网(局域网是指在一个特定的局部单位内连接的网络)。在汽车上会有多个局域网,这些局域网可以通过网关(Gate Way)连接在一起构成互联网络。网关是连接不同网络能实现不同网络协议转换的设备。

网络的数据通信设备可以是计算机、终端、外部设备、电话、电视收发器等。一个局域网的地理范围是较小的,如限定在某个单元。局域网一般为某个社会组织专用,而不是公共设施。在技术上,局域网的典型特征是:高数据传输率($0.1 \sim 100$Mbit/s);短距离传输($0.1 \sim 25$km);低传输误码率($10^{-11} \sim 10^{-8}$)。

2) 局域网的性质

局域网的性质主要取决于3个因素:传输媒体、拓扑结构、媒体访问控制协议(Media Access Control,MAC)。其中传输媒体和拓扑结构是主要因素,它们在很大程度上决定了可以传输的数据类型、通信速度、效率以及网络提供的应用种类。

(1) 局域网的传输媒体。传输媒体分为有线和无线两种类型,目前汽车上大都采用的是有线型。通常用于局域网的传输媒体有双绞线、同轴电缆和光纤等。

双绞线是局域网中最普遍的传输媒体，一般用于低速传输，最大数据传输率可达几Mbit/s。双绞线成本较低，传输距离较近，非常适合汽车网络的情况，也是汽车网络使用最多的传输媒介。

同轴电缆可以满足较高性能的要求。与双绞线相比，它可以提供较高的吞吐量，连接较多的设备，跨越更大的距离。在同轴电缆上可以采用基带传输和宽带传输两种信号传送技术。基带传输利用数字信号传递数据信息，宽带传输常采用电缆电视（Cable Television，CATV）技术，利用调制方法传递模拟的已调载波信号。同轴电缆的基带传输速率一般为1～10Mbit/s，在限制传输距离和联网设备数据的条件下，可达 50Mbit/s。宽带传输的速率一般为 1～10Mbit/s，但它可以提供多条数据路径，支持多功能、大跨度网络。

光纤比同轴电缆具有更大的容量，是今后局域网传输媒体的发展方向。由于成本和技术的限制，现在使用得较少，它非常适用于环形网络的点到点结构。

光纤在电磁兼容性等方面有独特的优点，而且数据传输速度比较高，传输距离远，在汽车网络上，尤其在一些要求传输速度高的车上网络（如车上信息与多媒体网络）上有很好的应用。

（2）局域网的拓扑结构。根据网络的结构，车载网络分为星形网、总线型网和环形网3种。

① 星形网拓扑结构。星形结构是以中央节点控制数据传输的网络方式，即以一台中心处理机为主组成的网络，中心处理机接收从各个节点来的数据并进行处理，再向各节点发出指令。因此，所有的网上传输信息均需通过该机转发，其结构如图1.14所示。

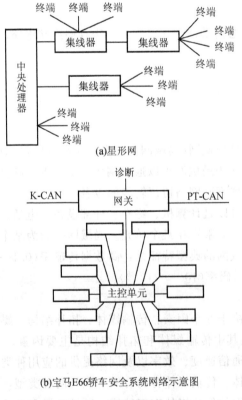

(a)星形网

(b)宝马E66轿车安全系统网络示意图

图1.14　星形网拓扑结构

星形网的特点是：结构简单，通信数据量较少，可以根据需要由中央处理器安排网络访问优先权或时间。缺点是中央处理器负载重，功能扩充困难，线路利用率低，当系统出故障时容易影响中央处理器。

② 总线型网拓扑结构。总线结构在两根总线上多个节点并列连接，从其中一个节点能同时向所有节点进行传送呼叫。它的所有节点都通过相应硬件接口连接到两条公共总线上，任何一个节点发出的信息都可沿着总线传输，并被总线上其他任何一个节点接收，它的传输方向是从发送节点向两端扩散传送，是一种辐射式结构，如图1.15所示。

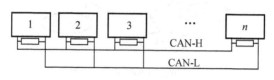

(a)总线型网

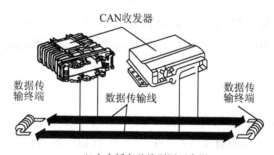

(b)大众轿车总线型网示意图

图1.15 总线型网拓扑结构

由于所有的入网计算机共用一条传输信道，因此总线型网的一个特殊问题就是信道的访问控制权的分配，并由此产生一系列处理机制。

总线型网的特点是：通信速率较高，分时访问优先权较前，网络长度和网络节点数会导致传输延时、控制单元驱动能力的下降，所以适合传输距离较短、节点数不多的系统。汽车上的网络多采用这种结构，尤其是低端网络。

③ 环形网拓扑结构。环形结构是将节点连接成环形，顺次进行数据传输，将被传送的信息数据进行中转，以到达需要的节点为止。从各节点输出的数据在同一时间不会冲突，能保持稳定传输，但是某一节点发生故障将会影响整体，所以要采取必要措施。

环形网通过一个转发器将每台入网计算机接入网络，每个转发器与相邻两台转发器用物理链路相连，所有转发器组成一个拓扑结构为环形的网络系统，如图1.16所示。

环形网络的优点是信息在网络中传输实时性好、传输数据量大及抗干扰能力强，每个节点只与其他两个节点有物理连接；缺点是一个节点故障可能影响整个网络，可靠性较差，网络扩充时要调整对整个网络重新排序，在增加功能时需添加控制单元，相对比较复杂。

（3）媒体访问控制协议(MAC)。局域网的目的是使某一区域大量的数据处理设备、通信设备相互连接。局域网的拓扑结构并未采用物理上完全连接的方式，而是通过共享传输媒体(环形、总线型/树形)或转换开关(星形)实现的。对于共享传输媒体的方案，需要

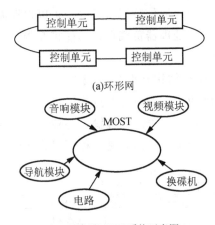

图 1.16 环形网拓扑结构

一套分布逻辑以控制各连网网络设备对传输媒体的访问,这就是媒体访问控制协议(MAC)。当传输媒体和拓扑结构选定后,局域网的性能就主要取决于 MAC。

2. 现场总线

1) 现场总线的定义

现场总线(Field Bus)是应用在控制系统最底层的一种总线型拓扑网络。这种总线是用作现场控制系统的,直接与所有受控(设备)节点串行相连的通信网络。它是在工业过程控制和生产自动化领域发展起来的一种网络体系,是在控制室先进自动化装置中的一种串行数字通信链路。

现场总线控制系统既是一个开放的通信网络,又是一个全分布的控制系统。它作为智能设备的联系纽带,把连接在总线上、作为网络节点的智能设备连接为网络系统,并进一步构成自动化控制系统,使系统成为具有测量、控制、执行和过程诊断综合能力的网络。它是一项集控制、计算机、数字通信和网络为一体的综合技术。

2) 现场总线的作用

它是用于过程自动化和制造自动化最底层的现场设备或现场仪表互连的通信网络,是现场通信网络与控制系统的集成。

现场总线的节点是现场设备的现场仪表,如传感器、变换器、执行器和编程器等,但不是传统的单功能的现场仪表,而是具有综合功能的智能仪表。

现场总线技术是计算机技术、通信技术和控制技术的综合与集成。它的出现将使传统的自动控制系统产生革命性变革,变革传统的信号标准、通信标准和系统标准,变革现有自动控制系统的体系结构、设计方法、安装调试方法和产品结构。

3) 现场总线的类型

目前较流行的现场总线主要有:控制器局域网(CAN)、局部操作网络(Lon Works)、过程现场总线(PROFIBUS)、可寻址远程变换器数据链路(HART)、基金会现场总线(FF)和局域互联网(LIN)等。

(1) 控制器局域网(CAN)是由德国 Bosch 公司为汽车的监测和控制而设计的,逐步发展到用于其他工业部门的控制。CAN 已经为国际标准化组织 ISO 11898 标准。

（2）局部操作网络是美国 Echelon 公司研制的。

（3）过程现场总线是德国标准，1991 年在 DIN 19245 中公布了标准，PROFIBUS 有几种改进型，分别用于不同的场合。

（4）可寻址远程传感器数据链路是美国 Rosemount 研制的。HART 协议参照 ISO/OSI 模型的第 1、2、7 层，即物理层、数据链路层和应用层。

（5）现场总线基金会是国际公认的唯一不附属于某企业的公正的非商业化的国际标准化组织，其宗旨是制定单一的国际现场总线标准，无专利可要求，可供任何人使用。

（6）局域互联网典型的应用是车上传感器和执行器的联网。它是属于汽车上的 A 级网络。

CAN 总线和 LIN 总线是汽车电子系统控制中应用最广泛的两种总线。

1.2　汽车车载网络通信协议

1.2.1　车载网络通信协议概述

1. 通信接口与实体

两个系统的设备或部件之间连接服务的数据流穿越的界面称为接口，汽车 ECU 之间的通信接口由设备（部件）和有关规定说明组成，一般包括物理、电气、逻辑和过程等 4 个方面。

物理方面指连接器的结构形式。电气方面是指接口的电路信号电压及变化特征。逻辑方面是指如何将数据位或字符变成字段，说明传输控制字符的功能和使用，换句话说，通信接口逻辑说明是一种控制和实现穿越接口交换数据流的语言。过程方面是指规定通信过程控制字符的顺序，各种字段法定内容以及控制数据流穿越接口的命令和应答。如果将逻辑说明看成确定数据流穿越接口的语法，那么过程说明就可以作为语义了。

在计算机网络内，不同系统中的实体需要通信。一般地说，将能够发送或接收信息的硬件或软件进程称为实体，而系统是包含一个或多个实体的物理物体。实体的例子如用户应用程序、文件传送程序包、进程、数据库管理系统、电子邮件设施及终端等。系统的例子如计算机、终端设备和遥感装置等。

2. 协议的含义与三要素

1）协议的含义

两个实体要想成功地通信，它们必须"说同样的语言"，并按既定控制法则来保证相互的配合。具体地说，在通信内容、怎样通信以及何时通信等方面，两个实体要遵守相互可以接受的一组约定和规则。这些约定和规则的集合称为协议。因此，协议可定义为在实体间控制信息交换的规则之集合。

2）协议的三要素

协议的三要素是指语法、语义和定时规则。

（1）语法。语法确定通信双方之间"如何讲"，它是由逻辑说明构成，要对信息或报文中各字段格式化，说明报头（或标题）字段、命令和应答的结构。

（2）语义。语义确定通信双方之间"讲什么"，它是由过程说明构成，要对发布请求、执行动作以及返回应答予以解释，并确定用于协调和差错处理的控制信息。

（3）定时规则。定时规则指出事件的顺序以及速度匹配、排序。

3. 协议的内容与功能

1）通信协议的内容

通信协议的主要内容如下。

（1）在一个简单的通信协议中，模块不分主从，根据规定的优先规则，模块间相互传递信息，并且都知道该接收什么信息。

（2）一个模块是主模块，其他则为从属模块，根据优先规则，主模块决定哪个从属模块发信息以及何时发送信息。

（3）所有的模块都像旋转木马上的骑马人，一个上面有"免费券"挂环的转圈绕着它们旋转。当一个模块有了有用的信息，它便抓住挂环挂上这条信息，任何一个需要这条信息的模块都可以从挂环上取下这条信息。

（4）通信协议中有个仲裁系统，通常这个系统按照每条信息的数字拼法为数据传输设定优先规则。例如，以1结尾的数字信息要比以0结尾的数字信息有优先权。

2）协议的功能

协议的功能是控制并指导两个对话实体的对话过程，发现对话过程中出现的差错并确定处理策略。大多数协议都是专用的，用于特定的目的，所以各协议的功能是不一样的，但是有一些公共的功能是大多数协议都具有的。这些功能有以下4个方面。

（1）差错检测和纠正。面向通信传输的协议常使用"应答—重发"，循环冗余检验CRC、软件检查等机制进行差错的检测和纠正工作；而面向应用的协议常采用重新同步、恢复以及托付等更为高级的方法进行差错的检测和纠正工作。一般来说，协议中对异常情况的处理说明要占很大的比重。

（2）分块和重装。用协议控制进行传送的数据长度是有一定限制的，参加交换的数据都要求有一定的格式，为满足这个要求，就需要将实际应用中的数据进行加工处理，使之符合协议交换时的格式要求，只有这样才能应用协议进行数据交换。分块与重装就是这种加工处理操作。分块操作将大的数据划分成若干小块，如将报文划分成几个报文分组；重装操作则是将划分的小块数据重新组合复原，例如将报文分组还原成报文。

（3）排序。对发送出的数据进行编号以标识它们的顺序，通过排序可达到按序传递、信息流控制和差错控制等目的。

（4）流量控制。流量控制通过限制发送的数据量或速率防止在信道中出现堵塞现象。

4. 协议的类别

协议可根据其不同特性进行分类，可分为直接型/间接型，单体型/结构化型，对称型/不对称型和标准型/非标准型等4种类型。

（1）直接型/间接型。两个实体间的通信可以是直接的或间接的。例如，两个系统若共享一个"点—点"链路，那么这些系统中的实体就可直接通信，此时数据和控制信息直接在实体间传递而无任何中间的信息处理装置，所需要的协议属于直接型。

如果系统经过转接式通信网或者说由两个及两个以上网络串接的通信网。两个实体要交换数据必须依赖于其他实体的功能，就属于间接通信。此时设计协议时需要考虑对中间系统了解到何种程度，因而较为复杂。

（2）单体型/结构化型。在两个实体间通信任务比较简单的情况下，采用单一协议来控制通信，这种协议称为单体型协议。

实际上，计算机网络内实体间通信任务是很复杂的，以致不可能作为一个单体来处理。面临复杂的情况，通信可采用结构化型协议，即以展示为层次或分层结构的协议集合来代替单体型协议。此时，较低层次或较低级别的功能在较低层次的实体上实现，而它们又向较高层次的实体提供服务。换言之，较高层的实体依靠较低层次的实体来交换数据。

（3）对称型/不对称型。大部分的协议属于对称型，即它们关联于同等的实体之间通信。不对称的协议可能是为满足交换逻辑的要求(例如，一个"用户"进程和一个"服务"进程)，或者是为了尽可能使实体或系统保持简单。

（4）标准型/非标准型。一个部门或者一个国家都希望制定标准协议，促进组建计算机网络和分布处理系统。非标准型协议一般都是发展中的产物，或者为特定通信环境而设计。

5. 常用通信协议

目前，汽车多路信息通信系统中采用的通信协议主要有 8 种，见表 1-3。

表 1-3 常用 8 种通信协议

序 号	通信协议名称	推荐或实施单位
1	CAN	奔驰、英特尔、波许、JSAE、ISO/TC22/SC3/WG1
2	BASIC CAN	菲利浦、波许
3	ABUS	大众
4	VAN	雷诺、标致、雪铁龙、ISO/TC22/SC3/WG1
5	HIBCC	福特、SAE J1850
6	PALMNET	马自达、SAE
7	DLCS	通用
8	CCD	克莱斯勒、SAE

注：SAE——美国汽车工程师学会；ISO——国际标准化组织。

除以上 8 种通信协议之外，还有以下几种其他协议。

(1) 宝马公司(BMW)1994 年提出的 DAN 集中式网络协议。

(2) 阿尔法·罗密欧公司的 DAN 集中式网络协议。

(3) 卢卡斯(Lucas)公司的光学分布式星形耦合器系统。

(4) 日立公司的集中式光学单纤维双向通信。

(5) 飞利浦公司的 DDR 分布式网络协议等。

到目前为止，世界上尚无一个可以兼容各大汽车公司通信协议的通用标准，因此在汽车上就形成了多种类型的多路通信系统共存的局面。

1.2.2 车载网络通信协议标准

目前，汽车网络标准很多，其侧重功能各不相同。

1. 网络协议标准的类型

按系统的复杂程度、信息量、必要的动作响应速度、可靠性要求等将多路传输系统分为低速（A）、中速（B）、高速（C、D）3类。

A类是面向传感器/执行器控制的低速网络，数据传输位速率通常小于10kbit/s，主要用于后视镜调整和电动窗、灯光照明等控制。B类是面向独立模块间数据共享的中速网络，位速率在10～125kbit/s，主要应用于车身电子舒适性模块、仪表显示等系统。C类是面向高速、实时闭控制的多路传输网，位速率在125～1000kbit/s之间，主要用于牵引控制、发动机控制、ABS等系统。

目前，作为一种典型应用，车体和舒适性控制单元都连接到CAN总线上，并借助于LIN总线进行外围设备控制。而汽车高速控制系统通常会使用高速CAN总线连接在一起。远程信息处理和多媒体连接需要高速互连，视频转输又需要同步数据格式，这些都可由DDB或MOST协议实现。无线通信则通过蓝牙技术加以实现。

2. 协议标准通信特征参数

LIN总线以及其他各类典型汽车总线标准、协议特性和参数见表1-4。

表1-4 LIN总线及其他各类典型汽车总线标准、协议特性和参数

类别	A类	B类	C类	诊断	多媒体	X-by-Wire	安全
名称	LIN	ISO 11519-2	ISO 11898、SAE J1939	ISO 15765	DDB（MOST）	FLEXRAY	Safety Bus
所属机构	Motorola	ISO/SAE	ISO/TMC-A TA	ISO	PHIL IPS	BMW &DC	Belphi
用途	智能传感器	控制、诊断	控制、诊断	诊断	数据流控制	电传控制	气囊
介质	单根线	双绞线	双绞线	双绞线	光纤	双线	双线
位编码	NRZ	NRZ-5	NRZ-5	NRZ	Biphase	NRZ	RTZ
媒体访问	主/从	竞争	竞争	TESTENR/SLAVE	TokEN、RING	FTDMA	主/从
错误检测	8位CS	CRC	CRC	CRC	CRC	CRC	CRC
数据长度/B	8	0～8	8	0～8		12	24～39
传输速率	20kbit/s	10～1250kbit/s	250kbit/s	250kbit/s	12Mbit/s	5Mbit/s	500kbit/s
总线最大长度/m	40	40	40	40	无限制	无限制	未定
最大节点数	16	32	32(STP) 10(UTP)	32	24	64	64

1) 低速(A 类)总线协议标准

低速总线协议标准大部分采用 UART(异步发送/接收电路)标准。UART 使用起来既简单又经济,但随着技术的发展,一些协议标准正有被淘汰的趋势。例如,福特公司使用的 ACP(一种车用媒体网络)现已被淘汰。低速总线首选的是如 LIN 总线,LIN 是用于汽车分布式电控系统中的一种新型低成本、串行通信系统。LIN 采用低成本的单线连接,传输速率最高可达 20kbit/s,对于大多数的对象而言,该传输速率是可以满足的。低速总线主要用于后视镜调整、电动车窗、灯光照明等的控制。

2) 中速(B 类)总线协议标准

中速总线协议标准为 ISO 11898 或 ISO 11519。中速总线首选 CAN 总线。CAN 是为现代汽车众多的控制单元数据传递而开发的一种串行通信协议,它是一种多主总线,通信介质可以为双绞线、同轴光缆或光导纤维,通信速率可达 1Mbit/s,具有良好的实用性和可靠性。中速总线主要应用于车身舒适性模块仪表显示等系统。

以往广泛适用于美国车型的 J1850 正逐步被基于 CAN 总线的标准和协议所取代。

3) 高速总线(C 类)协议标准

在高速总线总线标准协议中,一般采用的是 CAN 总线 ISO 11898 的标准,主要面向高速实时闭环控制的多路传输网络,传输速率在 125kbit/s~1Mbit/s 之间,主要用于牵引力控制、发动机控制、ABS 控制、安全气囊控制等系统中。高速总线系统主要用于与汽车安全相关以及实时性要求比较高的地方。

目前,随着汽车网络技术的发展,未来将会使用到具有高速实时传输特性的一些总线标准和协议,包括采用时间触发通信的 X-by-Wire 系统总线标准和用于安全气囊控制和通信的总线标准、协议。

4) 自诊断系统总线协议标准

故障自诊断是现代汽车一个不可缺少的功能,许多汽车生产厂商都采用 ISO 14230 作为自诊断系统的通信标准,它能够满足 OBD-Ⅱ和 OBD-Ⅲ的要求。在欧洲,以往诊断系统中使用的是 ISO 9141,它是一种基于 UART 的诊断标准,能够满足 OBD-Ⅱ的要求,从 2000 年开始,欧洲汽车厂商已经开始使用一种基于 CAN 总线的诊断标准 ISO 315765,它能够满足 E-OBD-Ⅱ系统的要求。美国从 2004 年开始采用基于 VAN 总线的 J 2480 诊断系统的标准。

目前汽车的故障诊断主要是通过一种专用的诊断通信系统来形成一套较为独立的诊断网络,ISO 9141 和 ISO 14230 就是这类技术上较为成熟的诊断标准。而 ISO 15765 适用于将车用诊断系统在 CAN 总线上加以实现的场合,从而适应了现代汽车网络总线系统的发展趋势。

5) 多媒体系统总线标准、协议

汽车多媒体网络和协议分为低速、高速和无线 3 种类型,对应 SAE 的分类相应为:IDB-C、IDB-M 和 IDB-Wireless,其传输速率为 250kbit/s~100Mbit/s。

(1) 低速型用于远程通信、诊断及通用信息传送,IDB-C 按 CAN 总线的格式以 2500kbit/s 的位速率进行消息传送。由于其低成本的特性,IDB-C 有望成为汽车类产品的标准之一。IDE-1394将随着IDE产品进入车辆的同时而成为普遍的标准。

（2）高速型主要用于实时的音频和视频通信，如M3、DVD和CD等的播放，所使用的传输介质是光纤，这一类里主要有DDB、MOST和IEEE 1394。

（3）D-B型是用于汽车多媒体和通信的分布式网络，通常使用光纤作为传输介质，可连接CD播放器、语音控制单元、电话和因特网。

（4）MOST是车辆内LAN的接口规格，用于连接车载导航器和无线设备等。数据传输速率为24Mbit/s。其规格主要由德国Oasis Silicib Systen公司制订。

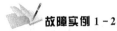
故障实例 1-2

故障现象：一辆上海帕萨特B5轿车在使用中出现机油压力报警灯与安全气囊故障指示灯报警，同时发动机转速表不能运行的故障。

故障检测：用VAG1552故障诊断仪读取发动机控制系统的故障码，发现有两个偶发性故障码：18044（安全气囊控制单元无信号输出）；18048（仪表数据输出错误）。用VAG1552故障诊断仪读取仪表系统的故障码为：01314（发动机控制单元无通信）；01321（到安全气囊控制单元无通信）。

故障分析与排除：通过读取故障码可以初步判断故障在于汽车多路信息传输系统。通过对汽车电气线路进行分析，电源系统引起故障的概率很小，故障很可能是节点或链路故障。用替换法尝试安全气囊控制单元，故障得以排除。

1.3 汽车车载单片机的结构和原理

单片机是单片微型计算机（Single Chip Micro Computer）的简称，也称为微处理器（Micro Processor Unit，MPU）或微控制器（Micro Controller Unit，MCU）。它是微电子技术和集成电路IC技术迅速发展的结晶，是在一块硅片上集成了CPU、RAM与ROM、输入/输出端口的数字处理系统。从广义上说，MCU和MPU都是基于微型计算机技术的产品，其发展过程也是相辅相成的。但从专业技术上来讲，两者是有区别的。MPU通常是指微型计算机中的核心芯片，其主要用途是科学计算与管理、数据处理、图像分析、数据库、人工智能、数字模拟与仿真等。而MCU是主要用于达到控制目的的一种专业微处理器，要求以MCU构成的系统成本低而且能够适应各种现场环境，便于普及推广，有实时、快速的外部响应，能迅速采集到应用现场的大量数据，做出逻辑判断与推理后实现对被控对象的参数调整，达到智能控制的目的。汽车单片机主要用车载单片机来对其不同的系统进行控制，在这方面用得较多的是MCU。

知识链接

在全球MPU制造商中，Intel公司始终保持着领头地位，从20世纪70年代初开始，推出了从4位到32位的逐代产品，大家熟悉的有286、386、486、奔腾Ⅱ/Ⅲ/Ⅳ等，对全球的计算机技术发展做出了巨大的贡献。Motorola是世界上最大的单片机生产商，Motorola公司的微控制器抗干扰能力强，特别适合于汽车运行的恶劣环境。

1.3.1 单片机的基本结构

1. 单片机的基本组成

如图 1.17 所示，单片机的基本组成包括中央处理单元（CPU）、程序存储器（ROM）、数据存储器（RAM）、定时器/计数器、输入/输出（I/O）接口、时钟电路、中断系统等主要部件。

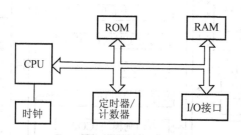

图 1.17　单片机的基本组成

随着高新技术的飞速发展，单片机的集成度日渐提高，除了如图 1.17 所示的集成规模外，片内集成的部件大多还含有 A/D 转换器、D/A 转换器、波特率发生器、全双工口、锁相环、看门狗等。片内集成的部件视生产厂家、芯片型号的不同而各有差异。

MC68HC908GP32 是 Motorola 公司 MC68HC08 系列单片机中的一款典型产品，是它极力在我国推广的一种单片机。它具有较强的代表性，了解它的功能与特性即可体验到 MC68HC08 系列单片机的性能。下面将以 MC68HC908GP32 为典型产品，结合同系列的其他型号，介绍单片机的硬件结构及其应用。

2. MC68HC908GP32 的内部结构

图 1.18 所示是 MC68HC908GP32 的内部功能结构框图。图中的引脚标号中加 "＊" 者表示该引脚内部已有上拉电阻；加 "＋" 者表示该引脚作为输入时，可由软件设置上拉电阻；加 "≠" 者表示该引脚具有较大的电流驱动能力。

MC68HC908GP32 具有以下主要特性。

（1）片内包括 307B 的监控 ROM，为用户在线编程提供了难得的基本条件。

（2）32KB 的片内 Flash 存储器与 512B RAM 能满足多数用户的各种应用要求，用户不必再额外扩展存储器，尤其是 Flash 存储器具有在线编程能力，给开发者带来了很大方便。

（3）时钟源设计采用了数字锁相环技术，外部只需接 32kHz 的晶体振荡器就可获得各种内部总线时钟频率，且最高总线时钟频率可达 8MHz，相对于外部直接使用高频晶振电路的微控制器而言，免除了晶振源的高频辐射与干扰，提高了系统工作的可靠性与稳定性。

（4）内含实时中断时基模块，可产生 8 种不同周期的时基信号。

（5）拥有 16 种不同的外部与内部中断源，另外，还可通过 SWI（Software Interput，软中断）指令实现内部的软件中断功能。

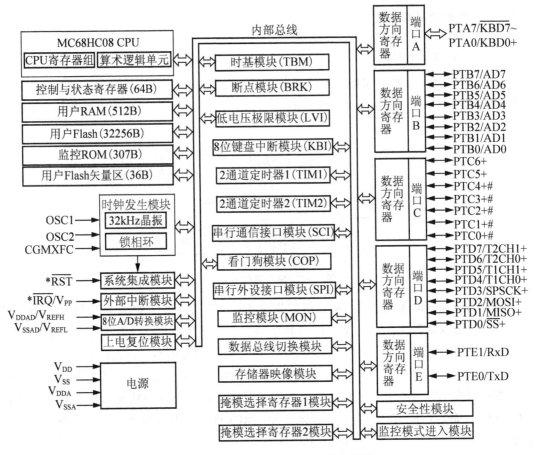

图 1.18　MC68HC908GP32 功能结构框图

(6) 采用低功耗设计，具有 WAIT 与 STOP 两种低功耗模式。

(7) 系统具有安全保护特性，包括看门狗复位、低电压禁止复位、非法指令操作复位、非法地址复位等，使应用系统免除了进入死循环的危险。

(8) 不仅具有传统的串行通信接口(Serial Communication Interface，SCI)，而且还有串行外围接口(Serial Peripheral Interface，SPI)，使得芯片与外部设备、芯片与外围扩展芯片的通信和连接变得简单。

(9) 内置 8 路 8 位 A/D 转换器。虽然没有集成专门的 D/A 转换模块，但定时器的脉宽调制功能能够满足大多数场合的 D/A 转换要求。

(10) 两个 16 位的双通道定时器接口模块，每个通道有可选择的输入捕捉、输出比较和产生 PWM 信号的功能。

(11) 8 位具有集成上拉电阻的键盘唤醒端口。

(12) 33 个通用输入/输出(I/O)引脚，分别组成了 A、B、C、D、E 共 5 个 I/O 端口，其中 A、B、D、E 端口的 26 个引脚具有复用功能，C 端口的 7 个引脚为专用引脚。

(13) 支持 C 语言编程。

3. MC68HC908GP32 的引脚功能

MC68HC908GP32 有 DIP40、SDIP42 和 QFP44 三种封装形式,分别如图 1.19、图 1.20、图 1.21 所示。三种封装的引脚数各不相同,其差别仅表现在 C 与 D 两个端口 I/O 引脚的多少,其余信号都是一致的。这些引脚的功能简述如下。

1) 电源引脚 V_{DD} 和 V_{SS}

V_{DD} 和 V_{SS} 分别是电源和电源地引脚,V_{DD} 是微控制器的主电源,根据芯片的型号可选择+5V 或+3V。为了正常地进行微控制器操作,V_{SS} 必须接地。

2) 电源引脚 V_{DDA}/V_{SSA}

V_{DDA}/V_{SSA} 是时钟发生器模块的电源和电源地引脚。

3) 晶振引脚 OSC1 和 OSC2

OSC1 和 OSC2 引脚是外接晶体振荡元件的引脚。

4) 外部复位引脚 $\overline{RST}$

$\overline{RST}$ 引脚的低电平将微控制器置于一个既定的初始状态。这个引脚的内部集成了上拉电阻。

5) 外部中断引脚 $\overline{IRQ}/V_{PP}$

$\overline{IRQ}/V_{PP}$ 是一个异步外部中断引脚和编程高电压输入。这个引脚的内部集成了上拉电阻。

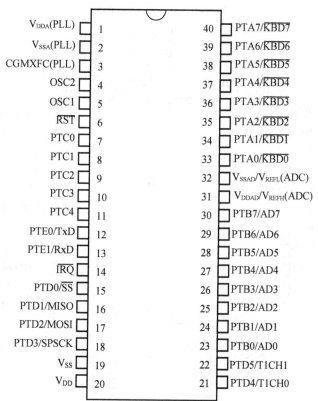

图 1.19 DIP40 封装形式

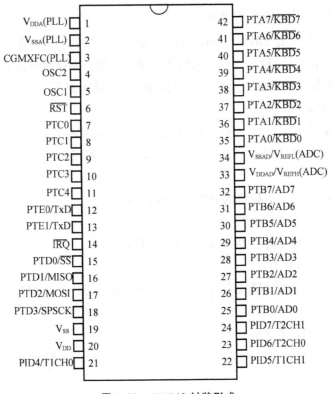

图 1.20　SDIP42 封装形式

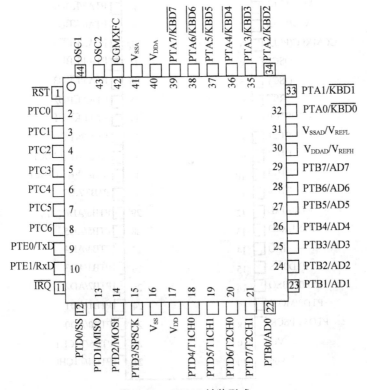

图 1.21　QFP44 封装形式

6) 模拟电源引脚 V_{DDAD}/V_{SSAD}

V_{DDAD}/V_{SSAD} 是微控制器 A/D 模块的电源和电源地引脚。

7) A/D 模块参考电压引脚 V_{REFH}/V_{REFL}

V_{REFH}/V_{REFL} 是 A/D 模块的高电压/低电压参考电压输入引脚。

8) 外部滤波电容引脚 CGMXFC

CGMXFC 是锁相环的外部滤波电容引脚。

9) 输入/输出(I/O)引脚

端口 A 的 PTA7～PTA0 8 个引脚是具有键盘唤醒功能的通用双向端口引脚。

端口 B 的 PTB7～PTB0 是具有复用功能的双向端口引脚,A/D 转换器的模拟输入通道 AD7～AD0 与其共用引脚。

端口 C 的 PTC6～PTC0 是唯一的单一功能的双向端口引脚。

端口 D 的 PTD7～PTD0 是具有复用功能的双向端口引脚。定时器 TIM2 的 T2CH1/T2CH0 通道占用 PTD7/PTD6 引脚;定时器 TIM1 的 T1CH1/T1CH0 通道占用 PTD5/PTD4 引脚;SPI 的 SPSCK/MOSI/MISO/$\overline{SS}$ 占用 PTD3～PTD0 4 个引脚。

端口 E 的 PTE1/PTE0 是具有复用功能的双向端口引脚。SCI 的 RxD/TxD 与其共用引脚。

1.3.2 单片机的中央处理器

中央处理器(Central Processing Unit,CPU)是微控制器内部的核心部件,它决定微控制器的主要功能和特性。CPU 主要由运算部件和控制部件组成,如图 1.22 所示。它可以完成算术和逻辑运算、控制和协调各功能模块的操作。

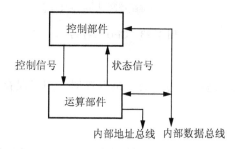

图 1.22 CPU 功能逻辑图

1. 运算部件

运算部件的功能是实现数据的算术和逻辑运算。运算部件主要由算术逻辑单元 ALU (Arithmetic Logic Unit)、CPU 寄存器组等组成。

MC68HC08 系列微控制器的 ALU 功能十分强大,它不仅可对 8 位变量进行加、减、乘、除、求补、求反等基本运算,还可以进行与、或、异或、移位、循环、清零、位测试等逻辑运算。

2. 控制部件

控制部件的功能是分析和执行指令,统一指挥微控制器按一定时序协调工作。控制部件由指令寄存器、译码器、时序与控制逻辑电路等组成。

指令寄存器用来保存当前正在执行的一条指令。当执行一条指令时，CPU 先从存储器取出指令并放入指令寄存器，指令寄存器输出给译码器，并由译码器对此指令进行译码后，即可发出具体操作的特定信号，完成一系列定时控制的微操作，来控制微控制器各模块的运行。微操作控制信号之间的时间控制，即 CPU 的时序由时序与控制逻辑电路来完成。

3. CPU 寄存器组

如图 1.23 所示，MC68HC08 系列微控制器的 CPU 共有 5 个寄存器，其中 8 位的寄存器两个，16 位的寄存器 3 个。

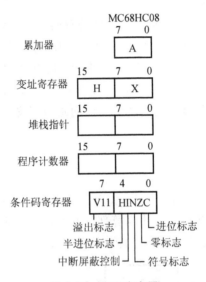

图 1.23　CPU 寄存器

1）累加器

累加器 A（Accumulator）是一个通用的 8 位寄存器，用于保存 CPU 的操作数与算术或逻辑运算的计算结果。

2）变址寄存器

16 位的变址寄存器（Index Register）为访问 64KB 的存储器空间提供索引。H：X 表示整个变址寄存器，H 表示高 8 位，X 表示低 8 位。在变址寻址方式下，CPU 根据变址寄存器的内容确定操作数的有效地址。变址寄存器也可以作为临时数据的存储单元。

3）堆栈指针

堆栈指针（Stack Pointer，SP）是一个 16 位的寄存器，用于存放堆栈的下一个单元的地址。在复位过程中，堆栈指针指向复位位置 $00FF。

堆栈操作的规则是当数据压入堆栈时，堆栈指针减小，数据弹出堆栈时，堆栈指针增大，且 SP 总是指向下一个可用的空字节单元。

需要注意的是尽管复位后堆栈指针指向 $00FF，但这个定位是可以改变的，用户可以在 RAM 的任何位置重新分配堆栈区。

4）程序计数器

程序计数器（Program Counter，PC）是一个16位的寄存器，它保存着下一条程序指令或将要取出的操作数的地址。通常情况下，每当一个指令或操作数被提取后，程序计数器会自动指向存储器里下一个连续地址。但当遇到跳转、分支或中断操作时情况就不同了，这时 CPU 会将下一个地址压入堆栈保存，而将新的转移地址值装入程序计数器 PC。

在微控制器复位后，程序计数器会自动装入复位向量地址 $FFFE 和 $FFFF 中的值作为程序的入口地址，开始执行程序。要注意的是复位向量地址 $FFFE 和 $FFFF 中存放的是首条指令的地址，而不是要执行的首条指令。$FFFE 单元中存放16位地址的高8位，$FFFF 单元中存放地址的低8位。

5）条件码寄存器

8位的条件码寄存器（Condition Code Register，CCR）包含一个中断屏蔽位和5个标志位。标志位表示刚执行完的指令的结果。中断屏蔽位是由用户写入的控制位。第5、6位始终为1。表1-5是条件码寄存器各位的定义及其功能描述。

表1-5 条件码寄存器各位的定义及其功能

bit	标识	名称	置1	置0
7	V	溢出	二进制补码有溢出	无溢出
6	—	保留	1	
5	—	保留	1	
4	H	半进位	累加器中的 Bit3 向 Bit4 进位	Bit3 向 Bit4 无进位
3	I	中断屏蔽	写入1时关 CPU 中断	写入0时开 CPU 中断
2	N	负	运算结果为负	运算结果为正
1	Z	零	运算结果为0	运算结果非0
0	C	进位	运算结果产生进位或借位	无进位或借位

1.3.3 单片机的存储器结构

1. 存储器常识

存储器用来存储程序和数据，是单片机的重要组成部分。从存储器的存取功能来看，存储器有只读存储器（Read Only Memory，ROM）和随机存取存储器（Random Access Memory，RAM）两大类。

1）只读存储器（ROM）

只读存储器的特点是把信息写入存储器后能够长期保存，不会因电源断电而丢失信息。控制器在运行过程中，只能读出只读存储器中的信息，不能再写入信息。一般地，只读存储器用来存放固定的程序和数据，所以也被称为程序存储器，如微控制器的监控程序、汇编程序、用户程序、常数、数据表格等。

根据写入或擦除方式的不同，ROM 可分为掩模 ROM、可编程 ROM（PROM）、紫外线擦除可编程 ROM(EPROM)、电擦除可编程 ROM(EEPROM 或 E^2PROM)、闪速存储器 Flash Memory。

(1) 掩模 ROM。掩模 ROM 是由生产厂家用最后一道掩模工艺来写入信息的，用户不能再对写入 ROM 中的信息作任何更改。掩模 ROM 集成度高，成本低，适合用于大批量生产的产品中。

(2) 可编程 ROM(PROM)。PROM 芯片在出厂前未写入信息，用户使用时可根据要求自行写入信息，用户向 ROM 写入信息的过程称为编程。编程在专用编程器上进行。一旦编程后，芯片内容不能再作修改。

(3) 紫外线擦除可编程 ROM(EPROM)。EPROM 由用户利用编程器写入信息，其内容可以更改。当需要修改其内容时，先将芯片放在专用的擦除器中，在紫外线照射下擦除原有信息，然后重新编程。这种存储器能反复使用。

(4) 电擦除可编程 ROM(EEPROM)。EEPROM 在使用特性上与 EPROM 的主要区别是采用电的方法擦除。它既能整片擦除，也能实现字节擦除，并且擦除和写入操作可以在机内进行，不需要附加设备。目前每个字节允许擦写的次数约一万次。EEPROM 比 EPROM 性能优越，但价格较高。

(5) 闪速存储器 Flash Memory。Flash Memory 是一种新型的可擦除、非易失性存储器。它既有 EPROM 价格低、集成度高的优点，又有 EEPROM 电可擦除和写入的特性。其擦写速度比 EEPROM 快得多，但是它只能整片擦除。Flash Memory 允许擦写的次数达 10 万次。

2) 随机存取存储器(RAM)

随机存取存储器在微控制器运行时可以随时读出或写入信息，所以又称为读/写存储器。如果电源断电，其内部信息立即丢失。随机存取存储器用来存放缓冲数据，如现场输入数据、运算结果和要输出的数据等，故又被称为数据存储器。另外，随机存取存储器还常用来调试程序。

常用的随机存取存储器可分为静态 RAM(Static RAM，SRAM) 和动态 RAM(Dynamic RAM，DRAM) 两大类。此外还有基于 SRAM 或 DRAM 而构成的集成 RAM(Integrated RAM，IRAM)。

(1) 静态 RAM(SRAM)。静态 RAM 的特点是能可靠地保持所存信息，不需要刷新操作，只要电源不断电，信息就不会丢失。但它与动态 RAM 相比，功耗大，价格也较高。静态 RAM 常用于数据存储容量较小的微控制器应用系统。

(2) 动态 RAM(DRAM)。动态 RAM 具有功耗低、成本低的优点。但是，为了保证动态 RAM 中的数据信息不丢失，需不断刷新，故需要刷新逻辑电路，这使得电路较复杂。因为这些原因，动态 RAM 在微控制器系统中的应用受到一定限制，它特别适合需要大容量数据存储空间的场合。

(3) 集成 RAM(IRAM)。集成 RAM 是一种自带刷新逻辑电路的 DRAM。它具有集成度高、功耗低、价格便宜、接口简单的优点。

2. MC68HC908GP32 存储器配置

以 MC68HC908GP32 为例介绍 MC68HC08 系列微控制器配置情况。图 1.24 描述了

MC68HC908GP32 的存储器结构和空间分配情况,存储器以 256B 为基本单位来分页,从第 0 页开始排序。但就功能而言,存储器可分为程序存储器、数据存储器、I/O 寄存器 3 大部分。

$FFFF – $FFDC	Flash矢量区
$FFDB – $FF7F	不存在的单元(93B)
$FF7E	Flash块保护寄存器(FLBPR)
$FF7D – $FF53	不存在的单元(43B)
$FF52 – $FE20	监控 ROM(307B)
$FE1F – $FE10	不存在的单元(16B)
$FE0F – $FE0D	不存在的单元(3B)
$FE0C	低电压极限状态寄存器(LVISR)
$FE0B	断点状态和控制寄存器(BRKSCR)
$FE0A	断点地址寄存器低(BRKL)
$FE09	断点地址寄存器高(BRKH)
$FE08	Flash控制寄存器(FLCR)
$FE07	保留
$FE06	中断状态寄存器(INT3)
$FE05	中断状态寄存器(INT2)
$FE04	中断状态寄存器(INT1)
$FE03	系统集成模块断点标志控制寄存器(SBFCR)
$FE02	保留(SUBAR)
$FE01	系统集成模块复位状态寄存器(SRSR)
$FE00	系统集成模块断点状态寄存器(SBSR)
$FDFF – $8000	Flash Memory(32256B)
$7FFF – $0240	不存在的单元(32192B)
$023F – $0400	RAM(512B)
$003F – $0000	I/O 寄存器(64B)

图 1.24 MC68HC908GP32 存储器结构和空间分配

1)程序存储器

MC68HC908GP32 程序存储器被分为几个区。

第一个是 36B 的 Flash 矢量区,地址为 \$FFDC~\$FFFF,该区为 Flash Memory,用于放置中断向量表,其中最后两个字节 \$FFFE、\$FFFF 中放置复位向量地址。

第二个是 307B 的监控 ROM 区,地址为 \$FE20~\$FF52,存放厂家写入的监控程序,用于完成上电初始化及有关 Flash Memory 的擦写子程序。

第三个是 32256B 的程序存放区,地址为 \$8000~\$FDFF,该区为 Flash Memory,用于存放用户程序。

2)数据存储器

MC68HC908GP32 数据存储器是地址为 \$0040~\$023F 的用户 RAM 空间,大小为 512B。这个区间跨越了 0、1、2 共 3 页,第 0 页的前 64B RAM 用作 I/O 寄存器,剩下的 192B 作为用户 RAM。

需要注意的是堆栈指针只能指向 RAM 区的位置,也就是说堆栈区是位于数据存储器空间的。

3)I/O 寄存器

供 CPU 使用或为控制片内有关功能模块需要使用的寄存器统称为 I/O 寄存器,主要包含:系统配置寄存器、中断状态与控制寄存器、端口数据寄存器、端口方向寄存器、定时器等功能模块的状态与控制寄存器等。大部分控制、状态与数据寄存器位于第 0 页 \$0000~\$003F 地址区,共 64B,其余的 I/O 寄存器位于 \$FE00~\$FE0C 地址区,如图 1.24 所示。

另外,片内地址为 \$FF7E 的 1B 的 Flash 块保护寄存器是用于 Flash 存储器擦写操作时设定被保护的那一部分 Flash 存储器区域。

图 1.24 中阴影部分是不存在的空间,当访问这些存储空间时会引起非法的地址复位。

4)配置寄存器

MC68HC08 系列微控制器内含有 CONFIG1 和 CONFIG2 两个字节的配置寄存器,地址分别是 \$001F 和 \$001E,用于对芯片操作模式进行部分设置,其具体描述见表 1-6 和表 1-7。

配置寄存器的内容可以在任何时间读出。复位初始化时,配置寄存器所有的位都被清零。配置寄存器在每次复位后只能一次性写入。

表 1-6 配置寄存器的具体内容

寄存器	Bit7	Bit6	Bit5	Bit4	Bit3	Bit2	Bit1	Bit0
CONFIG2	0	0	0	0	0	0	OSCSTOPENB	SCIBDSRC
CONFIG1	COPRS	LVISTOP	LVIRSTD	LVIPWRD	LVI5OR3	SSREC	STOP	COPD

表 1-7 配置寄存器各位的功能

寄存器	Bit	标识	功能置	置 1	置 0
CONFIG2	1	OSCSTOPENB	STOP 模式下振荡器是否继续工作	是	否
	0	SCIBDSRC	SCI 波特率时钟源	内部总线时钟	振荡器时钟
CONFIG1	7	COPRS	COP 的超时溢出周期	$2^{13} \sim 2^4$ 个振荡周期	$2^{18} \sim 2^4$ 个振荡周期
	6	LVISTOP	STOP 模式下是否允许 LVI 复位	允许	禁止
	5	LVIRSTD	是否禁止 LVI 复位	禁止	允许
	4	LVIPWRD	LVI 复位模块电源监视	禁止监视	允许监视
	3	LVI5OR3	LVI 复位模块电源电压	5V	3V
	2	SSREC	退出 STOP 模式的延时时间	32 个振荡周期	4096 个振荡周期
	1	STOP	STOP 指令使能位	允许执行该指令	禁止执行该指令
	0	COPD	COP 模块终止位	禁止工作	允许工作

1.3.4 单片机的时钟电路、时序

单片机的振荡电路及内部时钟电路共同构成了单片机的时钟方式,它负责产生与系统工作相关的各种时钟信号。MC68HC08 系列单片机的时钟电路与传统单片机的时钟电路相比,最大的区别是采用了锁相环技术,因此,其系统时钟不仅可以由外部晶振分频得到,还可以由内部锁相环频率合成器(Phase Locked Loop,PLL)提供,如图 1.25 所示。PLL 是 MC68HC08 系列单片机中最具有特色的功能模块之一,它可以在使用外接 32kHz 晶振的情况下,通过软件编程得到多种总线时钟频率,最高频率为 8MHz,因此大大降低了单片机系统晶振电路的电磁干扰,提高了应用系统的可靠性。

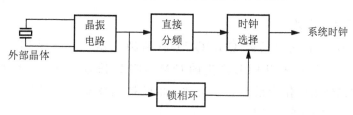

图 1.25 时钟发生器模块结构示意图

1. 时钟发生器模块的结构

MC68HC08 系列微控制器时钟发生器模块的结构框图如图 1.26 所示,它由 3 个部分组成。

1) 晶体振荡电路(OSC)

该电路通过外接石英或陶瓷振荡器产生稳定性极高的时钟信号 CGMXCLK,这个时钟信号直接输出给时基模块和 A/D 转换器,同时也输出到基准时钟选择电路与 PLL。

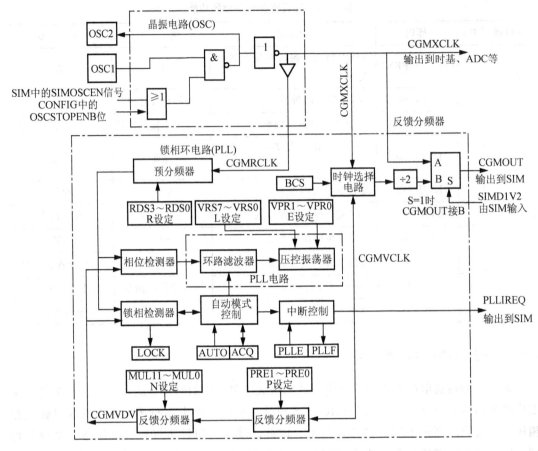

图1.26 时钟发生器模块结构图

2) 锁相环频率合成器(PLL)

PLL电路产生CGMVCLK时钟信号,输出到基准时钟选择电路,其频率可通过软件编程控制。

3) 基准时钟选择电路

时钟发生器模块的输出信号CGMOUT有两种来源:直接采用晶振电路产生的CGMXCLK信号二分频或采用PLL产生的CGMVCLK信号二分频。时钟发生器模块输出的信号再经过二分频后作为系统总线时钟,也就是说系统总线频率是时钟信号源频率CGMXCLK或CGMVCLK的1/4。

2. 晶体振荡及外接电路

晶体振荡电路由内部反向器与一个外接晶体组成,如图1.27所示。引脚OSC1是一个输入引脚,OSC2是输出引脚。外接晶体频率范围30~100kHz,典型值为32.768kHz;串联电阻及R_S取值范围330~470kΩ,典型值取330kΩ;反馈电阻R_B取值范围10~22MΩ,典型值取10MΩ;C_1与C_2的取值在6~40pF范围内选择,C_1与C_2应该略有差异,以利于晶振电路起振。振荡电路的振荡波形可以用示波器通过OSC2引脚观察到。

使用时也可以将外部时钟直接接到 OSC1 引脚，此时不需要晶体等元件，而将 OSC2 引脚悬空即可。

该电路输出与晶体同频的 CGMXCLK 时钟信号，经过缓冲后的 CGMRCLK 再输出到锁相环频率合成器，作为 PLL 参考时钟信号源。

OSC2 引脚输出的 CGMXCLK 时钟可以连接到需要精密时钟操作的其他芯片模块，但其占空比不能保证一定是 50%，因为该占空比与外接的晶体及其他元件有关。图 1.26 中除 OSC1 与 OSC2 引脚外，还有以下 3 个引脚。

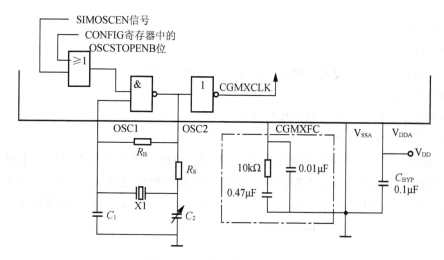

图 1.27 晶体振荡及外接电路

(1) PLL 外部滤波电容器引脚 CGMXFC。该引脚连接一个外接滤波网络，为芯片内部的锁相环电路提供误差电平。如果用户不打算用 PLL 来产生时钟，则这一部分元件可以不接，让 CGMXFC 引脚悬空。

(2) PLL 电路电源引脚 V_{DDA}。该引脚应该和 V_{DD} 引脚连接到同一电源，并连接约 0.1 μF 的滤波电容，同时尽量靠近芯片。

(3) PLL 电路电源地引脚 V_{SSA}。该引脚连接到系统地线，引线尽量宽而短。

时钟电路会对其他电路造成干扰，因此在电路板布线时最好将时钟电路的外接元件用地线围起来，晶体采用卧式安装，晶体外壳焊接到地线上。在元件布局时，滤波网络应尽量靠近微控制器，用最短的连线连接。

3. 时钟发生器模块寄存器

时钟发生器模块共有 4 个 8 位寄存器和 1 个 16 位寄存器，见表 1-8。它们都是和 PLL 参数设置有关的寄存器。

表 1-8 时钟发生器模块寄存器

名 称	标识	地址	复位初值	参数设置说明
PLL 控制寄存器	PCTL	$0036	$20	低半字节设定 P、E 值
PLL 带宽控制寄存器	PBWC	$0037	$00	—

续表

名称	标识	地址	复位初值	参数设置说明
PLL 倍率选择寄存器高字节	PMSH	$0038	$00	设定分频因子 N
PLL 倍率选择寄存器低字节	PMSL	$0039	$40	
PLL 压控振荡器范围选择寄存器	PMRS	$003A	$40	设定线性因子 L
PLL 参考分频选择寄存器	PMDS	$003B	$01	低半字节设预分频因子 R

4. CPU 时序

1) 振荡周期

振荡周期是指单片机提供定时信号的振荡源的波形周期。

2) 时钟周期

时钟周期是指时钟发生器所产生信号的周期。

3) CPU 总线时钟周期

CPU 总线时钟周期即系统内部总线时钟周期。内部总线频率是由时钟发生电路分频得到的，因此，内部总线时钟周期和时钟电路的时钟周期成倍数关系。CPU 总线时钟周期往往又分为几个节拍，每个节拍周期提供指令的指令译码、读、处理数据以及写等微操作的定时，构成了 CPU 的内部时序。

4) 指令周期

指令周期是指单片机执行一条指令所占用的全部时间，通常含有 1～4 个总线周期。MC68HC08 系列微控制器的上述各种周期的相互关系如图 1.28 所示。

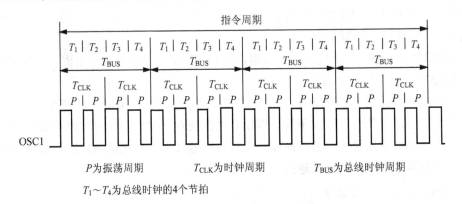

P 为振荡周期　　T_{CLK} 为时钟周期　　T_{BUS} 为总线时钟周期

$T_1 \sim T_4$ 为总线时钟的 4 个节拍

图 1.28　MC68HC08 系列各种周期的相互关系

5) CPU 时序

单片机执行的每一条指令都可以分解为若干基本的微操作，而这些微操作在时间上都有极严格的先后次序，这些次序就是微控制器的 CPU 时序。

CPU 时序是由单片机振荡电路的振荡周期和时钟电路的时钟周期决定的。

由图 1.28 可以看出，MC68HC08 系列单片机 CPU 总线频率由时钟发生电路二分频得到，也就是振荡电路 4 分频得到。CPU 的内部时序由 T_1、T_2、T_3、T_4 这 4 个不相重叠的节拍组成，它规定着每条指令执行的先后顺序，如图 1.29 所示，每 4 个节拍组成一个完整的 CPU 总线时钟。为简化作图，可以将这 4 个节拍信号合并成一个 CPU 总线时钟信号来描述，并定义 T_1 的前沿为一个 CPU 总线周期的开始，地址总线上下一个新的地址是在 T_3 的上升沿开始有效的，而数据总线上的数据刷新则与 T_1 的上升沿同步。

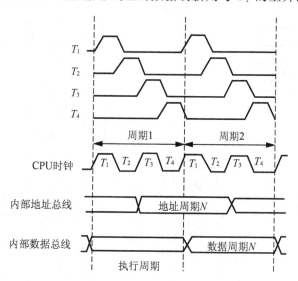

图 1.29　MC68HC08 系列微控制器的 CPU 时序

1.3.5　单片机的定时器模块

1. 定时器的基本结构

几乎每个单片机内部都有定时器/计数器。顾名思义，定时器/计数器有两个基本的作用，一是作定时器用，即用来精确地确定某一时间；二是作计数器用，即用来累计外部输入脉冲的个数。不论定时还是计数，定时器/计数器操作最基本的特点就是对时钟脉冲计数，只是作定时器用是对内部总线时钟脉冲序列计数；而作计数器用是对外部输入脉冲进行计数。

定时器/计数器的个数视生产厂家、型号的不同而各有差异。MC68HC08 系列微控制器可以提供多个独立的定时器，它们除了具有最基本和最简单的定时功能外，还具有输入捕捉、输出比较和脉宽调制输出的功能。这些功能可以应用于各种场合下的时间与频率参数的测量，可以用作 D/A 输出各种信号波形，亦可以作为控制信号。

MC68HC908GP32 的定时器模块拥有两个独立的 16 位定时器，由于两者的结构完全相同，因此图 1.30 只给出了其中一个定时器的功能框图。由图中可以看出，每个定时器都由一个 16 位的定时计数器与两个输入/输出通道组成，每个通道各占用一个 I/O 引脚，共有 4 个定时器属性的 I/O 引脚。

每个定时器内部配置了 11 个寄存器，见表 1-9。定时器的核心是一个 16 位的计数寄存器 TCNT，该计数器的计数脉冲是总线时钟经过分频得到，其分频系数通过设置定时器状态和控制寄存器中的 PS2、PS1、PS0 位来提供，共有 8 种不同的分频系数，见表 1-10。使用

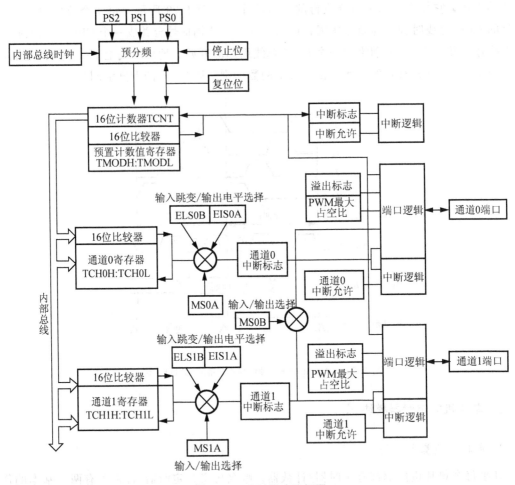

图 1.30 定时器功能框图

分频可以方便地扩大 16 位定时器的计数时间间隔，最长的计数脉冲周期是总线时钟的 64 倍。最快的计数速率则是总线时钟速率，此时分频系数取为 1。

每个定时器都有预置计数值寄存器 TMOD，比较器发现计数值与预置值相等后即产生溢出，设置溢出标志位，如果中断开放则还会产生计数溢出中断请求。

当通道 I/O 引脚连接到外电路时，该通道可以设置为对输入的信号实现脉冲边沿检测，从而达到测量外部信号脉宽与频率等时间参数的目的；或者，反方向由通道 I/O 引脚输出预定的控制信号至外接电路。

表 1-9 定时器模块寄存器

寄存器名称	定时器 T1		定时器 T2		用途	复位初值
	命名符号	地址	命名符号	地址		
状态和控制寄存器	T1SC	$0020	T2SC	$002B	定时器状态和控制	$20
计数器高位寄存器	T1CNTH	$0021	T2CNTH	$002C	实时计数器，只能读出，不能写入	$00
计数器低位寄存器	T1CNTL	$0022	T2CNTL	$002D		$00

续表

寄存器名称	定时器 T1		定时器 T2		用途	复位初值
	命名符号	地址	命名符号	地址		
预置值高位寄存器	T1MODH	$0023	T2MODH	$002E	存放用户预置的计数值	$FF
预置值低位寄存器	T1MODL	$0024	T2MODL	$002F		$FF
通道 0 状态和控制寄存器	T1SC0	$0025	T2SC0	$0030	通道状态和控制	$00
通道 0 高位寄存器	T1CH0H	$0026	T2CH0H	$0031	存放输入捕捉值或输出比较值	不定
通道 0 低位寄存器	T1CH0L	$0027	T2CH0L	$0032		不定
通道 1 状态和控制寄存器	T1SC1	$0028	T2SC1	$0033	通道状态和控制	$00
通道 1 高位寄存器	T1CH1H	$0029	T2CH1H	$0034	存放输入捕捉值或输出比较值	不定
通道 1 低位寄存器	T1CH1L	$002A	T2CH1L	$0035		不定

表 1-10 定时器状态和控制寄存器的定义

bit	7	6	5	4	3	2	1	0
	TOF	TOIE	TSTOP	TRST	—	PS2	PS1	PS0
功能描述	溢出标志。当定时器的计数达 $FFFF（自由计数状态）或计到预置计数值时，定时器的计数器溢出且清零，同时该位置 1	溢出中断允许。发生溢出时，系统可执行溢出中断处理程序；该位置 0 表示禁止溢出中断。该位可读可写，读取的数值就是该位的实际值	计数控制。该位置 1，定时器将保持当前计数值，不再随计数脉冲递增；该位置 0，定时器将恢复计数，从原计数值继续递增	清除。向该位写入 1 时将清除定时器的计数值和设定的分频系数。定时器计数清零将自动清除该位，亦即该位通常总是为 0。对该位的读取值总是 0	—	分频系数。共同设置定时器的分频系数： 000 表示分频系数为 1 001 表示分频系数为 2 010 表示分频系数为 4 011 表示分频系数为 8 100 表示分频系数为 16 101 表示分频系数为 32 110 表示分频系数为 64 111 保留，暂未使用		
复位	0	0	1	0	0	000		

2. 计数方式与定时功能

定时器计数的时钟脉冲由单片机内部的总线时钟经过分频产生。按计数器的计数结果来分有自由运行计数和预置计数两种计算方式。

1) 自由运行计数方式

这种方式是定时器工作时，用户程序不输入预置计数值，计数器按复位初始的默认值自由计数，达到最大值 $FFFF 时翻转到 $0000，同时置位状态和控制寄存器的溢出位 TOF，然后重新开始计数，如此循环。

例如，设系统总线时钟频率为 4MHz，分频系数选择 64，则输入计数器的计数脉冲周期为 $64 \div (4 \times 10^6 \text{Hz}) = 16 \mu s$，亦即计数器每隔 16μs 计数一次。那么自由运行计数到 \$FFFF 所用时间为 65535×16μs＝1.0484560s，也就是定时器每隔 1.048456s 产生一次溢出，如果允许定时器溢出中断，则将得到一次定时器溢出中断服务。

由于计数终值是一定值，因此自由运行计数方式的定时时间只能通过改变分频系数来作非常有限的调整，无法得到连续变化的任意时间。

2) 预置计数方式

自由运行方式的计数终值只能是 \$FFFF，而预置计数方式则是用户程序向预置值寄存器写入想要的计数终值，从而可以得到任意要求的定时计数器溢出。预置值寄存器是一个 16 位的寄存器，计数器每计数一次都会将当前计数器寄存器中的计数值与这个寄存器中的预置值进行比较，如果两者相等就产生溢出，溢出标志位 TOF 置 1 并在中断允许的前提下产生溢出中断，计数器翻转到 0 并重新开始计数。预置值寄存器中的值可以随时进行更改以得到不同时间间隔的定时器溢出间隔。

1.3.6 单片机的 I/O 端口

输入/输出(I/O)端口是 CPU 和外设之间交换信息的桥梁，是单片机的重要组成部分。如果没有输入/输出端口，单片机就根本无法构成应用系统。MC68HC908GP32 有 5 个 I/O 端口共 33 根引线，为了增强系统的性能而又不增加封装引脚，它将多数端口引脚都设计成双功能复用，并且保障每个引脚都具有较强的驱动能力。

1. 基本结构

MC68HC08 系列单片机中的并行口都是双向并行口，一般有 A、B、C、D、E 共 5 个并行口，但由于型号不同或者同一型号而封装不同，I/O 引脚的具体数量会有很大的差别。表 1-11 列出了 MC68HC908GP32 的 I/O 端口与引脚的定义。除了 C 端口为单一功能的双向 I/O 端口外，其余的并行端口都同其他功能模块复用。

各端口所有的引脚都可以被编程为输入或输出。每个端口都有一个方向寄存器 DDRx，每个引脚的输入或输出由各自的方向寄存器的相应位来决定。方向寄存器的某位写入 0 表示将该位相对应的引脚用作输入；写入 1 表示将该位相对应的引脚用作输出。

每个端口都还有各自的数据寄存器 PTx，此外 A 端口、C 端口与 D 端口的引脚还拥有内部输入上拉电阻并各配置一个输入上拉控制寄存器，分别称为 PTAPUE、PTCPUE、PTDPUE。输入上拉控制寄存器置 1 表示相应的端口引脚在用作输入时接通内部的上拉电阻，如图 1.31 所示。从图中可以清楚地看出，数据寄存器实际上只是在输出方式下充当输出数据锁存器，但其数据可以回读。输出方式时，对应引脚的上拉电路自动断开。输入方式下，读入的是 I/O 端口引脚的电平状态，实质上与数据寄存器无关。I/O 端口各寄存器的地址见表 1-12。

表 1-11　MC68HC908GP32 的 I/O 端口与引脚

端口	位	引脚	上拉控制寄存器	方向寄存器	复用功能		说明
A	0	PTA0/KBD0	PTAPUE0	DDRA0	键盘中断（KBD）	KBIE0	3 种封装都有
	1	PTA1/KBD1	PTAPUE1	DDRA1		KBIE1	
	2	PTA2/KBD2	PTAPUE2	DDRA2		KBIE2	
	3	PTA3/KBD3	PTAPUE3	DDRA3		KBIE3	
	4	PTA4/KBD4	PTAPUE4	DDRA4		KBIE4	
	5	PTA5/KBD5	PTAPUE5	DDRA5		KBIE5	
	6	PTA6/KBD6	PTAPUE6	DDRA6		KBIE6	
	7	PTA7/KBD7	PTAPUE7	DDRA7		KBIE7	
B	0	PTB0/ATD0	—	DDRB0	模拟/数字转换（ADC）	CH0	3 种封装都有
	1	PTB1/ATD1		DDRB1		CH1	
	2	PTB2/ATD2		DDRB2		CH2	
	3	PTB3/ATD3		DDRB3		CH3	
	4	PTB4/ATD4		DDRB4		CH4	
	5	PTB5/ATD5		DDRB5		CH5	
	6	PTB6/ATD6		DDRB6		CH6	
	7	PTB7/ATD7		DDRB7		CH7	
C	0	PTC0	PTCPUE0	DDRC0	—		3 种封装都有
	1	PTC1	PTCPUE1	DDRC1			
	2	PTC2	PTCPUE2	DDRC2			
	3	PTC3	PTCPUE3	DDRC3			
	4	PTC4	PTCPUE4	DDRC4			
	5	PTC5	PTCPUE5	DDRC5			仅 44 脚封装有
	6	PTC6	PTCPUE6	DDRC6			
D	0	PTD0/$\overline{SS}$	PTDPUE0	DDRD0	串行外围接口（SPI）		3 种封装都有
	1	PTD1/MISO	PTDPUE1	DDRD1			
	2	PTD2/MOSI	PTDPUE2	DDRD2			
	3	PTD3/SPSCK	PTDPUE3	DDRD3			
	4	PTD4/T1CH0	PTDPUE4	DDRD4	定时器接口模块 1（TIM1）		3 种封装都有
	5	PTD5/T1CH1	PTDPUE5	DDRD5			

续表

端口	位	引脚	上拉控制寄存器	方向寄存器	复用功能	说明
D	6	PTD6/T2CH1	PTDPUE6	DDRD6	定时器接口模块 2（TIM2）	仅 44 脚封装无
D	7	PTD7/T2CH1	PTDPUE7	DDRD7	定时器接口模块 2（TIM2）	仅 44 脚封装无
E	0	PTE0/TxD	—	DDRE0	串行通信接口(SCI)	3 种封装都有
E	1	PTE1/RxD	—	DDRE1	串行通信接口(SCI)	3 种封装都有

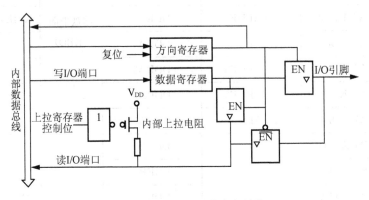

图 1.31　I/O 端口引脚内部结构

表 1-12　I/O 端口寄存器地址表

端口	数据寄存器	方向寄存器 DDR	上拉控制寄存器 PUE
A	$0000	$0004	$000D
B	$0001	$0005	—
C	$0002	$0006	$000E
D	$0003	$0007	$000F
E	$0008	$000C	—

系统复位时，各方向寄存器全部为零，所有 I/O 引脚均为输入方式；各内部上拉控制寄存器也全部为零，上拉电路是断开的；各数据寄存器中的内容则不受复位的控制。

2. I/O 端口寄存器的设置

I/O 端口的编程实际上就是根据应用电路的具体功能和要求对 I/O 端口寄存器进行设置，其具体步骤如下。

（1）根据实际电路的要求选择要使用哪些 I/O 端口，用相应指令定义其相应的寄存器。

（2）初始化端口的数据输出寄存器。初始化时应避免端口作为输出时的开始阶段出现不确定状态，影响外围电路正常工作。

（3）根据外围电路功能确定 I/O 端口的方向，初始化端口的数据方向寄存器。对于用作输入的端口可以不考虑方向的初始化，因为复位默认值为输入。

（4）用作输入的 I/O 引脚如需要上拉电阻，再通过写上拉控制寄存器的相应位为 1 为其配置上拉电阻。

(5) 最后写数据至输出数据寄存器或读端口的输入状态。

1.3.7 单片机的复位与中断

1. 复位

复位使单片机迅速进入起始状态,并从此状态开始执行程序。复位主要产生如下效果。

(1) 迅速停止当前正在执行的指令。

(2) 初始化有关寄存器。

(3) 从地址为 $FFFE～$FFFF 的存储单元中将用户自己定义的程序入口地址送到程序计数器 PC。

MC68HC08 系列微控制器共有 6 种复位方式,即外部复位和 5 种内部复位。

1) 外部复位

MC68HC08 系列的外部复位是通过外部电路在外部复位引脚 $\overline{\text{RST}}$ 上输入有效低电平实现的,具体电路如图 1.32 所示。按一下复位按钮开关时就能实现复位,使微控制器重新开始运行。

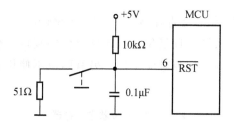

图 1.32 外部复位电路

$\overline{\text{RST}}$ 引脚具有双向性,在外部复位时是信号输入引脚,在内部复位时则成为复位信号输出端,当有任意一个内部复位源产生时,它被拉低。

2) 内部复位

MC68HC08 系列的 5 种内部复位是上电复位(Power-On Reset,POR)、看门狗(Computer Operating Properly,COP)计数器溢出复位、低电压禁止(Low Voltage Inhibit,LVI)复位、非法操作码(Illegal Opcode,ILOP)复位、非法地址(Illegal Address,ILAD)复位。它们都将产生以下效果:将 $\overline{\text{RST}}$ 引脚拉至低电平,并保持 32 个晶体振荡周期(CGMXCLK)以便外部设备同步获得复位;32 个晶体振荡周期后释放 $\overline{\text{RST}}$ 引脚,使之恢复高电平,然后再延迟 32 个晶体振荡周期后继续维持其内部复位状态,此后才从复位向量处开始执行程序。

(1) 上电复位(POR)。微控制器上电后应能从新开始运行程序,所以上电复位是最常使用的复位方式,是系统上电时由 V_{DD} 电源引脚上的电压正跳变引起的内部复位。

(2) 看门狗(COP)复位。MC68HC08 系列的看门狗模块是一个独立运行的计数器,该计数器产生溢出时就会使系统复位。因为它发挥着实时监视系统的作用,因而人们赋予该模块一个更通俗、更形象的称呼"看门狗"。看门狗计数器的时钟源是晶体振荡器的输出时钟 CGMXCLK。

为了防止看门狗计数器溢出复位，正常执行程序时必须考虑通过软件周期性地提前清除看门狗计数器，避免它产生溢出。而当一旦不能正常执行程序时，看门狗计数器自然不能周期性地清零，因而必然溢出导致复位，使程序又恢复正常的运行。系统为看门狗配置了一个控制寄存器 COPCTL，地址为 $FFFF。向 COPCTL 寄存器中写入任意值，就可以清零看门狗计数器。另外，STOP 指令和内部复位源复位也可以将看门狗计数器清零。

看门狗模块是否工作以及其计数器溢出周期由配置寄存器 CONFIG1 中 COPD 位和 COPRS 位确定。

（3）低电压禁止（LVI）复位。低电压禁止复位是当电源电压降低到最低极限点时产生的复位。LVI 是否工作以及电源电压的极限值同样也由配置寄存器 CONFIG1 中的相关位来确定。

（4）非法操作码（ILOP）复位。非法操作码复位是由于执行不在指令集中的非法操作码而引起的内部复位。需要注意的是如果系统已经设置了不执行 STOP 指令，那么执行该指令也会引起非法操作码复位。

（5）非法地址（ILAD）复位。非法地址复位是由于读取操作码时访问到不在寻址范围内的非法地址而引起的内部复位。但是当存放数据时，访问非法地址不会产生复位。

3）复位状态寄存器

系统集成模块 SIM 的复位状态寄存器（SIM Reset Status Register，SRSR）是用来保存 6 个复位源的复位状态的。系统一旦复位，引起该复位的复位源标志位就会置 1。复位状态寄存器见表 1-13，每一位复位源对应 1 位，另有两位不使用而默认为 0，这个寄存器的地址为 $FE01。

表 1-13 复位状态寄存器

bit	7	6	5	4	3	2	1	0
标识	POR	PIN	COP	ILOP	ILAD	0	LVI	0
状态	发生上电复位时置该位为 1	发生外部复位时置该位为 1	发生看门狗复位时置该位为 1	发生非法操作码复位时置该位为 1	发生非法地址复位时置该位为 1	保留为 0	发生低电压极限复位时置该位为 1	保留为 0

SRSR 是一个只读寄存器，当读取该寄存器的值时就能确定上次是由于何种原因产生了复位，而且读取之后置 1 的标识位就被自动清零。注意上电复位后该寄存器的初始值为 $80。

2. 中断系统

当 CPU 正在处理某个信息的时候，如果这时外界突然发生紧急事件且向 CPU 发出请求，CPU 将暂时停止当前工作，转而去处理这个紧急事件。CPU 处理完这个紧急事件之后，再回到原来被中断的地方，继续原来的工作。单片机中的这个暂时停止处理信息的过程就称为中断。实现中断功能的所有程序软件的组合称为中断系统。设置中断系统可使单片机具有对外界异步事件的处理能力，大大提高了它的工作效率和处理问题的灵活性。

用来请求 CPU 产生中断的请求源称为中断源。单片机的中断系统一般允许有多个中断源，当几个中断源同时向 CPU 提出请求中断时，就存在 CPU 优先响应哪一个中断源请求的问题。通常，CPU 根据中断源的轻重缓急排序，优先处理最紧急的中断请求源。也就说，CPU 规定每一个中断源有一个优先权，而且总是先处理优先权最高的中断请求，暂时不被响应的中断请求则被挂起。

当 CPU 正在处理一个中断请求的时候，如果又发生了另一个优先权更高的中断源请求，则 CPU 能够暂时中止执行对原来中断源的处理程序而去处理优先权更高的中断请求，待处理完毕后，CPU 再回到原来的低优先权中断处理服务程序，这个过程称为中断嵌套。这样的中断系统称为多级中断系统。没有中断嵌套功能的中断系统称为单级中断系统。

1) 中断的处理

如果中断屏蔽位允许了 CPU 的中断，则 CPU 在执行完每一条指令后均检测是否有中断请求，以便及时响应中断。倘若有多个中断请求挂起，那么 CPU 将首先响应优先权高的请求。在中断服务期间又发生的其他中断请求将被挂起，待当前中断服务结束时再依次按照中断优先顺序响应正在等待的中断请求。如果当前中断允许 CPU 响应优先权更高的中断请求，则在保护现场后可用软件开中断实现中断嵌套。一旦响应中断，则进出中断服务程序的具体步骤包括以下几个部分。

(1) 关中断。在 CPU 响应中断后，硬件会自动关闭 CPU 中断，以免有新的中断请求干扰本次中断事件的处理过程。

(2) 保护现场。CPU 响应中断后将当前 CPU 寄存器的值特别是程序计数器 PC 的值压入堆栈保存，实现现场保护，以便中断服务程序处理完毕返回到被中断的源程序时能够继续执行。

(3) 中断入口。中断入口将用户自己定义的中断向量地址装入程序计数器 PC，转到被响应的中断服务程序。

(4) 执行中断服务程序。中断服务程序是中断处理的具体操作内容。

(5) 恢复现场。CPU 执行完中断服务程序后将压入堆栈的 CPU 寄存器值弹出堆栈，恢复现场，以便返回到被中断的程序。

(6) 开中断。CPU 在返回到被中断的程序之前开中断以便能响应新的中断。

(7) 中断返回。中断返回是把程序运行从中断服务程序转到被中断的程序中。中断返回用返回指令 RTI 来实现。

RTI 指令会从堆栈里恢复出 CPU 寄存器的内容，使被中断的原程序继续执行并开中断。

2) 中断源

目前，MC68HC08 系列单片机已拥有 17 种不同的中断源请求，其中包括一个软件中断、一个外部中断和 15 个内部功能中断。

(1) 外部中断$\overline{\text{IRQ}}$。MC68HC08 系列单片机本身有一个中断引脚$\overline{\text{IRQ}}$，其中断信号来自该引脚的外部低电平。系统为外部中断$\overline{\text{IRQ}}$专门配置了一个中断与状态寄存器 (INTSCR)，它的结构和功能见表 1-14。

表1-14 外部中断状态和控制寄存器(地址为$001D)

bit	7	6	5	4	3	2	1	0
读	0	0	0	0	IRQF	0	IMASK	MODE
写	—	—	—	—	—	ACK		
状态/控制	保留				中断标志位,发生中断请求时该位置1	中断确认位,写1确认该中断,清除IRQF标志	中断屏蔽位,写1为禁止外部中断,写0为允许外部中断	触发方式位,写1为下降沿和低电平触发,写0为下降沿触发

系统复位后该寄存器各位的初始值全为0。在中断服务程序中用ACK=1的指令清除中断标志位IRQF。

(2)中断源汇总。表1-15列出了全部中断源的有关信息,为方便查阅,将复位也列入表中。

表1-15 中断源汇总

中断源	中断状态寄存器中的中断标志	中断优先权	中断向量地址
复位	无	0	$FFFF～$FFFE
SWI指令	无	0	$FFFD～$FFFC
IRQ引脚	IF1	1	$FFFB～$FFFA
锁相环	IF2	2	$FFF9～$FFF8
定时器1通道0	IF3	3	$FFF7～$FFF6
定时器1通道1	IF4	4	$FFF5～$FFF4
定时器1溢出	IF5	5	$FFF3～$FFF2
定时器2通道0	IF6	6	$FFF1～$FFF0
定时器2通道1	IF7	7	$FFEF～$FFEE
定时器2溢出	IF8	8	$FFED～$FFEC
SPI接收器满	IF9	9	$FFEB～$FFEA
SPI溢出			—
SPI模式错误			
SPI发送器空	IF10	10	$FFE9～$FFE8
SCI接收器溢出错误	IF11	11	$FFE7～$FFE6
SCI接收器噪声错误			
SCI接收器帧错误			—
SCI接收奇偶校验错误			

续表

中断源	中断状态寄存器中的中断标志	中断优先权	中断向量地址
SCI 接收器满	IF12	12	$FFE5～$FFE4
SCI 接收器空闲			
SCI 发送器空闲	IF13	13	$FFE3～$FFE2
SCI 发送完成			
键盘	IF14	14	$FFE1～$FFE0
ADC 转换结束	IF15	15	$FFDF～$FFDE
时基	IF16	16	$FFDD～$FFDC

SWI 是一条不可屏蔽的指令,无论条件码寄存器里的中断屏蔽位是否为 1 都将引起中断。中断优先权 0 最高,16 最低,依次排列。

各中断向量地址均为 2 字节单元,其中存放的是中断服务程序入口地址。

3) 中断状态寄存器

MC68HC08 系列单片机中断模块中配备了中断状态寄存器,表 1-16 是对这个寄存器的描述。中断状态寄存器里的标志确定了可屏蔽的中断源,对应关系见表 1-16。当某个中断源产生中断请求时,相应的标志位置 1,否则为 0,复位初始化时全为 0。CPU 响应中断时,先通过查询中断标志位判断是谁产生中断请求,然后执行相应的中断。

表 1-16 中断状态寄存器

寄存器	地址	状态	bit7	bit6	bit5	bit4	bit3	bit2	Bit1	bit0
INT1	$FE04	读	IF6	IF5	IF4	IF3	IF2	IF1	0	0
INT2	$FE05	读	IF14	IF13	IF12	IF11	IF10	IF9	IF8	IF7
INT3	$FE06	读	0	0	0	0	0	0	IF16	IF15

4) 中断允许控制

CPU 条件码寄存器的 I(Bit3)位是全局中断屏蔽位,用于允许或禁止 CPU 中断请求。当 I 位写 1 时屏蔽,即禁止了所有的中断;当 I 位清零时,允许没有屏蔽的中断源发出中断请求。同时,各外围功能模块的状态与控制寄存器中还有各自的中断允许位,这种允许位只对各自的中断源起作用,与其他中断源无关。中断源的中断允许位写 1,允许中断,清零则禁止中断,且这种设置与 I 位设置无关。

5) 中断请求的撤除

当外设申请中断时,各外围功能模块的状态与控制寄存器中的中断标志位置 1,一旦 CPU 响应中断进入中断服务程序后,用户必须用软件来清除该标志位,以免引起重复中断。

项 目 小 结

(1) 汽车车载网络系统的功能有：多路传输功能、"唤醒"和"休眠"功能、失效保护功能、故障自诊断功能。

(2) 汽车车载网络系统的特点有：用一根总线替代了多根导线，使线路成本和重量都有所下降；由于减少线路和节点，提高了整车电气线路的工作可靠性；改善了系统的灵活性；网络结构将各控制系统紧密连接；可为诊断提供通用的接口，方便了维修人员对电子系统的维护和故障检修。

(3) 车载网络结构通常采用多条不同速率的总线分别连接不同类型的节点，并使用网关服务器来实现整车的信息共享和网络管理。

(4) 根据其侧重的功能有所不同，SAE车辆网络委员会将汽车数据传输划分为A、B、C和D 4类。

(5) 车载网络通信协议就是指在通信内容、怎样通信以及何时通信等方面，两个实体要遵守相互可以接受的一组约定和规则。协议的3要素是指语法、语义和定时规则。

(6) 车载单片机包括中央处理单元(CPU)、程序存储器(ROM)、数据存储器(RAM)、定时器/计数器、输入/输出(I/O)接口、时钟电路、中断系统等主要部件。

(7) 中央处理器(Central Processing Unit，CPU)是微控制器内部的核心部件，它决定微控制器的主要功能和特性。

(8) 单片机的存储器有ROM和RAM两大类。ROM可分为掩模ROM、可编程ROM(PROM)、紫外线擦除可编程ROM(EPROM)、电擦除可编程ROM(EEPROM或E^2PROM)、闪速存储器(Flash Memory)。RAM有静态RAM、动态RAM和集成RAM。

(9) MC68HC08系列微控制器时钟发生器模块由晶体振荡电路、锁相环频率合成器和基准时钟选择电路3部分组成。

(10) 定时器/计数器有两个基本的作用，一是作定时器用，即用来精确地确定某一时间；二是作计数器用，即用来累计外部输入脉冲的个数。

(11) MC68HC08系列单片机一般有A、B、C、D、E共5个并行口，但由于型号不同或者同一型号而封装不同，I/O引脚的具体数量会有很大的差别。

(12) 复位就是使单片机迅速进入起始状态，并从此状态开始执行程序。中断就是当CPU正在处理某个信息的时候，如果这时外界突然发生紧急事件且向CPU发出请求，CPU暂时停止当前工作，转而去处理这个紧急事件，CPU处理完这个紧急事件之后，再回到原来被中断的地方，继续原来的工作。

习　题

1. 填空题

(1) 模块是一种_____。简单一点的如转速和冷却液温度传感器，复杂的如车载电脑(微控制器)。连接在汽车车载网络系统中的控制单元模块被称为_____。

(2) 网关是汽车车载通信网络的_____，通过它可以实现各条总线上_____以及实现汽车内部的_____和_____。

(3) 局域网的常用拓扑结构有3种：_____、_____、_____。

(4) A类总线是面向_____、_____的低速网络，数据传输位速率通常小于_____。A类总线目前首选的网络标准是_____。

(5) C类总线是面向高速、实时闭环控制的多路传输网，位速率在_____。目前首选的网络标准是_____。

(6) 微控制器的基本组成包括_____、_____、_____、定时器/计数器、输入/输出接口、_____、_____等主要部件。

(7) MC68HC908GP32有_____、_____和_____3种封装形式。

(8) 定时器计数的时钟脉冲由单片机内部的总线时钟经过分频产生，按计数器的计数结果来分有_____和_____两种计数方式。

2. 选择题

(1) 关于车载局域网系统的概述，以下哪种说法不正确？(　　)

A. 车身系统的控制单元对实时性要求低而数量众多，故使用低速的总线连接

B. 动力与传动系统的受控对象直接关系汽车行驶状态，因此使用高速的总线连接

C. 汽车局域网系统数据传输速度一般在10～1000kbit/s范围，传输距离在几万米范围

(2) 下列关于车载局域网系统的叙述，哪种说法正确？(　　)

A. 数据总线一条数据线上传递的信号不能被多个系统(控制单元)共享，从而限制了系统整体效率

B. 网关实际上就是一种模块，它工作的好坏决定了不同的总线、模块和网络相互间通信的好坏

C. 一个由CAN总线构成的单一网络中，理论上可以挂无数个节点

(3) 下列关于车载局域网系统传输媒体的叙述，哪一个不正确？(　　)

A. 双绞线成本低，传输距离较远，非常适合汽车网络的情况

B. 双绞线与同轴电缆相比，可以提供较高的吞吐量，连接较多的设备，跨越更大的距离

C. 光纤的数据传输速度比较高，传输距离较远

3. 简答题

(1) 什么是多路传输？

（2）数据总线有什么作用？
（3）什么是车载局域网系统？该系统与传统汽车线路网络有何不同？
（4）局域网系统常用的拓扑结构有哪几种？
（5）简述微控制器的中断服务过程。
（6）简述 MC68HC908GP32 存储器的配置情况。

项目 2
CAN 总线网络系统的结构原理与检修

▼ 项目知识目标

◆ 了解 CAN 总线系统的分类、应用及作用
◆ 熟知 CAN 总线系统的数据通信原理和数据结构
◆ 掌握 CAN 总线系统的组成结构
◆ 掌握 CAN 总线系统的故障特点和故障类型

▼ 项目技能目标

◆ 能够找出 CAN 总线系统元器件在车上的安装位置
◆ 能分析装备 CAN 作为通信总线的各系统的工作过程
◆ 能用示波器测量 CAN 总线系统的波形并对其进行分析
◆ 能诊断 CAN 总线系统的各种常见故障

> **案例导入**

奥迪 A6 2.4L 轿车采用自动变速器，该车在行驶中突然出现 ASR（防滑驱动控制系统）警示灯亮，仪表板上所有的指示灯全部熄灭，车辆行驶加速困难。仪表板上的警示灯亮，熄火后发动机却再也无法起动，而且仪表板上 ESP（电子稳定控制系统）指示灯和挡位指示灯在点火开关处于 ON 位时都不亮。但在第二天，该车又能正常起动了。

根据此故障现象，用汽车故障检测仪分别对发动机、自动变速器、ABS 及仪表板 ECU 经行检测发现故障情况如下。

(1) 发动机 ECU。①CAN 总线缺少 ABS 单元信息；②CAN 控制单元通信网络有故障；③发动机 ECU 锁死；④电子节气门故障灯 K132 有故障。

(2) 自动变速器 ECU。CAN 控制单元通信网络有故障。

(3) 仪表 ECU。①发动机控制单元闭锁；②CAN 总线驱动不良；③发动机 ECU 没有通信。

(4) ABS ECU。CAN 控制单元通信网络有故障。

根据这些检测结果，分析认为故障在 CAN 总线。该车的发动机 ECU 与自动变速器 ECU、仪表 ECU、ABS ECU 通过两根总线经行通信，如图 2.0 所示。红—黑色的为 CAN-High 线，红—灰色的为 CAN-Low 线，且各个 ECU 的 CAN-High 线连接端子是相通的，CAN-Low 线连接端子也是相通的。

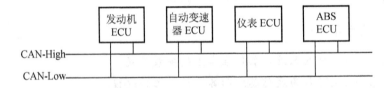

图 2.0 奥迪 A6 动力 CAN 总线线路

用万用表检测各个连接端子的通断情况，发现仪表 ECU 的 CAN-High 端与 ABS ECU 的 CAN-High 的电阻值大约为 130Ω，此电阻值过大，断定 CAN-High 连接线路有问题。顺线查找，发现在发动机下后方有一排连接器，在其中找到了红色的 CAN 总线的连接器，发现 CAN 总线连接器连接松动，将其连接牢固后，清除故障码试车，一切正常，故障排除。

由此案例可知，要解决此车的故障，必须知道 CAN 总线的结构原理，下面我们通过本项目的学习，来解决此类故障问题。

2.1 认识 CAN 总线

2.1.1 CAN 总线简介

现代汽车往往使用大量电子设备来控制其正常行驶。当电子设备执行一个较复杂的控制时，需要在设备之间进行大量的数据交换。当控制系统变得复杂时，交换数据的信号线连接将变得更复杂，同时费用将提高。为解决这一问题，对于一般控制，设备间连接可以通过串行网络完成。因此，Bosch公司开发了CAN(Controller Area Network)总线，并已取得国际标准化组织 ISO 11898 认证。同时，国际上一些大的半导体厂商也积极开发出支持 CAN 总线的专用芯片。通过 CAN 总线传感器、控制器和执行器由串行数据线连接起来。其通信协议相当于 ISO/OSI 参考模型中的数据链路层，网络可根据协议探测和纠正数据传输过程中因电磁干扰而产生的数据错误，且允许任何站之间直接进行通信，而无需将所有数据全部汇总到主计算机后再进行处理。

知识链接

由于 CAN 总线在车上的使用，增加了驾驶过程中的安全度。并且，在 CAN 总线技术的帮助下，各种传感器实现信息共享后，大大减少了车体内线束和控制器的接口数量，避免了过多线束存在的互相干涉、磨损等隐患，降低了汽车电气系统的故障发生率。打开发动机舱盖，看到的是清晰简洁的舱内布局。维修方面，CAN 总线技术的应用也使得故障排查得到最便利的保证。CAN 总线智能管家系统符合欧美 OBD-II 标准法规，实现了在线诊断的功能。在车辆发生故障后，各个控制器通过 CAN 总线智能管家系统存储故障代码，由专业人员，通过诊断仪为车辆诊断出各种故障状态，快速准确地查找到故障点，第一时间排除故障。利用 CAN 总线技术实现系统集成的信息传输，大大提高了各部件的响应速度，减少了配件磨损发生率，也相应的降低了维修成本。而且，先进集成技术的应用，也大幅提高了车辆自身的科技含量，增强了产品竞争力。

1. 起源

1986 年 2 月，Robert Bosch 公司在 SAE(美国汽车工程师学会)大会上介绍了一种新型的串行总线——CAN(控制器局域网)，那是 CAN 诞生的时刻。今天在欧洲，几乎每一辆新客车均装配有 CAN 局域网。同样，CAN 也用于其他类型的交通工具，从火车到轮船，它还可用于工业控制。CAN 已经成为全球范围内最重要的总线之一，甚至领导着串行总线领域。在 1999 年，接近 6000 万个 CAN 控制器投入应用；2000 年，市场销售超过 1 亿个 CAN 器件。

2. 标准化与一致性

1990 年年初，Bosch CAN 规范(CAN 2.0 版)被提交给国际标准化组织。数次行政讨论之后，国际标准化组织应一些主要的法国汽车厂商要求，增加了"Vehicle Area Network(VAN)"内容，并于 1993 年 11 月出版了 CAN 的国际标准 ISO 11898。除了 CAN 协议外，它也规定了最高至 1Mbit/s 波特率的物理层。同时，在国际标准 ISO 11519—2 中也规定了 CAN 数据传输中的容错方法。1995 年，国际标准 ISO 11898 进行了扩展，以附录的形式说明了 29 位 CAN 标识符。

3. CAN 前景展望

尽管 CAN 协议已经有 20 多年的历史，但它仍处在改进之中。从 2000 年开始，一个由数家公司组成的 ISO 任务组织定义了一种时间触发 CAN 报文传输的协议。Bemd Mueller 博士、Thomas Fuehrer、Bosch 公司人员和半导体工业专家、学术研究专家将此协议定义为"时间触发通信的 CAN(TTCAN)"，计划标准化为 ISO 11898—4。这个 CAN 的扩展已在硅片上实现，它不仅可实现闭环控制下支持报文的时间触发传输，而且可以实现 CAN 的 X-by-Wire 应用。因为 CAN 协议并未改变，所以在同一个物理层上，TTCAN 既可以传输时间触发的报文，也可以传输事件触发的报文。

TTCAN 将为 CAN 延长 5～10 年的生命期。现在，CAN 在全球市场上仍然处于起始点，但在以后的 10～15 年内谁也无法预料 CAN 总线系统的发展趋势。这里需要强调一个现实：近几年内，美国和远东的汽车厂商将会在他们所生产的汽车的串行部件上使用 CAN。另外，大量潜在的新应用（如娱乐等）正在涌现——CAN 不仅可用于客车，也可用于家庭消费。同时，结合高层协议应用的特殊系统对 CAN 的需求也正在稳健增长。

2.1.2 CAN 总线技术在汽车中的应用

CAN 总线最初是专门为解决乘用车的串行通信而研制的。目前，欧洲的汽车制造商基本上都使用 CAN 总线来连接车身电子系统以及动力系统，美国的汽车制造商也已经在其动力系统中利用 CAN 总线进行系统通信，而远东的汽车制造商也采用基于 CAN 的车载网络。

Daimler-Benz 公司是第一家应用 CAN 总线的汽车制造商，它使用了基于 CAN 总线的网络来连接动力系统的电子控制单元，现在几乎所有 Daimler-Benz 公司的乘用车和卡车都采用 CAN 总线来构建其动力系统的网络。而其他欧洲汽车制造商，如 Audi、BMW、VOLVO 等公司也都将 CAN 总线应用于其汽车网络系统。

大多数的欧洲汽车制造商也都采用基于 CAN 的高速网络用于动力系统的通信，其传输速率在 125kbit/s～1Mbit/s 之间，网络通信中可采用适用于 ISO 11898—1、ISO 11898—2 的高速收发器。另外，汽车制造商还利用基于 CAN 的多路系统来构建车身网络，用于连接车身电子控制单元。其网络数据传输速率一般小于 125kbit/s，在网络通信中可采用适用于 ISO 11898—3 的低速容错收发器。而 ISO 11898—4 对于 TTCAN 的规定则可满足 X-by-Wire 系统中对于时间触发通信的要求。

在欧洲，所有乘用车目前正在开始全面使用基于 CAN 的故障诊断接口，而其所使用的相应故障诊断标准也已成为国际标准。该接口规范为国际标准 ISO 15765，它规定了相应的物理层、传输层、应用层以及如何使用 Keyword 2000 的服务。这样，在所有的乘用车上都至少有一个 CAN 的节点。

在乘用车上，CAN 总线除了能够应用于构建连接动力系统和车身电子系统的多路网络外，另一个应用就是连接车载电子娱乐装置。根据 SAE 的分类，车载多媒体网络总线的一种选择为 IDB-C(Intelligent Data Bus-CAN)，其消息帧格式采用扩展帧格式。

汽车上各种基于 CAN 的网络通过网关连接在一起。在许多系统设计中，网关的功能是通过汽车仪表板来实现的。未来汽车的仪表板本身也将使用一个局部 CAN 网络，以便连接不同的显示和控制单元。

作为汽车动力系统和车身电子系统最主要的应用网络，CAN 已经被欧洲汽车制造商广泛接受，同时它也正在为美国和远东的各汽车制造商所接受，用来构建汽车网络。虽然以往美国汽车制造商广泛使用 J 1850 来构建车身网络，但目前 Daimler Chrysler、Ford 和 General Motors(GM)等汽车制造商已经投入到 CAN 总线的开发之中，而 J 1850 也正被 CAN 逐步取代。在远东，Toyota 已经在其汽车上采用 CAN 总线联网，而其他的日本和韩国汽车制造商也正在积极跟进。

下一代的高端乘用车将会装备上百个基于控制单元的微控制器，它们中的大部分将会通过 CAN 接口连接在汽车网络上。根据 Strategy Analytics 市场研究公司公布的一份对微控制器和汽车网络的研究表明，大多数乘用车都选用基于 CAN 的网络。目前在美国市场上，CAN 已开始取代基于 J 1850 的网络。2005 年，CAN 总线网络占据整个汽车网络协议的 63％。在欧洲，约有 88％的网络是基于 CAN 的。CAN 总线以其较高的可靠性和较低的价格，仍将占有汽车网络的较大份额。

今天的汽车通信基本上是采用控制器局域网的事件触发通信形式，其仲裁机制采用的是根据标识符的优先级发送消息的方式，最高优先级的消息在发送时不受干扰。在可预见的下一代车辆系统中，一些执行关键任务的网络，如 X-by-Wire 系统，在通信服务期间需要有确定的行为，即使在总线最大负载时，与安全相关的消息的发送必须得到保证，而且当消息以高精度发送时，它必须确定可能的时间点。解决这个问题的一种途径是采用基于 CAN 总线的时间触发协议 TTCAN，其通信是通过一种以时间为主导的参考消息周期性发送来完成的。同时，它在系统范围内引入了一个高精度的全局网络时间。基于这个时间，不同的消息在一个基本循环内都可到各自的时间窗。同典型的预定系统相比，TTCAN 有一个很大的优点，那就是在仲裁时间窗内它也有可能发送事件触发协议，产生正常仲裁的这些时间窗允许发送自发的消息。

图 2.1 所示为基于 CAN 的汽车网络系统，显示了各个子网的连接情况。基于不同的目的，各子网的要求也不尽相同，如高速 CAN 用于动力系统的通信与控制，低速 CAN 用于车身系统的通信与控制，多媒体部分需要较宽的带宽，而 X-by-Wire 则强调容错和安全。

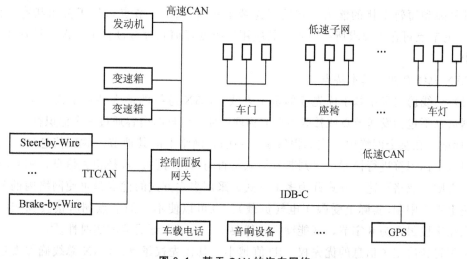

图 2.1 基于 CAN 的汽车网络

2.1.3 CAN总线的基本特点

目前在汽车上使用的高速网络系统采用的都是基于CAN总线的标准，特别是广泛使用的ISO 11898国际标准。CAN总线通常采用屏蔽或非屏蔽的双绞线，总线接口能在极其恶劣的环境下工作。根据ISO 11898的标准建议，即使双绞线中有一根断路，或有一根接地甚至两根线短接，总线都必须能继续工作。

CAN总线是一种串行数据通信总线，其通信速率最高可达1Mbit/s。CAN系统内两个任意节点之间的最大传输距离与其位速率有关，如图2.2所示。

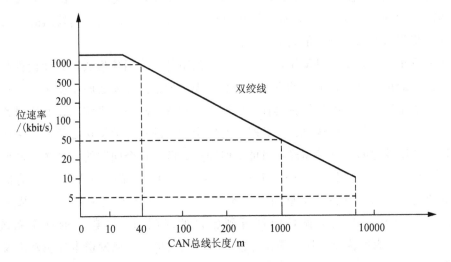

图2.2 CAN总线最大传输距离与其位速率的关系

从图2.2中不难看出，CAN总线的传输速率达1Mbit/s时，最大传输距离为40m。对一般实时控制现场来说足够使用。

CAN总线具有较强的错误检测能力，通过监视、循环冗余校验、位填充和报文格式检查，可使得未检测出的出错概率小于$4.7e^{-11}$。通过故障界定，CAN节点还有自动识别永久性故障和短暂干扰的能力。在处于连续干扰时，CAN节点将处于关闭状态。而且，CAN中的节点可在不要求所有节点及其应用层改变任何软件或硬件的情况下被连于CAN网络中。

CAN总线有如下基本特点。

（1）总线访问采用基于优先权的多主方式。CAN总线的最大特点是任一节点所发送的数据信息不包括发送节点或接收节点的物理地址。信息的内容通过一个标识符（Identifier，ID）作标记，在整个网络中，该标识符是唯一的。网络上的其他节点收到信息后，每一节点都对这个标识符进行检测，以判断此信息是否与自己有关。若是相关信息，则它将得到处理；否则被忽略。这一方式称为多主方式。采用多主方式的优点是可使网络内的节点数在理论上不受限制（实际上受限于电气负载），也可以使不同的节点同时接收到相同的数据。数据字段最多为8字节，既能满足一般要求，又可保证通信的实时性。

标识符还决定了信息的优先权。ID值越小，其优先权越高。CAN总线确保发送具有最高优先权信息的节点获得总线使用权，而其他的节点自动停止发送。总线空闲后，这些节点将自动重新发送信息。

（2）非破坏性的基于线路竞争的仲裁机制。CAN 采用带有冲突检测的载波侦听多路访问方法，它能通过无破坏性仲裁解决冲突。CAN 总线上的数据采用非归零编码（Nonreturn to Zero Code，NRZ），数据位可以具有两种互补的逻辑值，即显性和隐性。显性电平用逻辑"0"表示，隐性电平用逻辑"1"表示。CAN 总线按照非破坏性的基于线路竞争的仲裁机制对总线上任一潜在的冲突进行仲裁，显性电平覆盖隐性电平。

CAN 总线上的信息是用固定格式的帧来进行传送的，这些帧长度有限且不尽相同。总线空闲时，接在其上的任何节点都可以开始发送新的帧。如果两个和两个以上的节点同时开始发送帧，由此引起的总线访问冲突是利用基于线路竞争的仲裁对标识符进行判别来解决的。仲裁机制可以保证既不会丢失信息，也不会浪费时间。优先权最高的帧的发送器将获得访问总线的权利。

（3）利用接收滤波对帧实现了多点传送。在 CAN 系统中，节点可以不用任何有关系统配置（如节点地址）的信息。接收器对信息的接受或拒收是建立在一种称为帧接收滤波的处理方法上的。该处理方法能判断出接收到的信息是否和接收器有关联，所以接收器没有必要辨别出谁是信息的发送器，反过来也是如此。

（4）支持远程数据请求。通过送出一个远程帧，需要数据的节点可以请求另外一个节点向自己发送相应的数据帧，该数据帧的标识符被指定为和相应远程帧的标识符相同。

（5）配置灵活。往 CAN 网络中增添节点时，如果要增添的节点不是任何数据帧的发送器或者该节点根本不需要接收额外追加发送的数据，则网络中所有节点均不用作任何软件或硬件方面的调整。

（6）数据在整个系统范围内具有一致性。该机制使一个帧既可以同时被所有节点接收，也可以同时不被任何节点所接收，这在 CAN 网络中完全能够做到。因此，系统具有数据一致性的特征，而这一特征是利用多点传送原理和故障处理方法来获得的。

（7）有检错和出错通报功能。在 CAN 总线中有下列几种检测错误的措施：位检测；15 位循环冗余码校验；填充宽度为 5 的位填充；帧校验。

（8）仲裁失败或传输期间被故障损坏的帧能自动重发。任何正在发送数据的节点和任何正在正常（或错误激活状态下）接收数据的节点都能对出现错误的帧作出标记，并进行出错通报。这些帧会立即被放弃，此后，遵循系统所采取的恢复计时机制，它们将被适时重发。从检测出错误开始到可以着手发送下一个帧为止的这段时间称为恢复时间。此后如果再未出错的话，恢复时间一般占 17～23 个位时间（在总线遭受严重干扰的场合，最多占 29 个位时间）。所有接收器都会校验所接收帧的一致性，然后对具有一致性的帧做出应答，对不具有一致性的帧做出标记。仲裁失败或在发送过程中被错误干扰的帧将会在下次总线空闲期间被自动重发。要被重发的帧处理起来与别的帧完全一样。这意味着为了获得对总线进行访问的权利，它还是要参与仲裁过程。

（9）能区分节点的临时故障和永久性故障并能自动断开故障节点。CAN 节点能够区分出短期干扰和永久性故障，出故障的节点会被断开。断开意味着该节点脱离了与总线逻辑上的连接，因此它既无法发送，也无法收到任何帧。通常情况下，一个 CAN 节点必处于错误—激活、错误—认可或离线中的某一种状态。

处于错误—激活状态的节点可以正常参与总线通信活动，而且可以在检测到错误时送出活动错误标志。活动错误标志由连续的 6 个显性位构成，这违反了位填充规则及正常帧所具有的各种规定格式。

处于错误—认可状态的节点不能送出活动错误标志。它参与总线通信活动，但在检测到错误时送出的是认可错误标志。认可错误标志由连续的 6 个隐性位构成。发送完毕后，处于错误—认可状态的节点在起动下一次发送之前还要另外再等一定的时间。

节点因故障界定实体的要求而从总线上断开后就进入离线状态。处于离线状态的节点既无法发送，也无法接收任何帧，只有用户请求才能使该节点结束离线状态。

2.2　CAN 总线系统的组成

CAN 数据总线传输系统是由每个控制单元内部安装的一个 CAN 控制器和一个收发器（在网络系统中俗称节点），在每个控制单元外部连接的两条 CAN 数据总线和整个系统中的两个终端组成（有的车辆将终端设置在控制单元内，有的车辆在外部单独设置了终端），如图 2.3 所示。具有 CAN 接口的 ECU 原理图如图 2.4 所示。

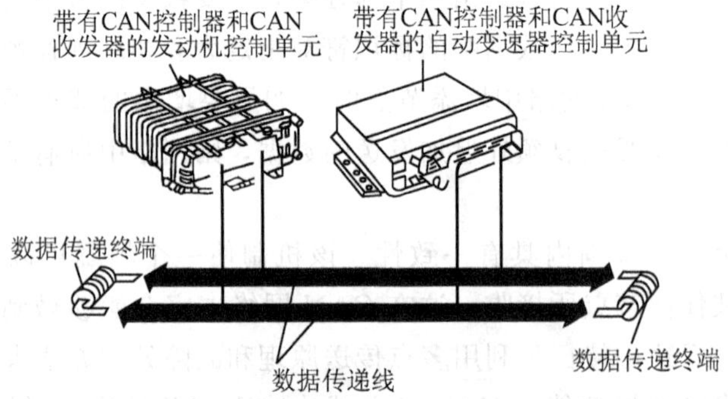

图 2.3　大众 CAN 数据总线的组成

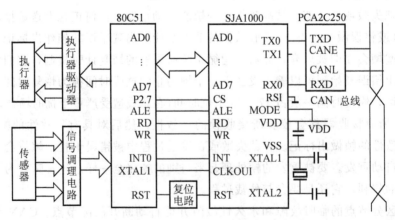

80C51——单片机　　SJA1000——CAN 控制器　　PCA2C250——收发器

图 2.4　具有 CAN 接口的 ECU 原理图

2.2.1 CAN 控制器

CAN 控制器是在一块可编程芯片上通过逻辑电路的组合实现这些功能的,它对外提供了与微处理器物理线路的接口。通过对它的编程,CPU 可以设置它的工作方式,控制它的工作状态,进行数据的发送和接收。

CAN 控制器的类型有两类,一类是独立的,另一类是和微处理器做在一起的。前一种使用起来比较灵活,它可以与多种类型的单片机、微机的各类标准总线进行接口组合;后一种在许多特定的情况下使电路简化和紧凑,效率提高。但不管是哪一种,它们都严格遵守 CAN 的规范和国际标准。

CAN 控制器的作用是接收控制单元中微处理器发出的数据,对这些数据进行处理,并传给 CAN 收发器。同样,CAN 控制器也接收收发器收到的数据,对这些数据进行处理并传给微处理器。

1. 独立 CAN 控制器

SJA1000 是 Philips 公司生产的适合汽车环境和一般工业系统环境的独立 CAN 控制器,是半导体 PCA82C200 CAN 控制器(Basic CAN)的替代产品,而且,它增加了一种新的工作模式 Peli CAN。

1) SJA1000 的封装与引脚

SJA1000 的封装及引脚配置如图 2.5 所示,引脚功能定义见表 2-1。

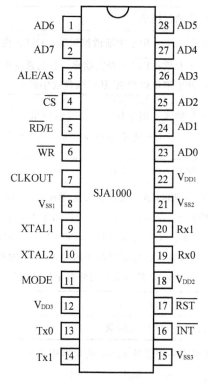

图 2.5 引脚配置(DIP28)

表 2-1 SJA1000 的引脚功能

符号	引脚	说明
AD7～AD0	2, 1, 28～23	多路地址/数据总线
ALE/AS	3	ALE 输入信号(Intel 模式)，AS 输入信号(Motorola 模式)
$\overline{CS}$	4	片选输入，低电平允许访问 SJA1000
$\overline{RD}$/E	5	微控制器的 $\overline{RD}$ 信号(Intel 模式)或 E 使能信号(Motorola 模式)
$\overline{WR}$	6	微控制器的 $\overline{WR}$ 信号(Intel 模式)或 RD/$\overline{WR}$ 信号(Motorola 模式)
CLKOUT	7	SJA1000 产生的提供给微控制器的时钟输出信号；时钟信号来源于内部荡器且通过编程驱动；时钟控制寄存器的时钟关闭位可禁止该引脚
V_{SS1}	8	接地
XTAL1	9	输入到振荡器放大电路；外部振荡信号由此输入①
XTAL2	10	振荡放大电路输出；使用外部振荡信号时在开路输出②
MODE	11	模式选择输入 1=Intel 模式 0=Motorola 模式
V_{DD3}	12	输出驱动的 5V 电压源
Tx0	13	从 CAN 输出驱动器 0 输出到物理线路上
Tx1	14	从 CAN 输出驱动器 1 输出到物理线路上
V_{SS3}	15	输出驱动器接地
$\overline{INT}$	16	中断输出，用于中断微控制器；$\overline{INT}$ 在内部中断寄存器各位都被置位时低电平有效；$\overline{INT}$ 是开漏输出，且与系统中的其他 $\overline{INT}$ 是线或的；此引脚上的低电平可以把 IC 从睡眠模式中激活
$\overline{RST}$	17	复位输入，用于复位 CAN 接口(低电平有效)；把 RST 引脚通过电容连到 V_{SS}，通过电阻连到 V_{DD} 可自动上电复位(例如，C=1μF；R=50kΩ)
V_{DD2}	18	输入比较器的 5V 电压源
Rx0, Rx1	19, 20	从物理的 CAN 总线输入到 SJA1000 的输入比较器；支配(控制)电平将会唤醒 SJA1000 的睡眠模式；如果 Rx1 比 Rx0 的电平高，就读支配(控制)电平，反之读弱势电平；如果时钟分频寄存器的 CBP 位被置位，就旁路 CAN 输入比较器以减少内部延时(此时连有外部收发电路)；这种情况下只有 Rx0 是激活的；弱势电平被认为是高而支配电平被认为是低
V_{SS2}	21	输入比较器的接地端
V_{DD1}	22	逻辑电路的 5V 电压源

注：①② XTAL1 和 XTAL2 引脚必须通过 150pF 的电容连到 V_{SS1}。

2) SJA1000 的硬件结构

SJA1000 的硬件结构如图 2.6 所示。SJA1000 由接口管理逻辑 IML、发送缓冲器

TxB、接收缓冲器 RxB、验收滤波器 ACF、位流处理器 BSP、位时序逻辑 BTL、错误管理逻辑 EML 7 个主要功能模块和复位、时钟电路构成。

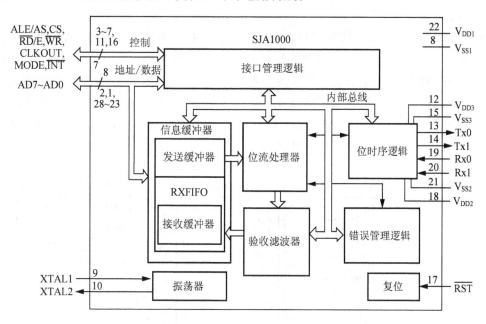

图 2.6　SJA1000 硬件结构

（1）接口管理逻辑（Interface Management Logic，IML）。接口管理逻辑解释来自 CPU 的命令，实现 CAN 寄存器的寻址，向 CPU 提供中断信息和 CAN 控制器状态信息。

（2）发送缓冲器（Transmit Buffer，TxB）。发送缓冲器是 CPU 和 BSP（位流处理器）之间的接口，能够存储发送到 CAN 网络上的完整信息。缓冲器长 13 个字节，由 CPU 写入，BSP 读出。

（3）接收缓冲器（Receive Buffer，RxB）。接收缓冲器是验收滤波器和 CPU 之间的接口，用来储存从 CAN 总线上接收的信息。接收缓冲器 RxB 长 13 字节，是 CPU 访问接收先进先出存储器（RXFIFO）的一个窗口。RXFIFO 存储区长 64 字节，由于这 64 个字节存储区的缓存作用，CPU 可以在处理一个信息的时候，接收其他的信息。

（4）验收滤波器（Acceptance Filter，ACF）。验收滤波器把接收信息的标识符与接收验收滤波器寄存器的内容相比较，以决定是否接收这个信息。通过过滤的整个信息被接收并存入 RXFIFO 中。

（5）位流处理器（Bit Stream Processor，BSP）。位流处理器完成信息位流在发送缓冲器、RXFIFO 和 CAN 总线之间的传送控制。在控制传送的过程中，它还执行错误检测、仲裁、位填充和错误处理等功能。

（6）位时序逻辑（Bit Timing Logic，BTL）。位时序逻辑监控 CAN 总线，完成总线相关的定时功能。它通过总线状态由"隐性"到"显性"的变化进行信息启动传送的同步（硬同步），在传送过程中调节位时间关系以保持同步（软同步）。位时序逻辑具有时间段编程的功能，以补偿或调节位传送中的延时或相移，确保在正确的时间取样总线状态。

（7）错误管理逻辑（Error Management Logic，EML）。错误管理逻辑完成传输层的错误处理。它接收位流处理器传来的错误消息，然后向位流处理器和上层错误处理逻辑发出错误状态。

3）SJA1000 的应用

SJA1000 的寄存器和引脚配置使它可以使用各种各样集成或分立的 CAN 收发器。由于有不同的微控制器接口，应用时可以使用不同的微控制器。图 2.7 所示是一个包括 80C51 微型控制器和 PCA82C251 收发器的典型 SJA1000 应用。CAN 控制器功能像是一个时钟源，复位信号由外部复位电路产生。在这个例子中 SJA1000 的片选由微控制器的 P2.7 口控制。否则，这个片选输入必须接到 V_{SS}。它也可以通过地址译码器控制，例如当地址/数据总线用于其他外围器件的时候。

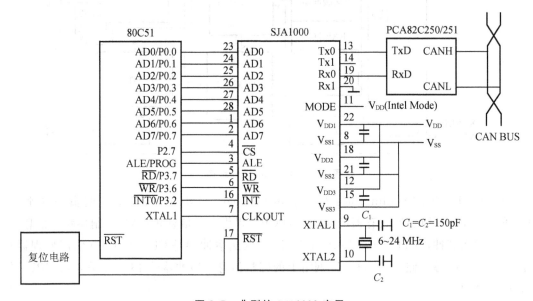

图 2.7 典型的 SJA1000 应用

2. MSCAN 模块

MSCAN 又称为飞思卡尔控制器局域网，它是符合博世公司（BOSCH）所定义的 CAN 2.0A 和 CAN 2.0B 协议的 CAN 总线通信控制器。飞思卡尔 MSCAN 是当前汽车控制器中最流行的 CAN 控制器架构。MSCAN 模块在飞思卡尔 8 位微控制器 MC9S08DZ 系列、MC9S08GZ 系列以及飞思卡尔多数 16 位微控制器中均有集成。集成的数量各有不同，比如 MC9S08DZ60 内部集成了一个 MSCAN，而 MC9S12XEP100 内部集成了 5 个，集成的每个 MSCAN 之间功能互不影响。与其他的独立 CAN 总线控制器相比，MSCAN 有着低成本的优势，同时简化了应用。图 2.8 所示是一个应用了 MSCAN 的典型 CAN 总线系统。

1）MSCAN 模块的特性

MSCAN 的基本特性如下。

（1）实施 CAN 协议 2.0A/2.0B 版。

① 标准和扩展数据帧；

② 0~8 字节数据长度；

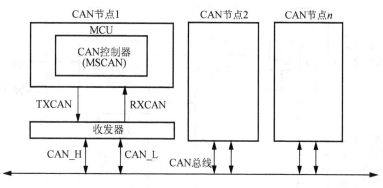

图 2.8 CAN 总线系统

③ 高达 1Mb/s 的可编程比特率；

④ 支持远程帧。

(2) 5 个具有 FIFO 存储机制的接收缓冲区。

(3) 3 个具有使用"本地优先"概念的内部优先顺序的发送缓冲区。

(4) 灵活可掩码标识符滤波器支持 2 个全尺寸(32 位)扩展标识符滤波器或 4 个 16 位滤波器或 8 个 8 位滤波器。

(5) 集成低通滤波器的可编程唤醒功能。

(6) 可编程环回模式支持自测操作。

(7) 可编程监听模式用于 CAN 总线监控。

(8) 可编程总线脱离恢复功能。

(9) 独立的信号和中断功能适用于所有 CAN 接收器和发射器错误状态(警报、错误严重状态、总线脱离)。

(10) 可编程 MSCAN 时钟源，采用总线时钟或振荡器时钟。

(11) 内部计时器提供给接收和发送的报文的时间标签。

(12) 3 种低功耗模式：睡眠、关机和 MSCAN 使能。

(13) 配置寄存器的全局初始化。

2) MSCAN 模块的结构

每个 MSCAN 模块均有两个信号引脚，分为发送(Tx)和接收(Rx)，它们均为 TTL 电平，需接收发器才能连接到 CAN 总线上。当 Tx 引脚上的输出电平为低电平时为显性状态，反之为隐性状态。MSCAN 模块的内部结构如图 2.9 所示。

3) MSCAN 模块相关的寄存器介绍

CPU 是通过对 MSCAN 各个寄存器的设置来实现其对 CAN 总线控制器的配置的。在飞思卡尔 8 位和 16 位微控制器中集成的 MSCAN 模块，它们所拥有的寄存器在内存中均占据相同而连续的 64 字节。每个 MSCAN 模块在内存中都有一个唯一的映射地址，即线性的 64 字节寄存器中第一个字节所占的地址，它是一个 MCU 级的地址。其余寄存器地址相对于此字节偏移成为相对地址，相对地址是模块级的地址。表 2-2 是 MSCAN 模块的 64 字节寄存器集合在内存中的分布情况。

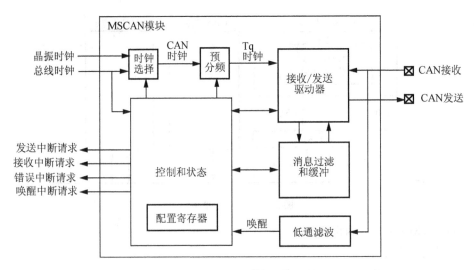

图 2.9　MSCAN 模块的结构图

表 2-2　MSCAN 寄存器组织结构

相对地址	寄存器组成	占用空间(字节)
$_00~$_0B	控制寄存器	12
$_0C~$_0D	保留	2
$_0E~$_0F	错误计数器	2
$_10~$_1F	标识符过滤器	16
$_20~$_2F	接收缓冲区	16
$_30~$_3F	发送缓冲区	16

4）MSCAN 模块的功能

(1) 报文存储。MSCAN 模块有 5 个接收缓冲区和 3 个发送缓冲区，其缓冲区结构的用户模型如图 2.10 和图 2.11 所示。

MSCAN 提供了一个能够满足一系列网络应用需求的先进报文存储系统。

(2) 报文发送基础。现代应用层软件的建立基于如下两个基本假设。

① 任何 CAN 节点都能够发送安排好的报文流，而不需要在两条报文间释放 CAN 总线。这些节点在发送上一条报文后立即仲裁 CAN 总线，只有当仲裁丢失时释放 CAN 总线。

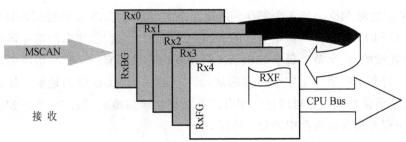

图 2.10　报文接收缓冲区的用户模型

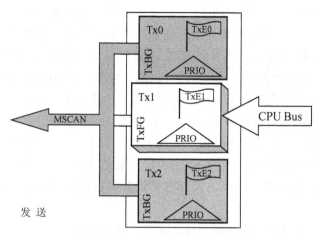

图 2.11 报文发送缓冲区的用户模型

② 安排 CAN 节点内的内部报文队列,如果有多条报文准备发送,最高优先级报文首先发出。

以上描述的行为不能用单个发送缓冲区来实现。该缓冲区在上一条报文发送后必须立即重新加载。加载流程的持续时间有限,必须在帧间顺序(Interframe Sequence,IFS)内完成,以便能够发送不中断报文流。即使这对于有限总线速度的 CAN 来说可行,但它要求 CPU 有最短的发送中断延迟时间。

双缓冲区机制能够把发送缓冲区的重新加载报文和实际的报文发送分开,因此降低了对 CPU 的响应要求。问题可能出在第一个缓冲区完成报文的发送时 CPU 正重新加载第二个缓冲区,这时没有缓冲区做好发送准备,CAN 总线会被释放。无论在什么情况下,至少需要 3 个发送缓冲区来满足上述第一个要求。MSCAN 有 3 个发送缓冲区。第二个要求需要某些类型的内部优先排队,MSCAN 用发送结构中描述的本地优先级来执行该优先排队。

(3) 发送结构。MSCAN 三重发送缓冲区机制允许提前建立多条报文,从而优化了实时性能。这 3 个缓冲区的安排如图 2.11 所示。这 3 个缓冲区都具有类似接收缓冲区的 13 字节数据结构。发送缓冲区优先寄存器(TBPR)包含 8 位本地优先级字段(PRIO)。如果需要,剩下的两个字节用于报文的时间标签。

要发送报文,CPU 必须确定可用的发送缓冲区,这由置位的发送器缓冲区空(TXEx)标志表示。如果发送缓冲区可用,CPU 必须通过写入 CANTBSEL 寄存器为该缓冲区设置一个指针。这使得各自的缓冲区能够在 CANTXFG 地址空间内访问。与 CANTBSEL 寄存器有关的算法功能简化了发送缓冲区选择。此外,这种机制使程序软件处理更为简单,因为发送流程只需访问一个地址,节省了所需地址空间。

为缓冲区设置指针后,CPU 将标识符、控制位和数据内容保存到一个发送缓冲区。最后,通过清除相关 TXE 标志、缓冲区标志为发送准备就绪。

然后 MSCAN 安排报文发送,并通过设置相关 TXE 标志通知缓冲区报文成功发送。设置 TXEx 可触发发送中断,能够用来使应用软件重新加载缓冲区。

当 CAN 总线赢得仲裁时,如果有一个以上的缓冲区等待发送,MSCAN 使用 3 个缓冲区的本地优先级设置来决定优先顺序。因此,每个发送缓冲区都有8位本地优先级字段(PRIO)。在报文建立时,应用软件就编辑该字段。本地优先级反映了在从该节点发送的有关报文之间的优先级顺序。具有最低二进制代码的 PRIO 字段占最高优先级。当 MSCAN 为 CAN 总线进行仲裁时,就会引发内部调度程序。当出现发送错误时也会如此。

当应用软件安排了高优先级报文时,可能有必要中止3个发送缓冲区的某一个低优先级报文。由于正发送的报文不能中止,因此用户必须通过设置相应中止请求位(ABTRQ)请求中止。可能的话,MSCAN 通过以下方式允许该请求:在 CANTAAK 寄存器中设置相应的中止确认标志(ABTAK);设置相关的 TXE 标志来释放缓冲区;生成发送中断。发送中断处理程序软件能够根据 ABTAK 标志的设置决定是报文中止(ABTAK=1)还是已发送(ABTAK=0)。

(4)接收结构。MSCAN 将收到的报文保存在5级输入 FIFO 中。5个报文缓冲区被交替映射到单个存储器区域(见图2.10)。后台接收缓冲区(RxBG)只与 MSCAN 相关,但前台接收缓冲区可以通过 CPU 寻址(见图2.10)。这种机制简化了处理程序软件,因为接收流程只需访问一个地址。如果使能的话,所有接收缓冲区都有15B大小的空间来保存CAN 控制位、标识符(标准或扩展)、数据内容。

接收器已满标志(RxF)显示前台接收缓冲区的状态。当缓冲区包含带有匹配标识符的正确接收报文时,设置该标志。

接收器接收时,检查每条报文,看看它是否通过滤波器,同时被写入有效 RxBG。成功接收到有效报文后,MSCAN 将 RxBG 的内容转移到接收器 FIFO2,设置 RXF 标志并向 CPU 生成一个接收中断。用户的接收处理程序必须从 RxFG 读取收到的报文,然后复位 RxF 标志,确认中断,释放前台缓冲区。在某些情况下,紧跟 CAN 帧的 IFS 字段后的新报文将被接收到下一个可用 RxBG 中。如果 MSCAN 在其 RxBG 中接收到无效报文(如错误标识符、发送错误等),缓冲区的实际内容将被下一条报文覆盖。缓冲区随后不会转移到 FIFO。

当 MSCAN 模块正在发送报文时,MSCAN 把它自己发送的报文接收到后台接收缓冲区 RxBG,但不会将它转移到接收器 FIFO 生成接收中断或在 CAN 总线上响应自己的报文。这一规则的例外是在环回模式中,这时 MSCAN 会完全按照同所有其他报文一样的方式处理自己的报文。当仲裁丢失时,MSCAN 接收自己发送的报文。这时 MSCAN 必须做好成为接收器的准备。

当 FIFO 中的所有接收报文缓冲区充满了带有已接收标识符的正确接收报文,且从 CAN 总线中正确接收到另外一条带有已接收标识符的报文时,就会发生溢出。后面这一条报文被丢弃,并生成带有溢出标志的错误中断。当接收器 FIFO 已满时,MSCAN 仍能发送报文,但所有进入的报文会被丢弃。一旦 FIFO 中的接收缓冲区重新可用,就能接收新的有效报文。

2.2.2 CAN 收发器

CAN 收发器是一个发送器和接收器的组合,将 CAN 控制器提供的数据转化成电信号并通过数据总线发送出去,同时它也接收总线数据,并将数据传到 CAN 控制器。

下面以飞思卡尔(Freescale)的一款低速 CAN 收发器 MC33388 为例,对 CAN 收发器进行简要介绍。MC33388 是由飞思卡尔公司为汽车网络总线通信系统而设计的一款低速容错型 CAN 总线收发器,可用于汽车内部恶劣的工作环境中,能检测出各种错误状况并自动地转换到合适的模式下。在检测出错误后,MC33388 将始终监视总线故障情况,以在故障消除后立即转换到正常总线操作模式之下。

1. MC33388 结构

MC33388 为 14 引脚芯片,其芯片引脚如图 2.12 所示,下面对各个引脚加以说明。

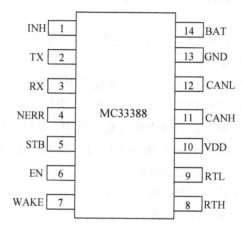

图 2.12　MC33388 芯片引脚图

Pin1(INH):用于控制外部电源调节器的输出引脚,使用时在休眠模式下即可关闭外部电源调节器。

Pin2(TX):收发器输入引脚,与 CMOS 兼容,通常直接与 CAN 控制器的 TX 引脚相连,用来接收要发送的信息位。当 TX 引脚为显性状态时,CANH 和 CANL 则为隐性,反之亦然。该引脚还特有错误处理功能,当 TX 引脚始终为低,即处于显性状态超过 2ms 时,其内部连接到 VDD 的上拉电阻即会自动将 TX 引脚变为高电平,即隐性位,以防止 CAN 总线始终被锁定为显性状态而失去通信功能。

Pin3(RX):它是收发器将总线上接收到的信息传送到 CAN 控制器的输出引脚,当其为高电平时总线上为隐性,低电平时为显性。TX、RX 与总线状态的关系见表 2-3。在休眠和待机模式下,RX 引脚可以向控制器报告唤醒事件。

表 2-3　TX、RX 与总线状态真值表

TX	RX	总线状态	说　　明
低	低	显性	—
高	高	隐性	—
高	低	显性	总线由其他节点驱动

Pin4(NERR):错误输出引脚,负责向控制器报告出错情况。正常状态下为高电平,

低电平则表示检测到了有错误发生。在待机模式下，NERR 引脚可报告唤醒事件，在只听模式下则报告 VBAT 电源上电标志。

Pin5~Pin6(STB~EN)：具有 CMOS 兼容性的输入引脚，使用时连接到微控制器，用于控制芯片进入所需的模式。

Pin7(WAKE)：高电平输入引脚，用于将芯片从休眠模式和待机模式中唤醒。使用时通常外接一个开关，其典型唤醒电平阈值为 VBAT 的 1/2。该引脚内部特殊设计的结构能让高电平到低电平与低电平到高电平的跳变都能唤醒芯片。进入休眠模式或待机模式之后，MC33388 检测 WAKE 引脚的电平并将其作为参考值，与其相反的状态值即会将芯片重新唤醒至正常模式。

使用时需注意的一点是：WAKE 引脚不能开路，若没有用到唤醒功能的话，该引脚应该连接到地电平，以防止发生错误唤醒。

Pin8~Pin9(RTH~RTL)：总线终端电阻连接引脚。两者均为下拉型输出结构，使用时分别连接一个外部电阻接到 CANH 和 CANL 引脚。当发送隐性位时，CANH 和 CANL 总线驱动器关闭，对应引脚即通过外部电阻接地。其中，RTL 引脚在待机和休眠模式中通过一个内部开关和 12.5kΩ 的电阻连接到 VBAT，当 CANL 引脚从 VBAT 电平变为 CANL 的唤醒电平阈值时，芯片即会被唤醒。

Pin10(VDD)：5V 电压输入引脚。该引脚与欠压功能相关联，当其输入电压低于 3V 的时候，芯片将自行复位并进入待机模式。

Pin11~Pin12(CANH~CANL)：总线差分输出引脚。MC33388 输出的位流即通过这两个引脚传送到 CAN 总线上。CANH 为连接到 VDD 的上拉型结构，CANL 则为连接地的下拉型结构。当温度超过 150℃ 时，芯片内部的温度保护装置即会关闭 CANH 和 CANL 驱动器。两个引脚分别由内部串联二极管保护，以防备 CANH 与电源、CANL 与地发生短路。

Pin13(GND)：MC33388 接地引脚。

Pin14(BAT)：芯片的工作电源输入引脚。它可以直接连接汽车的 12V 蓄电池，并且可以承受 27V 的直流电压，上电、断电时可承受 40V 的瞬间高压。其工作电流取决于其所处的操作模式，在低功耗模式下，典型值为 12μA。该引脚与蓄电池回路故障标志相关联。

在使用该引脚时必须要注意一点，即需要借助外部器件（如二极管等）保护芯片不会因电源连接线反接以及瞬间反电动势而受损。

MC33388 内部结构如图 2.13 所示。

2. MC33388 的工作原理

1）芯片工作模式

该芯片有 4 种工作模式：正常模式（Normal）、只听模式（Receive Only）、待机模式（Standby）和休眠模式（Sleep）。芯片进入哪种模式由 EN 引脚和 STB 引脚共同控制，见表 2-4。

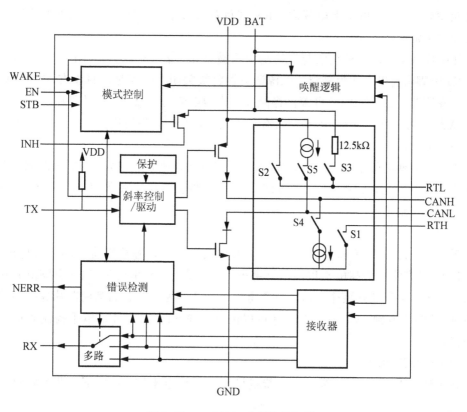

图 2.13　MC33388 内部结构框图

表 2-4　模式控制真值表

STB	EN	模式	INH	NERR	RX
0	0	待机模式	高	变低电平：唤醒中断信号（若有 VDD）	
0	0	休眠模式	悬浮		
0	1	进入休眠命令	悬浮		
1	0	只听模式	高	变低电平：VBAT 上电标志	高：隐性位
1	1	正常模式	高	变低电平：错误标志	低：显性位

当 EN 和 STB 引脚均为 1，即均为高电平时，芯片处于正常工作模式下；当 STB 引脚置 1，EN 引脚置 0 时，芯片进入只听模式，此时只能从总线上接收信息而不能向外发送。当 STB 引脚置 0，EN 引脚置 1 时，控制器向芯片发出进入休眠命令，随后当 STB 引脚和 EN 引脚都置 0 时芯片即进入休眠模式。当 STB 引脚和 EN 引脚直接都置 0 则芯片进入待机模式。值得注意的是，INH 引脚在控制器发出进入休眠命令后即由高电平（12V）变为悬浮（实际使用中测得约 1.5V）；反之，当控制器与收发器都进入休眠模式后，若收发器被总线唤醒，则 INH 会变为高电平，利用这一跳变可以用来激活外部电源调节器。

正常模式下，芯片的所有功能都可以使用，NERR 引脚负责报告总线错误。

在只听模式下，芯片不能驱动总线，CANH 和 CANL 维持为隐性状态。此时芯片的接收功能仍与正常模式相同，但收到信息后芯片无法再向发送节点发回应答信息。此时

NERR 负责输出 BAT 电源上电标志，RX 则负责报告总线错误。该模式下的错误检测和错误处理与正常模式相同。

在休眠模式下，芯片的接收与发送功能均被禁止，若 INH 连接到电源调节器，由于此时 INH 引脚由高电平变为悬浮，电源调节器将被关闭，也就是说将没有 VDD 5V 电源供给给收发器芯片了。VBAT 电源仍将保持，典型电流为 $15\mu A$。此时芯片将监视总线活动以及 WAKE 引脚和 VBAT 电平，若有唤醒发生，则芯片将转换至待机模式，INH 引脚也将变为高电平。

待机模式有些类似于休眠模式，但 INH 引脚为高电平，以使外部 5V 电源调节器保持为工作状态。由于此时芯片有 5V 的 VDD，唤醒事件会直接反映在 NERR 和 RX 引脚上，即两个引脚都将输出低电平。

2）系统电源上电

在系统上电时，BAT 和 VDD 将从 0 上升到其正常值，芯片则将自动进入待机模式。此时，INH 引脚将变为高电平以激活外部电源调节器。EN 引脚和 STB 引脚由芯片内部控制为低电平，而不论这两个引脚的外部电平为高还是为低，它们都使芯片保持为待机状态，直到 VDD 上升到 3V，这时芯片才可以由 EN 和 STB 引脚外部电平控制着进入相应的工作模式。

3）VDD 复位功能

若在工作中 VDD 降低到强行进入待机模式的阈值电平即 3V 以下，芯片将自动转换到待机模式。

4）电池故障标志

当 BAT 降低到低于电池上电标志置位阈值，即 1.5V 时，系统的工作电源即被切断。电池故障标志可以由控制器通过将芯片转入只听模式来读取。进入正常模式后该标志被复位。

5）总线错误检测与处理

MC33388 始终监视着总线，在正常模式和只听模式下可以检测出以下 8 种总线错误。

(1) CANH 传输中断。

(2) CANL 传输中断。

(3) CANH 对蓄电池短路。

(4) CANL 对地短路。

(5) CANH 对地短路。

(6) CANL 对蓄电池短路。

(7) CANH、CANL 双线短路。

(8) CANH 对 VDD 短路。

MC33388 的差分接收阈值设定为 2.8V，使得当发生总线错误(1)、(2)或(5)时当前的传输不会被破坏。

错误(3)和(6)由连接 CANH 和 CANL 的内部比较器来检测，当超过比较器阈值一定时间后，芯片立即切换到单线模式，当前传输的数据则不会被丢失。

错误(4)、(7)和(8)则会使内部比较器一直输出一个显性电平。若发生的是错误(4)或

（7），则 CANL 驱动器经一段延时后被关闭，只留下 CANH 进入单线传输模式。若检测到错误（8），则 CANH 驱动器将经延时后关闭，只留下 CANL 进入单线传输模式。错误消除后，总线将会恢复为隐性状态。当接收器电压维持在隐性状态一段时间后，芯片将重新进入差分模式进行总线传输。

当上述 8 种错误的任意一种发生时，NERR 引脚都将输出低电平，错误消除后再重新恢复为高电平状态。

3. MC33388 典型应用

图 2.14 所示为 MC33388 的典型应用电路。电路中的元件信息如下：$R_3=10\text{k}\Omega$；$R_4\geqslant 33\text{k}\Omega$；$C_1\geqslant 47\text{nF}$；$C_2\geqslant 4.7\mu\text{F}$；$C_3\geqslant 47\text{nF}$；$C_4\geqslant 10\mu\text{F}$；$L_1$ 为共模抑制线圈；D1 为 IN4148；IC1 为 LM2935；$R_1=R_2=R(500\Omega<R<16\text{k}\Omega)$；$R/$节点数$>100\Omega$。

图 2.14 实现了 MC33388 所有的功能：CAN 总线接口、正常和低功耗模式以及来自 CAN 总线和外部开关的唤醒源。

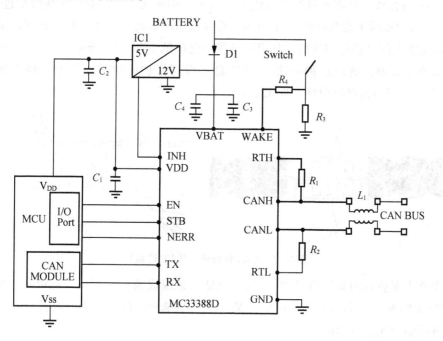

图 2.14 MC33388 的典型应用

MC33388 的 VDD 引脚由一个带禁止输入引脚的外部电压调节器供给，除了与 MCU 的 CAN 控制器相连的 TX 和 RX 引脚外，MC33388 还需要连接 3 个 MCU 的 I/O 口以实现 EN、STB 和 NERR 引脚的功能。

MC33388 唤醒引脚连接到一个外部信号触发开关。MC33388 支持外部信号通过上拉电阻或下拉电阻连接到 VBAT 或是地线上。此例选择了下拉电阻接地的方法。WAKE 引脚必须串联电阻以限制输入电流的大小。

VBAT 和 VDD 上均推荐并联两个电容接地，这些电容能和板上的其他元件共用。

R_1 和 R_2 是网络的终端电阻。为了能正常运行，它们的值应该相同（$R_1=R_2$），其值由整个网络的终端电阻和节点数目共同决定。

整个网络的终端电阻值必须高于 100Ω。若在一个带有 32 个节点的系统中选择了一个 500Ω 的终端电阻,则 R_1 和 R_2 都要等于 16kΩ。此外,R_1 和 R_2 的值必须在 500Ω 和 16kΩ 之间选择。

CANH 和 CANL 引脚可以直接连接 CAN 总线,当然也可以串联合适的共模抑制线圈以抑制共模干扰。

2.2.3 数据传递终端

实际上数据传递终端是一个电阻器,作用是防止数据在线端反射并以回声的形式返回,产生反射波而使数据遭到破坏。

2.2.4 CAN 数据总线

CAN 数据总线是用以传输数据的双向数据线,分为 CAN 高位(CAN-High)和低位(CAN-Low)数据线。数据通过数据总线发送给各控制单元,各控制单元接收后进行计算。为了防止外界电磁波干扰和向外辐射,CAN 总线采用两条线缠绕在一起的方式,如图 2.15 所示。两条线上的电位是相反的,如果一条线的电压是 5V,另一条线就是 0V,两条线的电压和总等于常值。通过这种办法,CAN 总线得到保护而免受外界电磁场干扰,同时 CAN 总线向外辐射也保持中性,即无辐射。

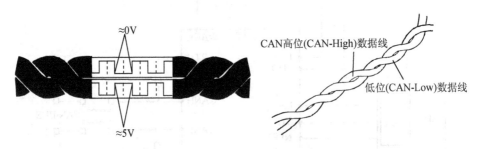

图 2.15 CAN 数据传输线(双绞线)

在大众汽车公司的系统设计中,CAN 也是一条现成的诊断通路,可以不必依靠 ISO 9141 中定义的 K 线,而仅依靠系统中的某一个控制单元,以它作为诊断接口或称诊断界面而对各控制单元进行诊断。

大众汽车公司在 1999 年以后投产的车型上采用了被称为"中心总线连接"的方式,也就是说将原来分布在两个控制单元中的 120Ω 电阻以并联形式归并到一个控制单元中,如图 2.16 所示。

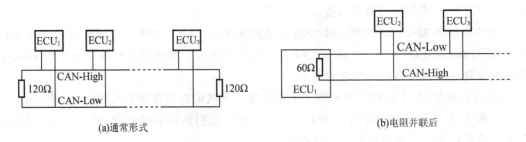

图 2.16 驱动系统 CAN 物理层

2.3 CAN总线多路传输系统通信协议

2.3.1 CAN通信协议含义

使用计算机网络进行通信的前提是各控制单元必须使用和解读相同的"电子语言",这种语言称为"协议"。1991年9月菲利普Semiconductors制定并发布了CAN技术规范(Version 2.0)。该技术包括A和B两部分。2.0A给出了CAN报文标准格式,而2.0B给出了标准的和扩展的两种格式。1993年11月ISO颁布了道路交通运输工具—数据信息交换—高速通信局域网(CAN)国际标准ISO 11898,为控制局域网的标准化和规范化铺平了道路。美国汽车工程学会SAE 2000年提出的J 1939成为货车和客车中CAN的通用标准。

CAN网络结构如图2.17所示。CAN协议是包括表2-5所示ISO规定的OSI(开放系统互连)基本参考模型的传输层、数据链路及物理层的协议。

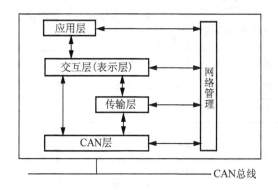

图2.17 CAN网络结构

表2-5 ISO/OSI基本参考模型

ISO/OSI的基本参考模型		各层定义的主要项目
软件控制	7层:应用层	提供各种实际可以应用的服务
	6层:表示层	对数据的表现形式进行变换,例如文字的调整、数据的压缩、加密
	5层:会话层	为实现会话通信,按正确的顺序控制数据的发送与接收
	4层:传输层	保证按顺序控制数据及更正错误等的通信品质,例如订正错误、重新发送的控制
	3层:网络层	选择数据的传输途径及中转,例如各控制单元之间的数据交换及地址管理
硬件控制	2层:数据链路层	将从物理层获得的信号(字符集)汇总成具有某种意义的数据,提供控制顺序,以便对控制传输错误等的数据加以传输。例如:①访问时的方法及数据形式;②通信方式、连接控制方式、同步方式、错误检测方式;③响应方式、通俗方式、帧的构成;④组帧方式
	1层:物理层	规定通信时所使用的电缆、插座等媒介,信号的标准等,以实现设备信号之间的交接,例如信号电平、发送与接收、电缆及插接器等的形式

CAN 协议中的 ISO/OSI 基本参考模型的传输层、数据链路层及物理层的定义见表 2-6。

表 2-6 CAN 协议中的 ISO/OSI 基本参考模型的传输层、数据链路层及物理层的具体定义

层	定义事项	功　　能
4 层（传输层）	再发送控制	永久再试
2 层（LLC）（数据链路层）	选择接收的报文（验收滤波）	能够实现点—点相连、同报文一齐连接、同报文分组连接
	过载通知	通知：接收准备未完成
	恢复管理	再传输
2 层（MAC）（数据链路层）	报文的成帧化	包括 4 种帧：数据帧、远程帧、错误帧与过载帧
	连接控制方式	争用方式（对应于多点传送）
	数据冲突时的仲裁	通过仲裁，优先程度高的 ID 可以继续发送
	故障扩散的抑制功能	自动判别出是暂时性错误还是连续性错误，并排除故障节点
	错误的通知	有 CRC 错误、填充错误、位错误、ACK 错误、格式错误
	错误的检测	可以检测出所有单元的经常性错误
	响应方式	有 ACK、NACK 两种
	通信方式	半双工通信
1 层（物理层）	位的编码	利用 NRZ 方式编码，6 位填充
	位定时	位定时，位取样数（由用户选定）
	周期方式	利用同步段（SS）实现同步（重新同步功能）

注：LLC——逻辑链路控制子层；MAC——介质访问控制子层。

数据链路层可以划分为 MAC 子层与 LLC 子层。MAC 子层是 CAN 协议的核心。数据链路层的功能是将从物理层获得的信号整理成为具有含义的报文（报文是指信息），并提供控制传输错误等的数据传输控制顺序。具体来说是：报文的成帧、仲裁、应答（ACK）、检测错误及加以通知。数据链路层的功能通常是在 CAN 控制器的硬件中完成的。

2.3.2 CAN 通信协议的特点

CAN 协议的特点主要有以下 8 个方面。

1. 多主

在总线空闲的时候，所有的节点都可以发出报文。

2. 报文的发出

CAN 协议规定所有的报文应以规定的格式发出，在总线空着的时候，与总线相连的所有节点都可以发出新的报文。在两个以上的节点同时开始发出报文的场合下，利用标识

符(以下简称 ID)可以规定优先顺序,以比特(bit)为单位对各报文的 ID 进行仲裁,仲裁获胜(被判断为最有优先顺序)的节点继续进行发信;仲裁失败的节点立即停止发信并转为收信状态。

3. 系统的灵活性

与总线相连的节点没有节点地址的信息,因此在向总线追加节点的时候,就没有必要更改与总线相连的其他节点的软件、硬件及应用层。

4. 通信速度

CAN 可以根据网络的规模设定通信速度。在一个网络内部,对所有的节点来说,必须设定同样的通信速度。通信速度不同的节点连到一起时,节点就会出错,阻碍通信。在不同的网络上可以采用不同的通信速度。

5. 可要求远程数据

CAN 在发送远程帧时,可对其他节点提出发送数据的要求。首先访问总线的节点可以获得发信权。同时有多个节点开始发信的场合下,所发报文具有最高优先顺序 ID 的节点可以获得发信权。

6. 错误检测功能、错误通知功能、错误还原功能

CAN 总线中所有的节点都可以检测出错误(错误检测功能)。检测出错误的节点立即向其他节点发送出错的通知(错误通知功能)。传送报文的节点检测出错误时,则强制使其发信结束。强制使送信结束的节点会反复再传送,直至其报文可以传送为止(错误还原功能)。

7. 故障的界定

CAN 总线上出现的故障可以分为总线上的数据临时产生的错误(来自外部的干扰等)与总线上的数据连续产生的错误(节点内部的故障、驱动方面的故障及断线等引起的)两类,CAN 具备判别错误种类的功能。利用这项功能,CAN 在总线上的数据连续产生错误的场合下会将产生错误的节点从总线上切除。

8. 连接

CAN 总线是同时可以连接许多控制单元的网络,从理论上来讲,它可以连接的节点数是无限的。但实际可以连接的控制单元数量将受总线延迟时间与电负荷的限制。当降低通信速度时,CAN 总线可以连接较多的控制单元;当提高通信速度时,CAN 总线可以连接的控制单元数量将减少。

2.3.3 CAN 通信协议与标准

1. ISO 颁布的 CAN 协议标准

CAN 协议已经被 ISO 颁布为 ISO 标准,目前为 ISO 11898 与 ISO 11519—2。在 ISO 11898、ISO 11519—2 标准中,数据链路层的定义是一样的,但物理层定义上有所区别。

（1）ISO 11898。ISO 11898 是通信速度为 125kbit/s～1Mbit/s 的 CAN 高速通信标准。目前，正在 ISO 11898 上补充新的内容，补充后的标准已成为另一项标准 ISO 118981。

（2）ISO 11519—2。ISO 11519 是通信速度最高可至 125kbit/s 的 CAN 低速通信标准。ISO 11519—2 是在 ISO 11519—1 的基础上补充新内容后变成的一项新标准。作为参考内容，目前已有了标准 ISO 11519—3，ISO 11519—3 并不是 CAN 标准，而是 VAN 通信协议的 ISO 标准。CAN 协议、ISO 11898 与 ISO 11519—2 标准的内容如图 2.18 所示。

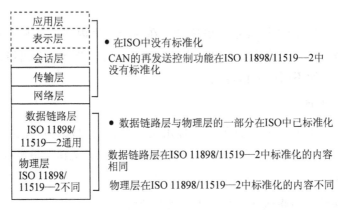

图 2.18　CAN 协议 ISO 11898 与 ISO 11519—2 标准的内容范围

2. 物理层在 ISO 11898 与 ISO 11519—2 中的不同点

如图 2.19 所示，在 ISO 11898 与 ISO 11519—2 的 CAN 协议中，物理层的内容有不同点。CAN 协议的物理层定义了 3 个子层。ISO 11898 与 ISO 11519—2 中的物理层的 PMA 层与 MDA 层不同。ISO 11898 与 ISO 11519—2 的物理层（PMA 层、MDA 层）的主要区别见表 2-7。表 2-7 中，通信速度和总线长度应根据系统的规格来设定。

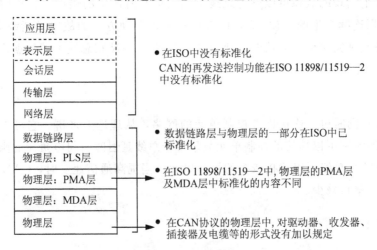

PLS——物理信号副层；PMA——物理媒体链接；MDA——媒体依存接口

图 2.19　物理层

表 2-7 ISO 11898/ISO 11519—2 的物理层的区别

物理层	ISO 11898(高速)						ISO 11519—2(低速)					
通信速度	至 1Mbit/s						至 125kbit/s					
最大总线长度	40m/(Mbit/s)						1km/(kbit/s)					
链接单元数	最大 30						最大 20					
总线电平	显性电平/V			隐性电平/V			显性电平/V			隐性电平/V		
	min	nom	max	min	non	max	min	non	max	min	nom	max
CAN-High	2.00	2.50	3.00	2.75	3.50	4.50	1.60	1.75	1.90	3.85	4.0	5.0
CAN-Low	2.00	2.50	3.00	0.50	1.50	2.25	3.10	3.25	3.40	0	1.0	1.15
电位差(H−L)	−0.5	0	0.50	1.5	2.0	3.0	−0.3	−1.5	—	0.3	3.0	—
总线的特性	双绞线(屏蔽线/非屏蔽线) 闭环总线 阻抗:120Ω(min:85Ω, max:130Ω) 总线电阻率:70mΩ/m 总线滞后时间:5ns/m 终端电阻:120Ω(min:85Ω, max:130Ω)						双绞线(屏蔽线/非屏蔽线) 开环总线 阻抗:120Ω(min:85Ω, max:130Ω) 总线电阻率:90mΩ/m 总线滞后时间:5ns/m 终端电阻:2.2kΩ(min:2.09kΩ, max:2.31kΩ) CAN-Low 与 GND 间的静电电容:30pF/m CAN-High 与 GND 间的静电电容:30pF/m					

通信速度与最大总线长度的关系如图 2.20 所示。总线电平即总线收发器根据两根线(CAN-High 与 CAN-Low)的电位差来判断总线的电平。

总线电平分为显性电平与隐性电平两种,而且总线电平必然处于其中的一种。对逻辑性布线与门总线来说,显性电平为 0,隐性电平为 1。

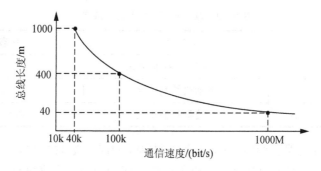

图 2.20 通信速度与最大总线长度

2.4 CAN 数据总线传输数据的组成与原理

2.4.1 CAN 数据总线传输数据的组成及功能

CAN 数据总线在极短的时间里在各控制单元之间传递数据。CAN 数据总线的数据由开始域、状态域、检查域、数据域、安全域、确认域、结束域等 7 部分组成,如图 2.21 所示。

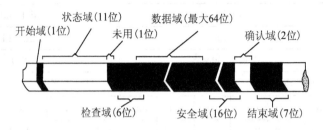

图 2.21 CAN 数据的组成

1. 开始域

开始域标志数据开始传递,带有大于 5V 电压(由系统决定)的一位编码被送入 CAN 高位传输线,带有大约 0V 电压的一位编码被送入 CAN 低位传输线。电位有高、低之分,5V 为高电位,0V 为低电位,高电位定义的位值为 "1",低电位定义的位值为 "0",这样就可以将数据分配到不同的传输线上。电位与位值的关系见表 2-8。

表 2-8 电位与位值的关系

电 压	电 位	位 值
0V	低	0
5V	高	1

2. 状态域

状态域用于判断数据中的优先权。在状态域中有 11 位数字组成的编码,其数据的组合形式决定了其优先权,见表 2-9。

表 2-9 状态域的 11 位组成编码

优先权	数据报告	状态域形式
1	ABS/EDL 控制单元	001 1010 0000
2	发动机控制单元	010 1000 0000
3	变速器控制单元	100 0100 0000

发动机、自动变速器、ABS/EDL 3 个控制单元同时发送数据时,在数据传输线上进行数据比较。如果一个控制单元发送一个低电位,而检测到一个高电位,那么这个控制单元就停止发送,而转为接收器。

3. 检查域

检查域显示在数据中所包含的信息项目数。

4. 数据域

在数据域信息被传递到其他控制单元。

5. 安全域

安全域用于检测传递数据中的错误。

6. 确认域

在确认域中,接收器接收信号并通知发送器,其所发信号已被正确接收;如果检查到错误,接收器立刻通知发送器,发送器会再发送一次数据。

7. 结束域

结束域标志着数据报告结束,在这里是显示错误并重复发送数据的最后一次机会。

2.4.2 CAN总线数据传递原理

CAN数据总线是控制单元间的一种数据传递形式,它连接各个控制单元形成一个完整的系统。

控制单元首先向CAN控制器提供需要发送的数据,CAN收发器接收由CAN控制器传来的数据,并转化为电信号发送到数据总线上。在CAN系统中,所有控制单元内部都含有接收器,其作用是接收数据总线上的数据,并将编码数据分解成可以使用的数据。各控制单元判断接收的数据是否为本控制单元所需要的数据,如需要,它将被接收并进行处理;否则予以忽略,如图2.22所示。

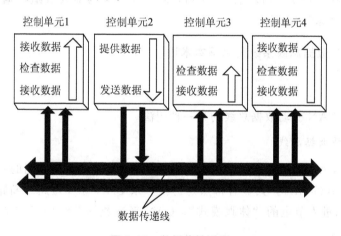

图2.22 数据传输过程

例如,发动机控制单元向自动变速器控制单元发送冷却液温度信号,自动变速器CAN收发器接收到由发动机控制单元传来的冷却温度信号后,转换信号并发给自动变速器控制单元内部的控制器,在此项数据传递过程中其他控制单元也会收到冷却液温度信号,但是不一定要接收它,原因是该信号对自身不一定有用。

2.5 奥迪CAN数据总线系统的原理与检修

在20世纪90年代中期,奥迪车上开始使用CAN数据总线系统。最早使用的CAN数据总线是舒适CAN数据总线,传输速率为62.5kbit/s,随后是CAN驱动数据总线,传输速率是500kbit/s。从2000年的车型起，奥迪车系开始使用新型的舒适CAN数据总线，它是低速数据总线系统，其传输速率均为100kbit/s。舒适CAN数据总线用于将舒适系统中的控制单元联成网络。CAN驱动数据总线为高速数据总线系统，传输速率为500kbit/s，用于将驱动线束上的控制单元联成网络。CAN驱动数据总线无法与CAN舒适数据总线进行电气连接，但驱动数据总线与舒适数据总线可以通过网关相连接。网关可以包含在一个控制单元内，如在组合仪表或车上供电控制单元内。对于某些特殊车型，可能是通过网关控制单元来实现的。

奥迪车上使用的所有类型的CAN数据总线系统在数据高速公路上采用同样的交通规则，即"传输协议"。为了保证有较高的抗干扰性（如来自点火、震动、噪声等的干扰），所有的CAN数据总线都采用双线式系统即双绞线。CAN数据总线系统将要发送的信号在发送控制单元的收发器内转换成不同的信号电平并输送到两条CAN导线上，只有在接收控制单元的差动信号放大器内才能建立两个信号电平的差值，并将其作为唯一经过校正的信号继续传至控制单元的CAN接收区。CAN舒适数据总线在一条数据线短路或断路时，可以用另一条线继续工作，这时会自动切换到"单线工况"。

奥迪车上的各CAN数据总线系统的最大区别在于CAN驱动数据总线系统的电源通过15号接线柱控制，可以通过15号接线柱切断电源或经过短时无载运行后切断电源；而CAN舒适数据总线系统由30号接线柱供电且必须保持随时可用状态。为了尽可能降低对供电网产生的负荷，在15号接线柱关闭后，若总系统不再需要舒适数据总线，那么舒适数据总线就进入"休眠模式"。

2.5.1 奥迪CAN数据总线系统常用基本术语

1. 驱动线束

驱动线束是CAN驱动数据总线的另一种叫法。

2. CAN舒适数据总线

奥迪车系将CAN舒适数据总线称为"低速数据总线"，现在使用的CAN舒适数据总线的传输速率为100kbit/s，其显著特点是：在一条CAN导线短路或断路时仍可工作（单线模式）以及可以进入节电的"休眠模式"。CAN舒适数据总线用于控制中央门锁、玻璃升降器等。

3. CAN-Infotainment数据总线

在电气方面，CAN-Infotainment数据总线与CAN舒适数据总线是相同的，但它用于控制收音机、电话、导航系统等。

4. CAN-High

CAN-High为CAN信号导线，其电压在显性状态时较高。例如，对于CAN驱动数据总线来说，隐性状态电压为2.5V，显性状态电压为3.5V。

5. CAN-Low

CAN-Low为CAN信号导线，其电压在显性状态时较低。

6. 显性状态

CAN 数据总线分为隐性状态和显性状态，显性状态可以覆盖隐性状态。

7. 差动放大器

差动放大器用来从 CAN-High 线和 CAN-Low 线的两个电压中得出一个电压差。

8. 差动传递

差动传递是通过两条线来进行的，其中一条线直接传递信号，另一条按相反方向传递。假如直接传递的导线上电压从 2.5V 变为 3.5V，那么按相反方向传递的导线上电压就相应地从 2.5V 变为 1.5V。结果是两条导线上信号的总变化量为 0V，有效信号就是这两条线上的差值(3.5V－1.5V＝2V)。一旦这两条导线上出现干扰信号，那么由于这种差动作用，干扰信号就被去掉了。

9. DSO

DSO 为 Digitales Speicheroszilloskop 的缩写，就是数字存储式示波器。使用 DSO 可以存储并在显示屏上观察 CAN 信号，以此来评价 CAN 数据总线的状况，因为 CAN 信号变化是非常快的，不使用 DSO 根本无法识别或测量。

10. 高速 CAN

奥迪车系也称高速 CAN 为 CAN 驱动数据总线或驱动线束，这是最早的 CAN 数据总线，速率可达 1000kbit/s。奥迪车系使用的 CAN 驱动数据总线的速率为 500kbit/s。

11. 负载电阻

负载电阻是个电阻，安装位置较为灵活。例如，可装在控制单元 CAN-High 线和 CAN-Low 线之间的 CAN 数据总线上。

12. 测量光标

在 DSO 上有些特殊的线，操作者可以在屏幕上控制这些线，VAS5051 就可以在测量光标切断的信号波形处测量并显示出电压。

13. 测量数据块

控制单元内的存储单元用于存放诊断信息，可以用 VAS5051 测量数据块功能读出并分析这些信息。

14. 隐性状态

CAN 数据总线分为隐性状态和显性状态，隐性状态就是 CAN 导线的静电平(或称空载电平)。

15. 信号电平

信号电平即信号所呈现的电压。

16. 拓扑图

拓扑图是车上导线的布线图。

17．收发器

收发器既是发射器也是接收器。在接收方面，它是差动信号的接收器；在发射方面，它可从传来的5V信号中产生一个差动信号。

18．触发界限值

触发界限值是一个电平值，只有在超过或低于该值时，DSO上才能记录下信号。

19．双绞线

双绞线即扭绞在一起的两根导线，扭绞的目的在于使得干扰信号同时作用到两条导线上，通过"差动传输"，就可大大降低干扰信号对系统的影响。

20．双线系统

双线系统是一种传输数据的方式，在双线系统中一个信号总是通过两条导线来传送的。例如，CAN信号可通过一个20mA的转接口来传送模拟信号，这就是使用的双线系统。它反复提取电压差值中的有用信号，就可以减少干扰的影响（CAN数据总线）。

2.5.2　CAN数据总线系统结构与工作原理

以奥迪A4轿车为例，CAN数据总线系统的组成如图2.23所示。由图中可以看出，奥迪A4 CAN数据总线系统由驱动数据总线、舒适数据总线和信息娱乐（Infotainment）数据总线组成。与驱动数据总线相连的电气元件有发动机控制单元、自动变速器控制单元、ESP（车辆稳定性控制系统）控制单元、安全气囊控制单元、氧传感器（美国车）和转向柱电

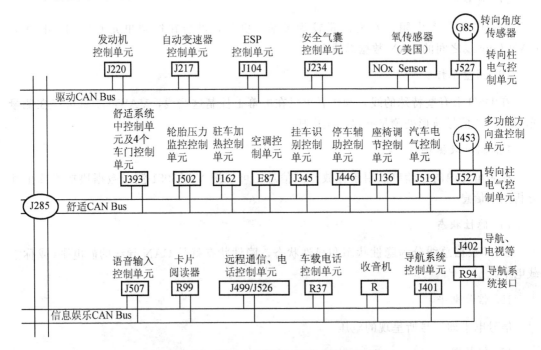

图2.23　奥迪A4轿车CAN数据总线系统

气控制单元(包括转向角传感器)等。与舒适数据总线相连的电气元件有中央控制单元及4个车门控制单元、轮胎压力监测控制单元、驻车加热控制单元、空调控制单元、挂车识别控制单元、停车辅助控制单元、座椅调节控制单元、汽车电气控制单元和转向柱电气控制单元(包括多功能方向盘控制单元)等。与信息娱乐数据总线相连的电气元件有语音输入控制单元、卡片阅读器、远程通信/电话控制单元、车载电话控制单元、收音机、导航系统控制单元和导航系统接口(包括导航、电视等)。每个独立的CAN数据总线系统都是通过双绞线将各电器元件连接起来的,数据总线系统间通过网关(安装在组合仪表内)再进行通信。

1. 双绞线

CAN数据总线是一种双线式数据总线,脉冲频率为100kbit/s(舒适/Infotainment数据总线)或500kbit/s(驱动数据总线)。各个CAN系统的所有控制单元都并联在CAN数据总线上,控制单元之间的数据交换就是通过这两条导线来完成的。这些数据可能是发动机转速、油箱油面高度及车速等。CAN数据总线的两条导线分别叫CAN-High和CAN-Low线。两条扭绞在一起的导线称为双绞线。

CAN导线的基色为橙色。对于驱动数据总线来说,CAN-High线上还多加了黑色作为标志色,即为橙/黑线;对于CAN舒适数据总线来说,CAN-High线上的标志色为绿色,即为橙/绿线;对于CAN-Infotainment数据总线来说,CAN-High线上的标志色为紫色,即为橙/紫线;CAN-Low线的标志色都是棕色,即为橙/棕线。

2. CAN驱动数据总线的数据传递

为了提高数据传递的可靠性,CAN数据总线系统的两条导线(双绞线)分别用于不同的数据传送。在静止状态时,这两条导线上作用有相同的预先设定值,该值称为静电平。静电平也称为隐性状态,CAN数据总线上连接的所有控制单元均可修改它。

1) CAN驱动数据总线的信号特征

对于CAN驱动数据总线来说,静电平的值大约为2.5V。在显性状态时,CAN-High线上的电压值会升高一个预定值,对CAN驱动数据总线来说,这个值至少为1V;而CAN-Low线上的电压值会降低一个同样值,对CAN驱动数据总线来说,这个值至少为1V。于是在CAN驱动数据总线上,CAN-High线就处于激活状态,其电压不低于3.5V(2.5V+1V=3.5V),而CAN-Low线上的电压值最多可降至1.5V(2.5V−1V=1.5V)。因此在隐性状态时,CAN-High线与CAN-Low线上的电压差为0V,在显性状态时该差值最低为2V,如图2.24所示。

图2.25所示是一个真实的CAN信号变化图,它由一个收发器产生,并由VAS5051的数字存储式示波器(DSO)接收下来,DSO调整为纵坐标0.5V/Div,横坐标0.02ms/Div。两个电平之间的叠加信号变化表示2.5V的隐性电平。图中显性和隐性电平交替轮换,CAN-High线上的显性电压$U_{\text{CAN-High}}$为3.48V(约为3.5V),CAN-Low线上的显性电压$U_{\text{CAN-Low}}$为1.5V。

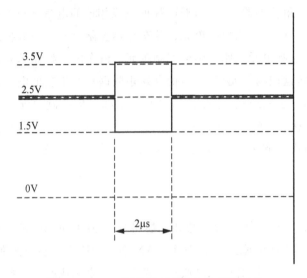

图 2.24　CAN 驱动数据总线上的信号变化

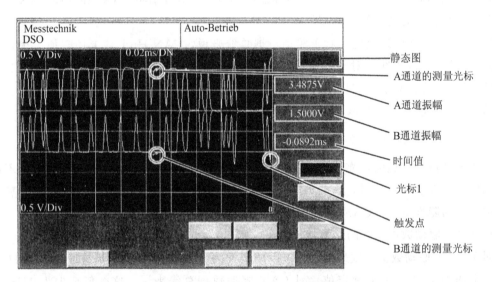

图 2.25　CAN 驱动数据总线信号变化图

2) CAN 驱动数据总线的差动传递技术

控制单元是通过收发器连接到 CAN 驱动总线上的,在这个收发器内有一个接收器,该接收器是安装在接收一侧的差动信号放大器。收发器内的 CAN-High 线和 CAN-Low 线上的信号转换是通过差动信号放大器来实现的,这个转换后的信号称为差动信号放大器的输出电压。差动信号放大器用 CAN-High 线上的电压($U_{CAN-High}$)减去 CAN-Low 线上的电压($U_{CAN-Low}$),就得出了输出电压,如图 2.26 和图 2.27 所示。CAN-High 信号和 CAN-Low 信号经过差动信号放大器处理后,差动信号放大器再将转换后的信号传至控制单元的 CAN 接收区,这就是所谓的差动传递技术。

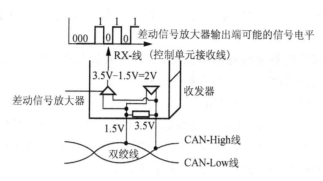

图 2.26　CAN 驱动数据总线的差动信号放大器

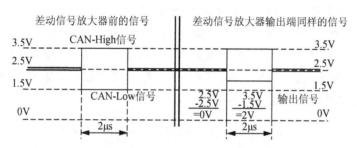

图 2.27　CAN 驱动数据总线差动信号放大器内的信号处理

由于数据总线也要布置在发动机舱内,所以数据总线就要遭受各种干扰(在保养时要考虑对地短路和蓄电池电压、点火装置的火花放电和静态放电)。差动传递技术可最大限度地消除干扰的影响,如图 2.28 所示。在图中可以看到由于 CAN-High 线和 CAN-Low 线是扭绞在一起的(双绞线),所以干扰脉冲 X 总是有规律地作用在两条线上,由于差动信号放大器总是用 CAN-High 线上的电压($3.5V-X$)减去 CAN-Low 线上的电压($1.5V-X$),因此在经过处理后,差动信号中就不再有干扰脉冲了,即输出电压为($3.5V-X$)$-$($1.5V-X$)$=3.5V-1.5V=2V$。这种差动传递技术的另一个优点是即使车上的供电电压有波动(例如在启动发动机时),也不会影响各个控制单元的数据传递(数据传递可靠性)。

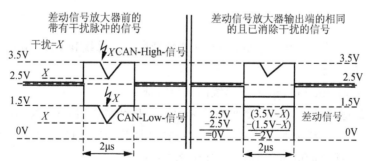

图 2.28　CAN 驱动数据总线差动信号放大器内的干扰过滤

3) 信号放大和传输

收发器将 CAN 信号输送到 CAN 数据总线的两条导线上,相应地在 CAN-High 线上的电压就升高,而在 CAN-Low 线上的电压就降低一个同样大小的值。对于驱动 CAN 数据总线来说,一条导线上的电压改变值不低于 1V。控制单元循环往复地发送信息,信息的重复率一般为 10～25ms。CAN 驱动数据总线由 15 号接线柱（点火开关）接通，短时工作后又完全关闭。

收发器发送一侧的任务是将控制单元内的 CAN 控制器的较弱信号放大，使之达到 CAN 导线上的信号电平和控制单元输入端的信号电平。

4）CAN 驱动数据总线的负载电阻

最初的数据总线的两个末端有两个终端电阻，相比之下，奥迪车系使用的是分配式电阻，即发动机控制单元内的"中央末端电阻"和其他控制单元内的高欧姆电阻。

连接在 CAN 数据总线上的控制单元的作用就像是 CAN 导线上的一个负载电阻（因为装有电子元件）。这个负载电阻的大小取决于连接的控制单元数量和其电阻。发动机控制单元会在 CAN 驱动数据总线的 CAN-High 线和 CAN-Low 线之间形成 66Ω 的电阻，而所有其他控制单元每个均可在数据总线上产生 2.6kΩ 的电阻，如图 2.29 所示。根据连接的控制单元数量，所有控制单元形成的总电阻为 53～66Ω。如果 15 号接线柱（点火开关）已切断，就可以用欧姆表测量 CAN-High 线和 CAN-Low 线之间的电阻了。为了便于进行测量，CAN 驱动数据总线的长度一般不超过 5m。

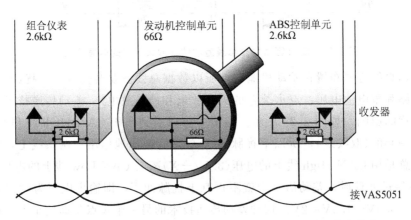

图 2.29　CAN 驱动数据总线上 CAN-High 线和 CAN-Low 线上的负载电阻

3. CAN 舒适/Infotainment 的数据传递

由于使用同样的脉冲频率（100kbit/s），CAN 舒适数据总线和 CAN Infotainment 总线可以共同使用一对导线。

1）CAN 舒适/Infotainment 数据总线的信号特征

对于 CAN 舒适/Infotainment 数据总线来说，在显性状态时，CAN-High 线上的电压约为 3.6V，CAN-Low 线上的电压降至 1.4V；在隐性状态时，CAN-High 线上的电压约为 0V，CAN-Low 线上的电压约为 5V，如图 2.30 所示。

图 2.31 所示是在静态时使用 VAS5051 上的数字存储式示波器 DSO 检测到的一个 CAN 舒适/Infotainment 数据总线信号变化图，DSO 调整为纵坐标 2V/Div，横坐标 0.1ms/Div。图中显性和隐性电平交替轮换，CAN-High 线上的显性电压 $U_{CAN\text{-}High}$ 为 3.6V，CAN-Low 线上的显性电压 $U_{CAN\text{-}Low}$ 为 1.4V。为清楚起见，图中设置 CAN-High 信号和 CAN-Low 信号不同的零点位置，使 CAN-High 信号和 CAN-Low 信号彼此分开了。从图

中可清楚看出 CAN-High 和 CAN-Low 的静电平是不同的,还能看出:与 CAN 驱动数据总线相比,CAN 舒适/Infotainment 数据总线的信号电压提升增大了。

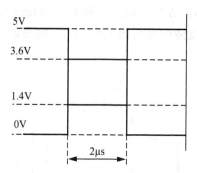

图 2.30　CAN 舒适/Infotainment 数据总线的信号变化

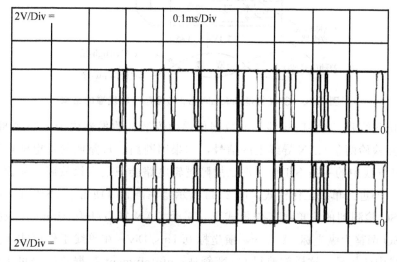

图 2.31　CAN 舒适/Infotainment 数据总线信号变化图

2) CAN 舒适/Infotainment 数据总线的差动数据传递

CAN 舒适/Infotainment 数据总线的差动数据传递原理与 CAN 驱动数据总线基本是一样的。在正常的工作模式下,使用的是 CAN-High "减去" CAN-Low 所得的信号,这样就可将故障对 CAN 舒适/Infotainment 数据总线的两条导线的影响降至最低。

由于 CAN 舒适/Infotainment 数据总线为低速 CAN 总线,为了使其抗干扰性强且电流消耗低,与 CAN 驱动数据总线相比就需对它做一些改动。首先,由于使用了单独的驱动器(功率放大器),这两个 CAN 信号就不再有彼此依赖的关系了。与 CAN 驱动数据总线不同,CAN 舒适/Infotainment 数据总线的 CAN-High 线和 CAN-Low 线不是通过电阻相连的。也就是说,CAN-High 线和 CAN-Low 线不再彼此相互影响,而是彼此独立作为电压源来工作。另外 CAN 舒适/Infotainment 数据总线还放弃了共同的中压,在隐性状态(静电平)时,$U_{CAN\text{-}High}=0V$,在显性状态时 $U_{CAN\text{-}High} \geqslant 3.6V$;对于 CAN-Low 信号来说,隐性电平为 5V,显性状态时 $U_{CAN\text{-}Low} \leqslant 1.4V$。于是在差频信号放大器内相减后,隐性电平为 −5V,显性电平为 2.2V,那么隐性电平和显性电平之间的电压变化(电压提升)就提高到 $\geqslant 7.2V$。

CAN 舒适/Infotainment 数据总线的收发器如图 2.32 所示，其工作原理与 CAN 驱动数据总线收发器基本是一样的，只是输出的电压电平和出现故障时切换到 CAN-High 线或 CAN-Low 线（单线工作模式）的方法不同。另外 CAN-High 线和 CAN-Low 线之间的短路会被识别出来，并且在出现故障时会关闭 CAN-Low 驱动器。在这种情况下，CAN-High 和 CAN-Low 信号是相同的。

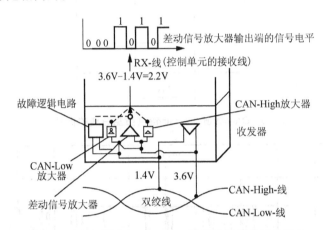

图 2.32　CAN 舒适/Infotainment 数据总线收发器的结构

CAN-High 线和 CAN-Low 线上的数据传递由安装在收发器内的故障逻辑电路监控，故障逻辑电路检验两条 CAN 导线上的信号，如果因断路、短路或与蓄电池电压相连而导致两条 CAN 导线中的一条不工作，那么故障逻辑电路会识别出该故障，从而使用完好的那一条导线，即进入单线工作模式。图 2.33 所示是在静态时使用 VAS5051 上的数字存储式示波器 DSO 检测到的在单线工作模式下，一个 CAN 舒适/Infotainment 数据总线信号变化图，DSO 调整为纵坐标 2V/Div，横坐标 0.1ms/Div。在单线工作模式下只使用完好的 CAN 导线中的信号，这样就使得 CAN 舒适/Infotainment 数据总线仍可工作。控制单元使用 CAN 不受单线工作模式影响，一个专用的故障输出可以告知控制单元现在收发器是在正常模式还是单线模式下工作。

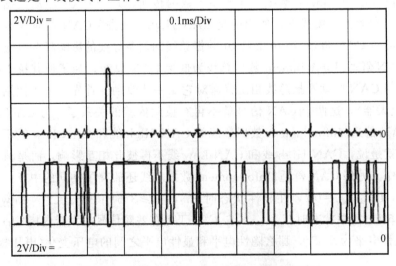

图 2.33　单线工作模式下 DSO 上的信号变化图

3) 信号放大和传输

收发器将 CAN 信号输送到 CAN 数据总线的两条导线上，相应地在 CAN-High 线上的电压就升高，而在 CAN-Low 线上的电压就降低一个同样大小的值。对于 CAN 舒适/Infotainment 总线来说，这个值不低于 3.6V。

收发器发送一侧的任务是将控制单元内的 CAN 控制器的较弱信号放大，使之达到 CAN 导线上的信号电平和控制单元输入端的信号电平。

4) CAN 舒适/Infotainment 数据总线的负载电阻

CAN 舒适/Infotainment 数据总线的特点是控制单元内的负载电阻不是作用于 CAN-High 线和 CAN-Low 线之间，而是作用在每根导线对地或对 5V 之间。如果蓄电池电压被切断，那么电阻也就没有了，这时用欧姆表无法测出电阻。

4．网关的功能与信息传送

1) 网关的功能

由于电压电平和电阻配置不同，所以在 CAN 驱动数据总线和 CAN 舒适/Infotainment 数据总线之间无法直接进行耦合连接。另外这两种数据总线的传输速率是不同的，这就决定了它们无法使用不同的信号。这就需要在这两个系统之间能完成一个转换，这个转换过程是通过所谓的网关来实现的。即 CAN 舒适数据总线与 CAN 舒适/Infotainment 数据总线是不同的数据总线系统，它们之间只能通过所谓的网关来连接。根据车辆的不同，网关可能安装在组合仪表内、车上供电控制单元内或在自己的网关控制单元。奥迪 A4 数据总线系统就是通过 Gateway（即网关）将 3 个总线系统联成网络的。

网关的主要功能是使连接在不同的数据总线上的控制单元能够交换数据，可以用火车站作为例子来清楚地说明网关的原理。如图 2.34 所示，在站台 A 到达一列快车（CAN 驱动数据总线，500kbit/s），车上有数百名旅客。在站台 B 已经有一辆火车（CAN 舒适/Infotainment 数据总线，100kbit/s）在等待，有一些乘客就换到这辆火车上，有一些乘客要换乘快车继续旅行。车站/站台的这种功能，即让旅客换车以便通过速度不同的交通工具到达各自目的地的功能，与 CAN 驱动数据总线和 CAN 舒适/Infotainment 数据总线两系统网络的网关功能是相同的。

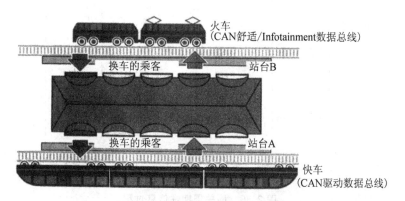

图 2.34　火车站与网关的功能对照

由于通过 CAN 数据总线的所有信息都供网关使用，所以网关也用作诊断接口。早期是通过网关在不改变数据的情况下,将驱动总线、舒适总线、信息娱乐总线的诊断信息传递到 K 线来查询诊断信息,新款的奥迪是通过 CAN 数据总线诊断线来完成此项工作的。

2)网关内的信息传送

以 CAN 舒适总线系统和 CAN 驱动总线系统之间的信息传送来解释在奥迪轿车网关内的信息传送过程。该过程主要包含以下几个方面。

(1)以相同的时间节拍运行周期信号的过程。在网关内最后的接收信号从 CAN 舒适总线系统至 CAN 驱动总线系统传送。如果在最后的周期时间内没有信息接收,那么在 CAN 驱动总线上也没有相应的映像信息,这就是说信号在两条总线上保持同步运行,如图 2.35 所示。

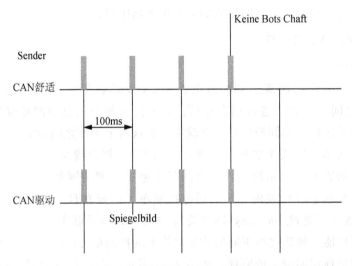

图 2.35　网关以相同的时间节拍运行周期信号的过程

(2)周期性信息过程。在网关内从 CAN 驱动总线系统到 CAN 舒适总线系统的最后一个接收信息被映像。如果在最后周期时间内没有接收的信息,也就不映像到 CAN 舒适总线系统,也就是说在两条总线上有着同一时序处理工作,如图 2.36 所示。

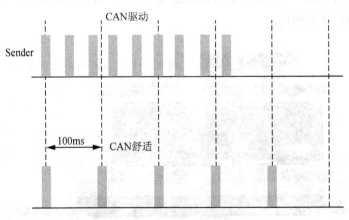

图 2.36　网关周期性信息过程

(3)在周期性信息中,在 CAN 舒适总线系统总线上附加的"即刻更改信息"被发送。

信息被周期性在 CAN 舒适总线上发送(例如每 100ms 空调 "1")。如果在一个周期时间内信息的数据内容发生了变化,那么信息被立即重新发送,时间节拍界限点重新列出。在 CAN 驱动总线系统总线上的从属信息的时间节拍变短,为了覆盖定期发送的信息,没有改变重复率(例如总是以 20ms 周期空调 "1")。数据内容保留在 CAN 舒适总线上,在 CAN 驱动总线系统总线上的值被每 100ms 更新一次。这说明,在 CAN 驱动总线系统总线上的信息以 "旧" 的内容被发送 5 次,如图 2.37 所示。

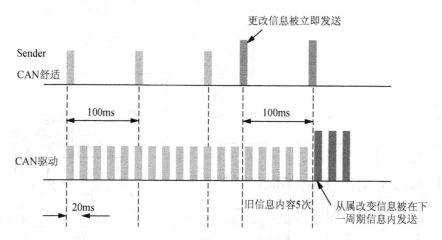

图 2.37 CAN 舒适总线系统总线上附加的 "即刻更改信息" 被发送

由于缺失两个信息,在 CAN 舒适总线上出现的故障被识别,在 CAN 驱动总线上的信息依赖于此便不再发送,这种情况被称为 "time out",即功能信息故障时间>5ms。

(4) 故障信息的处理过程。来自不同的信息源在 CAN 驱动总线上出现故障时,CAN 驱动总线将会存储并发送故障信息。例如,当 CAN 驱动总线出现故障时,按照规则将有 5 个中断信息附在所遇的数据上,每次都有一个 "废除 bit" 附上或者说被激活。带有 "废除 bit" 的信息被网关接收的最后一个数据包含在 CAN 舒适总线内的信息中,如图 2.38 所示,接收端控制单元(例如舒适系统的中央控制单元,空调操作单元等)通过 "废除 bit" 识别故障。

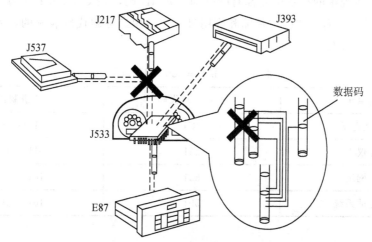

图 2.38 CAN 驱动总线出现故障时的处理过程

3) CAN 数据总线的接口

CAN 数据总线在车上自诊断(OBD)插头上是作为"通电 CAN 数据总线"而存在的。早期的车型在 VAS5051 上还不支持激活程序，因此就无法通过 OBD 插头来测量，但在组合仪表上提供一个接口。可以用组合仪表右侧绿色的插头来进入 CAN 驱动数据总线和 CAN 舒适/Infotainment 数据总线，如图 2.39 所示。

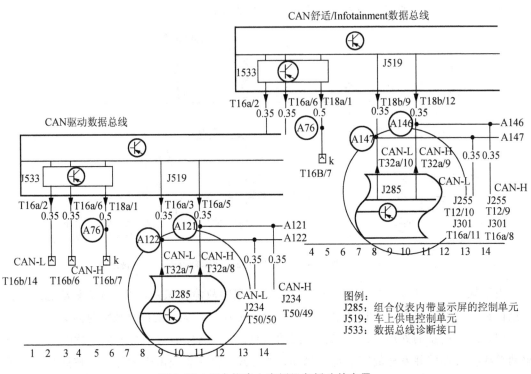

图 2.39 组合仪表上右侧绿色插头的布置

5. CAN 总线中典型信号的控制过程

以奥迪 A4 车型 CAN 舒适总线网络中前小灯和后制动灯的控制为例进行介绍。每个接在 CAN 总线系统中的控制单元都有唯一对应的 ID 码，在 CAN 总线系统中 ID 码都是用十六进制表示的，而在数据的传输和应用过程中是用二进制代码表示的，表 2-10 为部分控制单元 ID 码的表示。

表 2-10 控制单元 ID 码的表示

控制单元	十六进制代码	二进制代码
转向柱电子	2C1	01011000001
组合仪表	351	01101010001
电器网络	531	10100110001
中央舒适系统	591	10110010001

在点火开关打开,前小灯关闭的状态下,电器网络控制单元发出的控制信号如图2.40所示,此时仪表接收到该信号后将前小灯关闭。

前小灯打开后,电器网络控制单元发出的控制信号如图2.41所示,此时仪表接收到该信号后将前小灯打开。

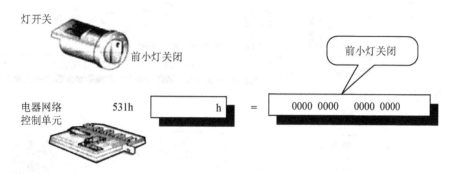

图2.40 点火开关打开,前小灯关闭状态的电器网络控制单元信号

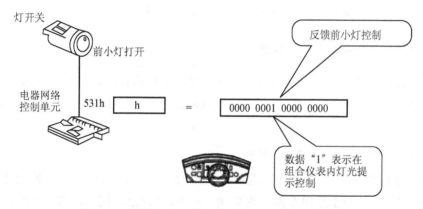

图2.41 前小灯打开状态的电器网络控制单元信号

在点火开关打开后和系统运行过程中,灯被检验是否处于正常状态。如果系统正常,电器网络控制单元J519在检测到等开关信号变动时立即发送一组信号,即表2-11所示的第一组信号(识别码531h所在行的一组信号),此时在仪表上灯轮廓为虚体显示;反之如果系统不正常,电器网络控制单元J519会立即发送另一组信号,即表2-11所示的第二组信号(识别码531h所在行的一组信号),此时在仪表上灯轮廓为实体显示。

表2-11 电器网络控制单元发送的信号

发送者	识别码	数据长度	发送间隔	J519	联合仪表
电器网络控制单元—J519	531h[①]	2 Byte	50ms	发送	接收
电器网络控制单元—J519	531h[②]	4 Byte	1s	发送	接收

注:①=在出现变动时立即发送;②=仅在出现错误时发送

同理,图2.42所示为左后制动灯开关变化过程中的信号控制过程。

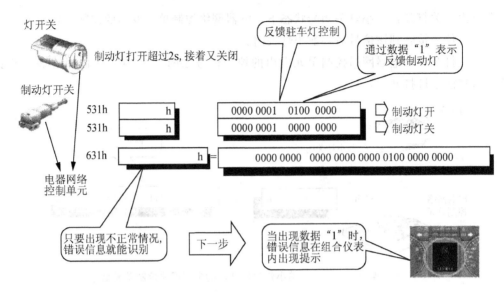

图 2.42 左后制动灯开关变化过程中的信号控制过程

2.5.3 CAN 数据总线系统的常见故障及检测

对 CAN 数据总线上的信号及参数进行检测时,常用的检测设备是万用表和数字存储式示波器(DSO),下面分别介绍 CAN 驱动数据总线和 CAN 舒适/Infotainment 数据总线的检测方法。

1. CAN 驱动数据总线的检测与分析

用 DSO 进行检测可以确定故障点的位置以及引发故障的原因。在使用 DSO 测试 CAN 总线的电压时,要求采用在无干扰功能下的 DSO 显示,同时在测量 CAN 总线信号波形时应注意准确调整 DSO 的时间值、电压值和触发信号。

1) DSO 双通道模式下的测量与分析

检测时首先要利用检测盒连接发动机控制单元,图 2.43 所示为发动机控制单元与检测盒的线路连线。图 2.44 和图 2.45 所示为测试发动机控制单元时双通道工作情况下 DSO 的线路连线图,要求两条 CAN 总线每一条线都通过一个通道进行测量。通道 A 红色的测量线连接 CAN-High 线,黑色的测量线接地;通道 B 红色的测量线连接 CAN-Low 线,黑色的测量线接地。

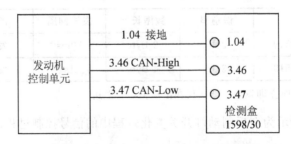

图 2.43 发动机控制单元与检测盒的线路连线图

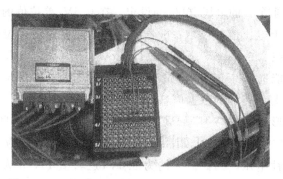

图 2.44 双通道工作情况下 DSO 的线路连接实物图

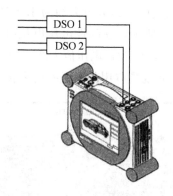

图 2.45 双通道工作情况下 DSO 的线路连接示意图

线路连好后运行发动机，此时可以测得图 2.46 所示波形。其中 1 为通道 A 所测量的 CAN-High 信号；2 为通道 B 所测量的 CAN-Low 信号；3 表示 CAN-High 信号和 CAN-Low 信号（通道 A 和通道 B）的零线坐标（在同一零坐标线下对电压值进行分析更为简便）；4 和

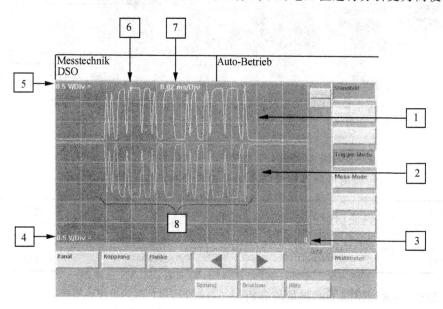

图 2.46 DSO 双通道显示的发动机数据信息

5分别表示通道B和通道A的电压/单位的设定,在0.5V/单位值的设定下,DSO的显示被较好地利用,这便于电压值的读取;6表示触发点的设定,它位于被测定信号的范围内,CAN-High信号在2.5~3.5V之间,CAN-Low信号在1.5~2.5V之间;7表示时间单位值,该值应尽可能选择得小一些,最小的时间单位值为0.02ms/单位(DSO没有更小的时间单位);8表示显示传递的数据信息。

分析所测得的波形如图2.47所示。CAN数据总线系统中的信息传输都是通过两个逻辑状态0(显性)和1(隐性)来实现的,每一个逻辑状态都对应于相应的电压值。图2.47中2为CAN-High的隐性电压,其数值大约为2.6V(逻辑值1),3为CAN-High的显性电压,其数值大约为3.8V(逻辑值0),4为CAN-Low的隐性电压,其数值大约为2.4V(逻辑值1),5为CAN-Low的显性电压,其数值大约为1.2V(逻辑值0)。CAN数据总线只能有两种工作状态,正如图2.47所示,在隐性电压电位时,两个电压值很接近;在显性电压电位时,两个电压差值大约为2.5V,电压值大约有100mV的小波动,其信号电压差见表2-12。如前所述,控制单元就是应用其电压差值来获得数据的。

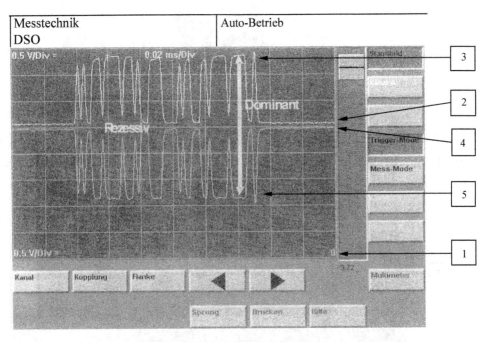

图2.47 发动机数据信息的分析

表2-12 CAN驱动总线信号电压差

电位	$U_{CAN-High}$—对地	$U_{CAN-Low}$—对地	电压差
显性	3.8V(3.5V)	1.2V(1.5V)	2.6V(2.5V)
隐性	2.6V(2.5V)	2.4V(2.5V)	0.2V(0V)

2) DSO单通道模式下的测量与分析

CAN驱动数据总线检测也可直接利用DSO的单通道对该总线系统的信号进行测量。当两个CAN信号用一个DSO通道进行测量时,波形显示为其相应的电压差。这种测量方式在故障查询方面不如双通道的测量方式(两条线分开接地测量)。例如,在短路的故障形式下利用单通道模式分析是不可行的。单通道工作模式主要用于快速查看总线是否为激活状态。

图 2.48 所示为在测试发动机控制单元时单通道工作情况下 DSO 的线路连接图,通道 A(或 B)红色的测量线连接 CAN-High,黑色的测量线连接 CAN-Low。

图 2.48 单通道工作模式 DSO 的线路连接图

运行发动机,此时可以测得图 2.49 所示波形。其中 1 为电压/单位的设定,该电压单位值设定为 0.5V/Div 时 DSO 的显示可被较好地利用,这便于电压值的读取;2 为时间单位值的设定,在单通道工作模式下,应设置最小的时间单位值,即 0.01ms/Div;3 为零线位置,在单通道工作模式下进行测量,零线显示也为隐性电压电位(逻辑值 1);4 为显性电压电位(逻辑值 0)。

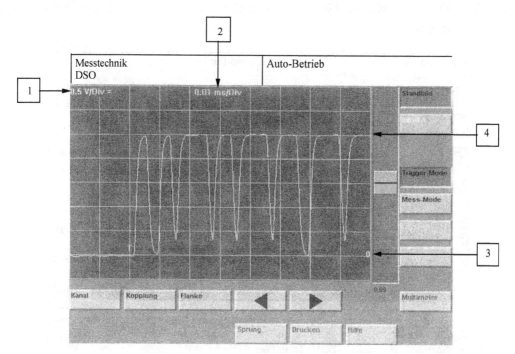

图 2.49 DSO 单通道显示的发动机数据信息

在 DSO 单通道工作模式下,CAN 驱动数据总线的信号电压见表 2-13,电压可能在 100mV 左右波动。电压电位图形上显示,有时候电压值也达到零线位置。这不是故障,而是在电压值达到零线电压之前,下一个测量值已经通过 DSO 进行显示。这里需要注意,由于没有设定时间单位值,可能 CAN 数据总线系统的故障没有包含在 DSO 显示中。

表 2-13　DSO 单通道工作模式下 CAN 驱动总线的信号电压

电　位	电压差 $U_{CAN\text{-}High} - U_{CAN\text{-}Low}$
显性大约 2.5V	3.8V－1.2V＝2.6V
隐性大约 0V	2.6V－2.4V＝0.2V

3) 常见的故障类型及检测分析

CAN 驱动总线系统中可以使用 DSO 测量的故障类型有以下 7 种：CAN-High 与 CAN-Low 短路；CAN-High 对正极短路；CAN-High 对地短路；CAN-Low 对地短路；CAN-Low 对正极短路；CAN-High 断路；CAN-Low 断路。

在以下的故障图形中，统一用通道 A 测量 CAN-High 的信号电压，用通道 B 测量 CAN-Low 的信号电压。

(1) CAN-High 与 CAN-Low 短路。如图 2.50 所示，电压电位置于隐性电压值(大约 2.5V)。通过插拔 CAN 驱动数据总线上的控制单元可以判断是由于控制单元引起的短路还是由于 CAN-High 和 CAN-Low 线路连接引起的短路。如果是线路短路引起的短路，需要将 CAN 线组(CAN-High 和 CAN-Low)从线节点处依次拔取，同时注意 DSO 的图形。当故障线组被取下后，DSO 的图形恢复正常。

注意，只有当没有其他测量办法时，才考虑将 CAN 线从线连接点处分开，并注意 CAN 线的维修说明。

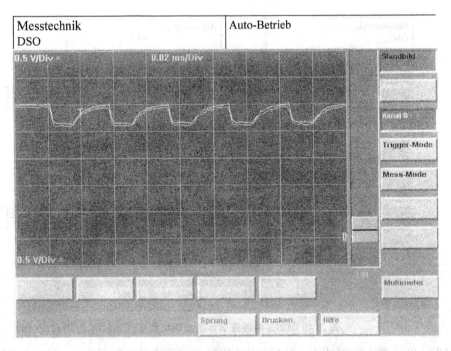

图 2.50　CAN 驱动数据总线上 CAN-High 与 CAN-Low 短路时信号

（2）CAN-High 对正极短路。如图 2.51 所示，CAN-High 线的电压电位被置于 12V，CAN-Low 线的隐性电压被置于大约 12V，这是由于位于控制单元的收发器内的 CAN-High 和 CAN-Low 的内部错接引起的。该故障的判断方法与故障 1 相同。

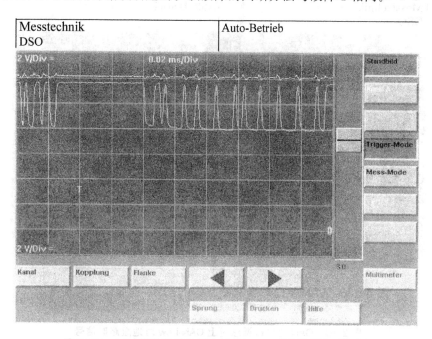

图 2.51　CAN 驱动数据总线上 CAN-High 对正极短路时信号

（3）CAN-High 对地短路。如图 2.52 所示，CAN-High 的电压位于 0V，CAN-Low 的电压也位于 0V，可是在 CAN-Low 线上还能够看到一小部分的电压变化。该故障的判断方法与故障 1 相同。

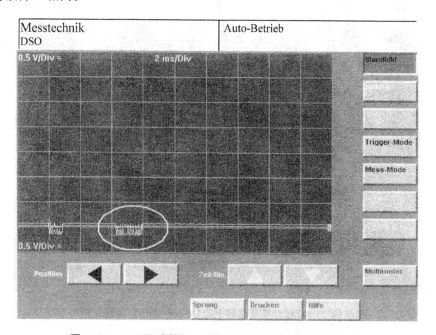

图 2.52　CAN 驱动数据总线上 CAN-High 对地短路时信号

（4）CAN-Low 对地短路。如图 2.53 所示，CAN-Low 的电压大约为 0V，CAN-High 线的隐性电压也被降至 0V，该故障的判断方法与故障 1 相同。

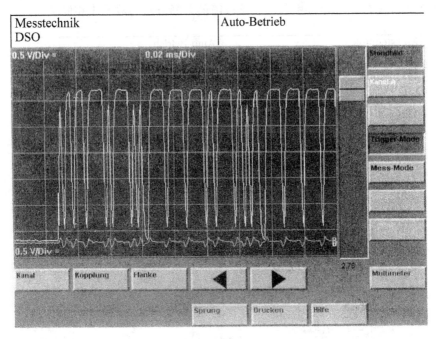

图 2.53　CAN 驱动数据总线上 CAN-Low 对地短路时信号

（5）CAN-Low 对正极短路。如图 2.54 所示，两条总线电压都大约为 12V，该故障的判断方法与故障 1 相同。

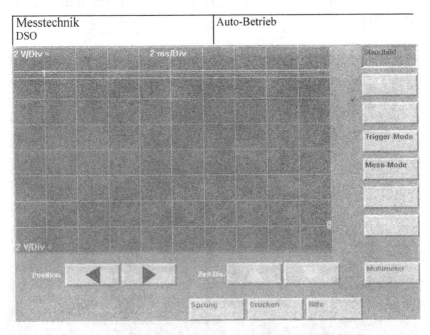

图 2.54　CAN 驱动数据总线上 CAN-Low 对正极短路时信号

(6) CAN-High 断路。如图 2.55 所示，CAN-High 信号偶尔缺失或无规律变化。

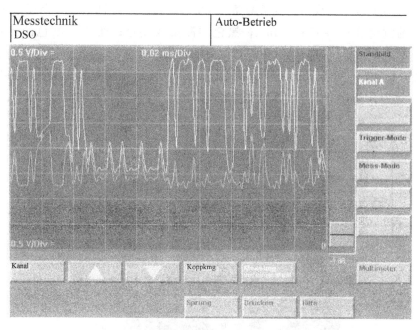

图 2.55　CAN 驱动数据总线上 CAN-High 断路时信号

(7) CAN-Low 断路。如图 2.56 所示，CAN-Low 信号偶尔缺失或无规律变化。

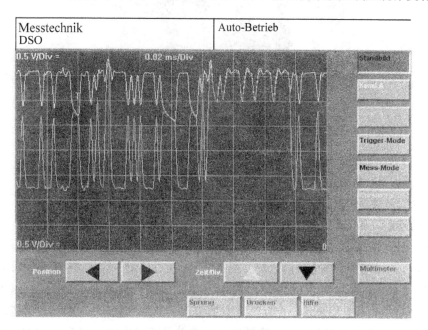

图 2.56　CAN 驱动数据总线上 CAN-Low 断路时信号

2. CAN 舒适/Infotainment 数据总线的检测与分析

1) DSO 双通道模式下的测量与分析

进行测量前需先利用检测盒连接中央舒适电器控制单元，图 2.57 所示为中央舒适电器控制单元与检测盒的线路连线。图2.58所示为在测试中央舒适电器控制单元时双通道工作情况下DSO的线路连线图，要求两条CAN总线每一条线都通过一个通道进行测量。通道A红色的测量线连接CAN-High，黑色的测量线接地；通道B红色的测量线连接CAN-Low，黑色的测量线接地。由于需要单一的电压测量值，CAN舒适/Infotainment数据总线必须要采用双通道测量。采用该测量方式还可以很容易地发现故障，特别是判定"单线工作"故障。

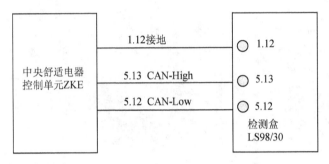

图2.57　中央舒适电器控制单元与检测盒的线路连线图

图2.58　双通道工作情况下DSO的线路连接图

线路连接正确后可以测得图2.59所示波形。其中1为通道A和通道B的零坐标线（等高），在读取数值时，可以将零线相互分开；2为通道A显示的CAN-High信号；3为通道A电压/单位的设定，其值为2V/Div，设定该电压单位值可以使DSO的显示更清楚，有利于电压值的读取；4为通道B显示的CAN-Low信号；5为通道B电压/单位值的设定，该值应与通道A相符，这样便于电压电位的比较分析；6为时间单位值，应尽可能选取得小些。

分析所测得的波形如图2.60所示。图中1和2分别为通道B的CAN-Low信息和通道A的CAN-High信息的显示；3为通道B的零线；4为CAN-Low的显性电压，向下没有达到零线坐标；5为CAN-Low的隐性电压，在总线不工作的状态下，5V的隐性电压电位切换到0V；6为通道A的零线坐标和CAN-High的隐性电压电位；7为CAN-High的显性电压电位；8为一个比特（bit）的显示（10μs比特时间）。电压电位必须达到最小的规定区域，在DSO屏幕上用虚线给出了界限值。例如，CAN-High的显性电压电位至少达到3.6V，如果未达到区域要求范围，控制单元将不能准确地判定电压电位是逻辑值0或者

1,这将导致出现故障存储或者单线工作状态。而隐性电压电位可以精确计算出一个负值(0V-5V=-5V),信号电压差见表2-14。

表2-14 CAN 舒适/Infotainment 数据总线信号电压差

电 位	$U_{\text{CAN-High}}$—对地	$U_{\text{CAN-Low}}$—对地	电压差
显性	4V(>3.6V)	1V(<1.4V)	3V
隐性	0V(<1.4V)	5V(>3.6V)	-5V

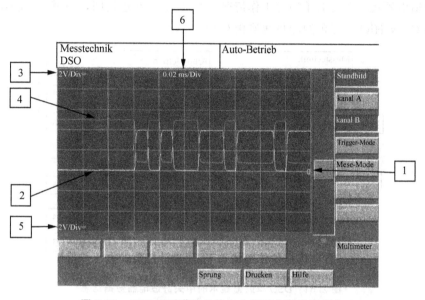

图 2.59 DSO 双通道显示的中央舒适电器数据信息

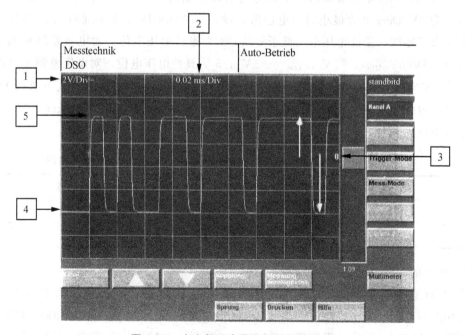

图 2.60 中央舒适电器数据信息的分析

2）DSO 单通道模式下的测量与分析

与 CAN 驱动数据总线系统的信号测量一样，CAN 舒适/Infotainment 数据总线也可直接利用 DSO 的单通道进行测量。当用单通道的 DSO 对两个 CAN 信号进行测量时，显示为电压差值。这种测量方式在故障查询方面不如双通道的测量方式。在隐性电压电位传送状态下，通过计算负的电压差值用于电压分析。在短路故障情况下以单通道模式进行检测是不可行的。在双线工作模式下 CAN-BUS 的每一条线路都有电压电位显示，这更有利于判定故障。单通道工作模式主要用于快速查看总线是否为激活状态。图 2.61 所示为测试中央舒适电器控制单元时单通道工作情况下 DSO 的线路连接图，通道 A（或 B）红色的测量线连接 CAN-High，黑色的测量线连接 CAN-Low。

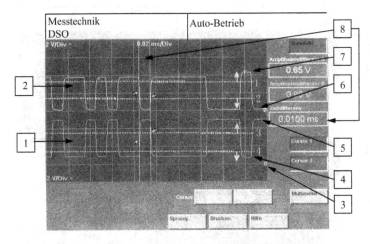

图 2.61　DSO 单通道显示的中央舒适电器数据信息

图 2.61 为 DSO 单通道显示的中央舒适电器数据信息，其中 1 为通道 A 的电压单位值，设定为 2V/Div；2 为最小时间电位值，设定 0.02ms/Div；3 为通道 A 的零线，显性电压电位高于零线，隐性电压电位低于零线；4 为隐性电压电位，对电压差测量隐性电压电位值为 $-5V(0V_{CAN-High}-5V_{CAN-Low}=-5V)$；5 为显性电压电位，对电压差测量显性电压电位值为 $3V(4V_{CAN-High}-1V_{CAN-Low}=3V)$。如图 2.61 所示，在单通道模式下进行 DSO 的测量，显性电位位于正电压区，隐性电位位于负电压区。CAN 舒适/Infotainment 数据总线的信号电压见表 2-15。

表 2-15　DSO 单通道工作模式下 CAN 舒适/Infotainment 总线的信号电压

电　位	$U_{CAN-High}-U_{CAN-Low}$ 的电压差
显性	4V-1V=3V
隐性	0V-5V=-5V

3）常见的故障类型及检测分析

CAN 舒适/Infotainment 总线系统中可以使用 DSO 测量的故障类型有以下 12 种：CAN-High 与 CAN-Low 短路；CAN-High 对地短路；CAN-High 对正极短路；CAN-Low 对地短路；CAN-Low 对正极短路；CAN-Low 断路；CAN-High 断路；CAN-High 对正

极通过连接电阻短路；CAN-High 通过连接电阻对地短路；CAN-Low 对正极通过连接电阻短路；CAN-Low 通过连接电阻对地短路；CAN-High 与 CAN-Low 之间通过连接电阻短路。

只有在两条 CAN 导线都有故障时，CAN 舒适/Infotainment 数据总线才会完全失效。一条 CAN 导线断路时，数据总线从该断路点起采用单线模式继续工作。在下文的故障图形中，统一用通道 A 测量 CAN-High 的信号电压，用通道 B 测量 CAN-Low 的信号电压。

（1）CAN-High 与 CAN-Low 短路。如图 2.62 和图 2.63 所示，CAN-High 和 CAN-Low 的电压电位相同。CAN-High 与 CAN-Low 之间短路影响所有的 CAN 舒适/Infotainment 总线系统的信号。CAN 舒适或者 CAN/Infotainment 因此而单线工作。这意味着通信仅为一条线路的电压电位起作用，控制单元利用该电压电位对地值确定传输数据。

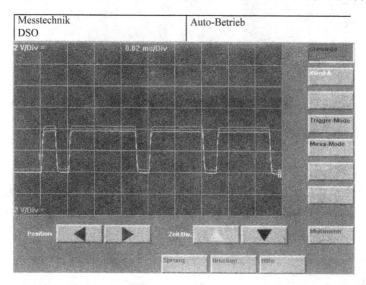

图 2.62　CAN 舒适/Infotainment 系统 CAN-High 与 CAN-Low 短路时信号（零线坐标重叠）

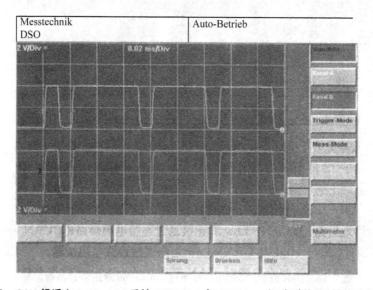

图 2.63　CAN 舒适/Infotainment 系统 CAN-High 与 CAN-Low 短路时信号（零线坐标分开）

（2）CAN-High 对地短路。如图 2.64 所示，CAN-High 的电压置于 0V，CAN-Low 的电压电位正常。在该故障情况下，所有 CAN 舒适或者 CAN/Infotainment 变为单线工作。人们可能第一眼便猜测，该故障是由于断损的 CAN-High 引起的，但是，断损的线的图形（见图 2.68）与之不同。

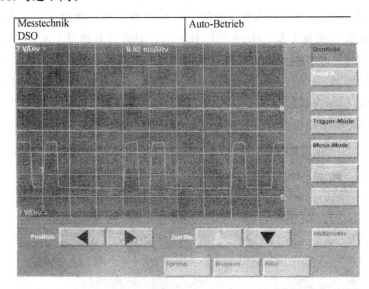

图 2.64　CAN 舒适/Infotainment 系统 CAN-High 对地短路时信号

（3）CAN-High 对正极短路。如图 2.65 所示，CAN-High 线的电压电位大约为 12V 或者蓄电池电压。CAN-Low 线的电压电位正常。在该故障情况下，所有 CAN 舒适或者 CAN/Infotainment 变为单线工作。

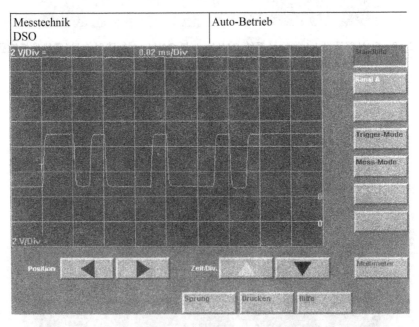

图 2.65　CAN 舒适/Infotainment 系统 CAN-High 对正极短路时信号

（4）CAN-Low 对地短路。如图 2.66 所示，CAN-Low 的电压置于 0V，CAN-High 的电压电位正常。在该故障情况下，所有 CAN 舒适或者 CAN/Infotainment 变为单线工作。该故障可能被误诊断为 CAN-Low 断路，但是 CAN-Low 断路的信号图形（见图 2.68）与之不同。

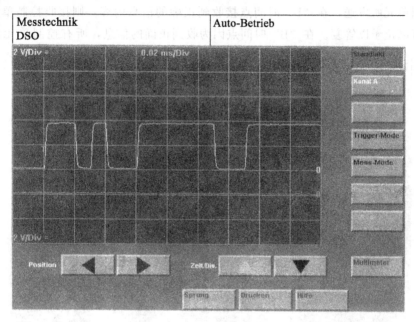

图 2.66　CAN 舒适/Infotainment 系统 CAN-Low 对地短路时信号

（5）CAN-Low 对正极短路。如图 2.67 所示，CAN-Low 线的电压电位大约为 12V 或者蓄电池电压，CAN-High 线的电压电位正常。在该故障情况下，所有 CAN 舒适或者 CAN/Infotainment 变为单线工作。

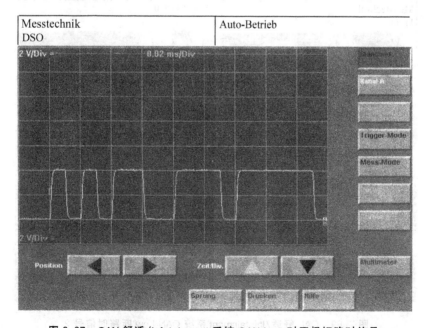

图 2.67　CAN 舒适/Infotainment 系统 CAN-Low 对正极短路时信号

(6) CAN-Low 断路。如图 2.68 和图 2.69 所示，CAN-High 线电压电位正常，在 CAN-Low 线上为 5V 的隐性电压电位和一个比特长的 1V 显性电压电位。当一个信息内容被正确地接收，则控制单元发送这个显性电压电位。"A"部分是信息的一部分，该信息被一个控制单元所发送，在"B"时间点接收到正确的信息内容，则接收控制单元用一个显性的电压电位予以答复。在"B"时间点因为收到正确的信息，所有控制单元都同时发

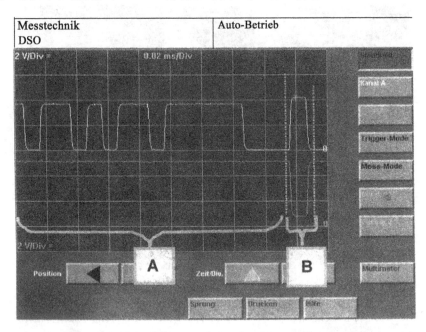

图 2.68　CAN 舒适/Infotainment 系统 CAN-Low 断路时信号 1

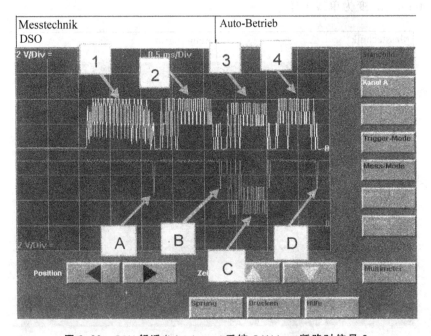

图 2.69　CAN 舒适/Infotainment 系统 CAN-Low 断路时信号 2

送一个显性的电压电位。正因为如此，该比特的电位差要大一些。图 2.69 所示图形比图 2.68 用较大的时间单位值显示同一个故障。这里可以看出来，在信息"1"仅在 CAN-High 线上被发送，但是在 CAN-Low 线上的"A"处也予以确认答复。同样在信息 2 在 B 处予以答复。信息 3 在两条线上被发送。CAN-Low 显示信息 3 的电压电位。A、B、D 为单线工作，C 为双线工作。

如图 2.70 所示，控制单元 1 发送一条信息，因为线路断路，其他的控制单元仅能够单线接收。通过对控制单元 4 连接测量，DSO 显示控制单元 1 的发送为单线工作。控制单元 2、3、4、5 和 6 对接收予以确认答复，在 DSO 的两个通道上都有显示（如图 2.69 的 A、B、D）。这说明这些控制单元之间没有线路断路的情况。例如，控制单元 2 发送一个信息，所有控制单元接收该信息，该信息被双线工作传送（如图 2.69 中 DSO 信息 3 和位置 C），控制单元 1 为单线接收。

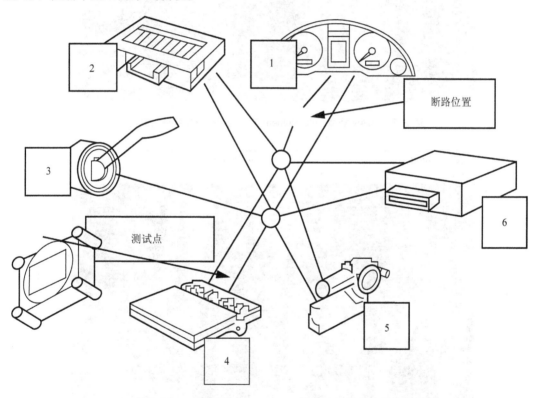

图 2.70　CAN 舒适/Infotainment 部分控制单元的连接

（7）CAN-High 断路。如图 2.71 所示，CAN-High 断路时的显示信号与 CAN-Low 相似。

前面介绍的短路都是没有电阻连接的直接线路短路。在实际中经常出现的由于破损的线束导致的短路。破损的线束靠近接地或者正极，经常还带有潮气，这将使该处产生连接电阻。下面 DSO 图表显示的为有连接电阻情况的短路。

（8）CAN-High 对正极通过连接电阻短路。如图 2.72 所示，CAN-High 线的隐性电压电位移向正极方向。在图中可以看出，CAN-High 隐性电压电位大约为 1.8V，正常值应为大约 0V。该 1.8V 电压是由于连接电阻引起的，电阻越小则隐性电压电位越大。如果

CAN-High 在没有连接电阻的情况下对正极短路，该电压值为蓄电池电压。

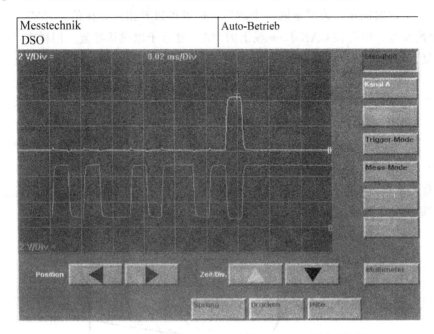

图 2.71　CAN 舒适/Infotainment 系统 CAN-High 断路时信号

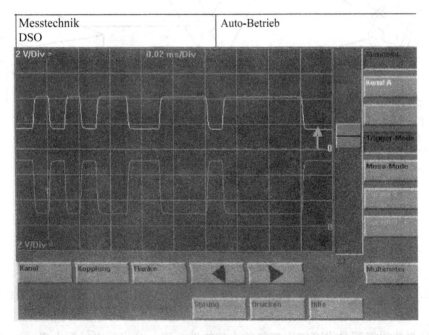

图 2.72　CAN 舒适/Infotainment 系统 CAN-High 对正极通过连接电阻短路时信号

（9）CAN-High 通过连接电阻对地短路。如图 2.73 所示，CAN-High 的显性电位移向接地方向。在图中可以看出来，CAN-High 的显性电压大约为 1V，正常值大约为 4V。1V 的电压受连接电阻所影响，电阻越小，则显性电压越小。如果 CAN-High 在没有连接电阻的情况下对地短路，则该电压为 0V。

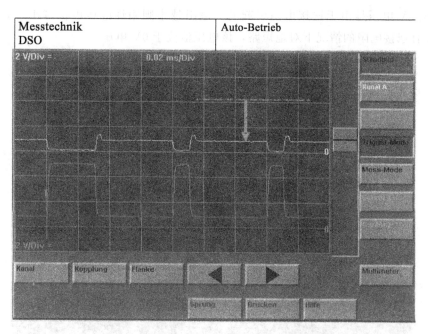

图 2.73 CAN 舒适/Infotainment 系统 CAN-High 通过连接电阻对地短路时信号

(10) CAN-Low 对正极通过连接电阻短路。如图 2.74 所示，CAN-Low 线的隐性电压电位移向正极方向。在图中可以看出，CAN-Low 隐性电压电位大约为 13V，正常应为大约 5V。该 13V 电压是由于连接电阻引起的，电阻越小则隐性电压电位越大。如果 CNA-Low 在没有连接电阻的情况下对正极短路，该电压值为蓄电池电压。

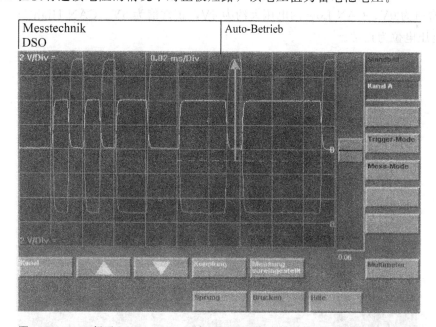

图 2.74 CAN 舒适/Infotainment 系统 CAN-Low 对正极通过连接电阻短路时信号

(11) CAN-Low 通过连接电阻对地短路。如图 2.75 所示，CAN-Low 线的隐性电压电位移向 0V 方向。在图中可以看出，CAN-Low 隐性电压电位大约为 3V，正常值应为大约 5V。该 3V 电压是由于连接电阻引起的,电阻越小则隐性电压电位越小。如果 CAN-Low 在没有连接电阻的情况下对地短路,该电压值位于 0V 电压。

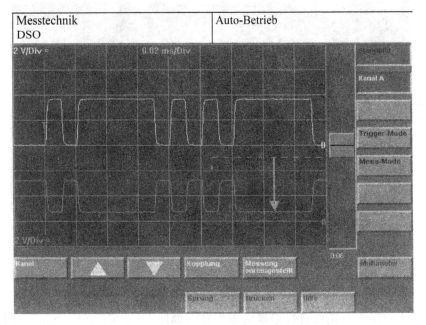

图 2.75　CAN 舒适/Infotainment 系统 CAN-Low 通过连接电阻对地短路时信号

(12) CAN-High 与 CAN-Low 之间通过连接电阻短路。如图 2.76 所示,在短路的情况下,CAN-High 与 CAN-Low 的隐性电压电位相互靠近。CAN-High 的隐性电压大约为 1V,正常值为 0V;CAN-Low 的电压大约为 4V,正常值为 5V。CAN-High 与 CAN-Low 的显性电压电位为正常。

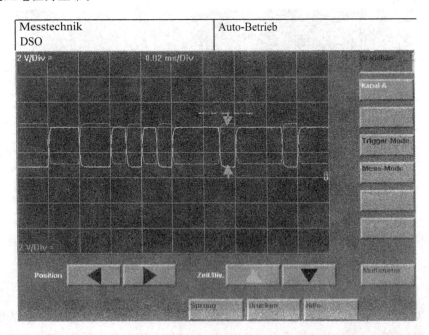

图 2.76　CAN 舒适/Infotainment 系统 CAN-High 与 CAN-Low 间通过连接电阻短路时信号

3. CAN 数据总线系统终端电阻的检测

CAN 数据总线系统的终端电阻主要是为了阻止 CAN 总线信号在 CAN 总线上产生变化电压的反射,终端电阻装在系统的两个控制单元内。当终端电阻出现故障时,因为线路的反射影响,控制单元的信号将无效。在 CAN 驱动数据总线上的终端电阻可以用万用表进行测量,但在 CAN 舒适/Infotainment 数据总线上的终端电阻不能用万用表测量。当用 DSO 进行 CAN 总线信号的测量时,如果该信号与标准信号不相符,则可能为终端电阻损坏。

终端电阻的测量步骤如下:(1)将蓄电池的电极线拔除;(2)等待大约 5min,直到所有的电容器都充分放电;(3)如图 2.77 所示,连接测量仪器并测量总阻值;(4)将一个带有终端电阻控制单元的插头拔下来;(5)检测总的阻值是否发生变化;(6)将第一个控制单元(带有终端电阻)的插头连接好,再将第二个控制单元的插头拔下来;(7)检测总的阻值是否发生变化;(8)分析测量结果。

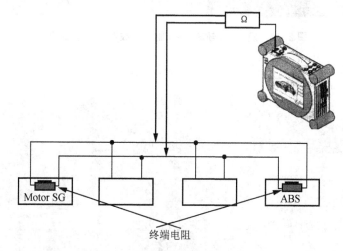

图 2.77 两个终端电阻总阻值的测量

以奥迪 A4 轿车 CAN 驱动总线系统为例,带有终端电阻的两个控制单元是连接相通的,每一个终端电阻大约为 120Ω,总阻值测量的结果应该为 60Ω,如图 2.78 所示。通过该测量可以得出判断,连接电阻是正常的。

在总的阻值测量后,将一个带有终端电阻控制单元的插头拔下,显示的阻值将发生变化,这是测量的单个控制单元的终端电阻阻值,此时测量的结果应该为 120Ω 左右,如图 2.79 所示。在总的阻值测量后,需要将两个带有终端电阻控制单元的插头分别拔下进行两次单个电阻的测量,如果阻值都发生了变化,并且为正常值,则可以判定 CAN 数据总线终端电阻正常。如果将一个带有终端电阻控制单元的插头拔下后测量的阻值没有发生变化,则说明系统中存在问题。这说明被拔取的控制单元的终端电阻可能损坏或者是 CAN 数据总线出现断路。如果在拔取控制单元后显示的阻值变得无穷大,那么可能是连接中的控制单元终端电阻损坏,也可能是到该控制单元的 CAN 数据总线出现故障。

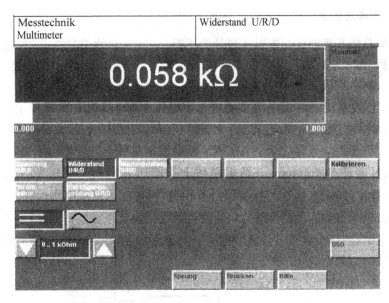

图 2.78　奥迪 A4 轿车 CAN 驱动总线测量的总阻值

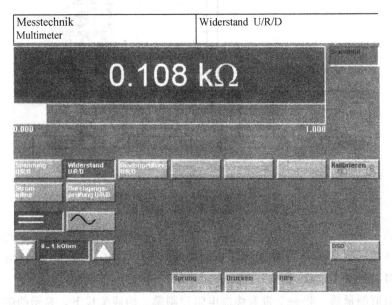

图 2.79　A4 CAN 驱动总线测量的单个终端阻值

在控制单元内装置的不是一个固定阻值的终端电阻。它是由很多个被测量的电阻组合在一起的。作为标准值或者试验值的两个终端电阻每一个以 120Ω 为起始。奥迪车系也使用另一种终端电阻，在奥迪 A3 轿车带有泵—喷嘴单元的 1.9TDI 车型上，发动机控制单元装置阻值为 66Ω 的终端电阻。如果奥迪 A3 1.9TDI 车型在 ESP 控制单元出现了故障，则测量到的总终端电阻阻值为 66Ω，这说明仅测量到了带有 66Ω 的发动机控制单元的阻值。将该发动机控制单元插头拔下，阻值变为无穷大。如果在总阻值测量后没有将该发动机控制单元插头拔下继续测量单个电阻，则很容易误认为 66Ω 为两个 120Ω 的总阻值，从而判定该车是正常的。

4. CAN 数据总线系统的线束和线连接中心点

奥迪车系 CAN 数据总线系统的中央线束采用星形接法连接，如图 2.80 所示。CAN 驱动数据总线和 CAN 舒适/Infotainment 数据总线插座和连接器如图 2.81 和图 2.82 所示。

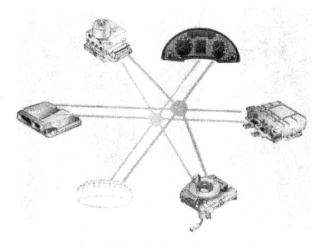

图 2.80　中央线束的星形接法

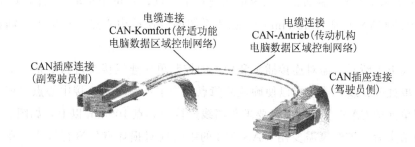

图 2.81　数据总线插座和连接器 1

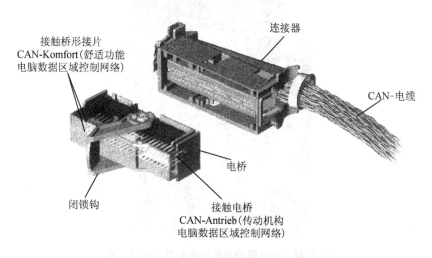

图 2.82　数据总线插座和连接器 2

CAN 数据总线系统的线连接中心点不能够拆开或者剪断，在测量线路电阻或信号波形时要特别注意。线连接中心点包以绝缘层，外层扎上线束扎带，如图 2.83 中箭头所指位置。线束扎带对于线路的反射很重要，它也不能够拆开，并且线束扎带不作为备件单独提供，一旦将其损坏，需要更换整个线连接中心点。

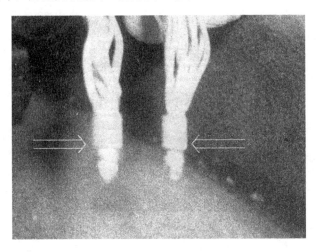

图 2.83　线连接中心点的线束扎带

图 2.84 所示是 CAN 驱动总线系统的线连接中心点，它位于车辆左前的 A 柱区域处；图 2.85 所示是 CAN 舒适/Infotainment 总线系统的线连接中心点，它位于车辆右前的 A 柱区域处。

当出现线束中断时，需对连接插头和相关的控制单元连线接头进行测量。如果出现短路情况，需单独分开线束连接点以便确认故障点。为了不破坏线连接中心点，就需要断开通向该控制单元的 CAN 总线，而且要求距离线连接中心点 100mm 以上，如图 2.86 所示。在故障检测结束后，该线束需要用 VAS1978 的维修线对损坏点处进行维修。在维修时需注意，为了屏蔽干扰，尽可能少拆解缠绕节，并且维修点之间的距离至少在 100mm 以上。

图 2.84　CAN 驱动总线系统的线连接中心点

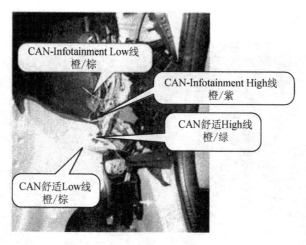

图 2.85　CAN 舒适/Infotainment 总线系统的线连接中心点

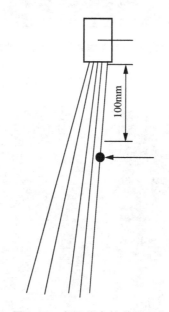

图 2.86　断开线点的位置要求

5. 静态电流及其检测

对于 CAN 舒适/Infotainment 总线系统而言，总线上所有的控制单元将共同处于"唤醒"状态或"休眠"状态。这意味着如果有一个控制单元不处于休眠模式，则其他的所有控制单元都将保持在"唤醒"状态。而在静态的模式下(点火开关关闭和车门关闭的状态下)，总线处于"唤醒"状态需要消耗的静态电流要远远高于"休眠"状态。图 2.87 和图 2.88 所示为静态模式下 CAN 总线处于"休眠"状态的电压和电流，"休眠"状态下的总线静态电流为 0.087A(该值不是额定值)。图 2.89 和图 2.90 所示为静态模式下 CAN 总线处于"唤醒"状态的电压和电流值，"唤醒"状态下的总线静态电流为 0.394A。

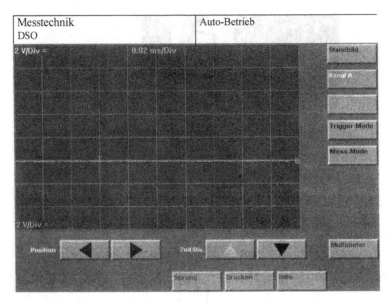

图 2.87　静态模式下 CAN 总线处于"休眠"状态的电压值

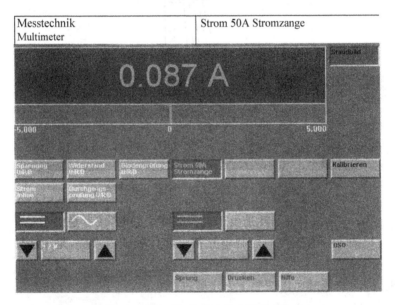

图 2.88　"休眠"状态下的总线静态电流

一般而言，过高的静态电流消耗是由于电器故障引起的，或者是由于 CAN 总线的休眠/唤醒功能故障引起的。如果所有的控制单元都一起休眠或者唤醒，是无法使用传统的自诊断仪器判断故障位置的。

在检测分析静态电流时可以按照下列步骤进行。

（1）静态电流测量，如果电流过高，用拔熔断丝的方法进行检查可以判断是否电器线路内的故障引起的。

（2）如果不是该情况，则用 DSO 对 CAN 总线系统进行检测。

（3）使车辆处于闭锁状态并注意观察 DSO 图形。

项目2 CAN总线网络系统的结构原理与检修

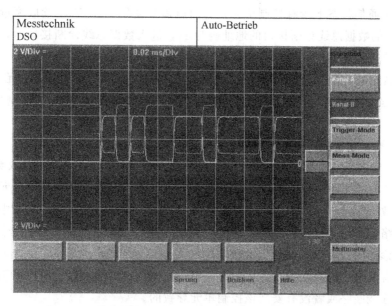

图 2.89 静态模式下 CAN 总线处于"唤醒"状态的电压值

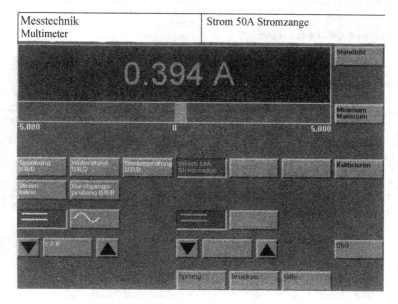

图 2.90 "唤醒"状态下的总线静态电流

（4）如果总线未处于休眠状态（总线继续为激活状态），应该查找产品信息资料。

（5）如果总线处于休眠状态（总线不再为激活状态），注意静态电流，如果静态电流还是同样的高，问题为电器系统故障。

（6）如果静态电流变为正常，当总线处于睡眠状态继续观察总线的情况，是否在一定的时间下又处于唤醒的工作状态，这时应注意查询有关唤醒问题方面的产品信息资料。

6. 读取测量数据块

如前所述，使用 DSO 检测 CAN 数据总线系统非常直观，但 DSO 不能显示总线的信息内容和处于通信状态下所有控制单元，这时就需要使用 VAS5051 读取测量数据块。如奥迪 A4 轿车的数据总线诊断接口的地址码为 19，进入数据总线诊断接口后，进入读取数据块功能，输入相应的组号即可读取对应测量数据块中的信息。

使用 VAS5051 读取测量数据块，从测量数据块中可以读到控制单元相互之间的 CAN 通信状态、CAN 工作状态类型（"单线"或者"双线"）和另一个控制单元的 CAN 输入信号等。

1）读取测量数据块中的 CAN 通信状态

使用 VAS5051 读取测量数据块，进入数据总线诊断接口后，进入读取数据块功能，输入组号 125，可以看到图 2.91 所示界面。1 表示正被执行自诊断的控制单元从指定的控制单元接收数据信息。图中 1 表示电器网络控制单元在读取测量数据块 125 中数据，该数据为电器网络控制单元接收的从转向柱模块和中央舒适电器系统发出的数据信息。0 表示正被执行自诊断的控制单元没有从指定的控制单元接收到数据信息。图中 0 表示电器网络控制单元没有从组合仪表和拖车连接系统获得数据信息，可能是电器网络控制单元与组合仪表之间的连线断路或者没有安装该控制单元导致的。

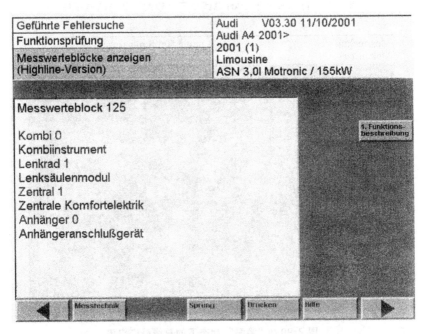

图 2.91　数据总线诊断接口 125 组号的测量数据块

2）读取测量数据块的工作状态

可以使用 VAS5051 读取测量数据块的工作状态，从而确定 CAN 总线系统是处于"单线工作"还是"双线工作"状态。奥迪车系只有 CAN 舒适/Infotainment 总线有单线工作能力，CAN 驱动总线没有单线工作能力。当 CAN 舒适/Infotainment 总线"单线工作"时，CAN 的通信传递仅能通过一条 CAN 总线的电压电位传送数据值。

在"单线工作"的显示区存在 3 种显示状态：常显示"双线工作"（系统正常）、常显示"单线工作"、"单线工作"与"双线工作"显示交替变换。对于奥迪车系而言，在

CAN 总线所有系统置于单线工作情况下，显示始终为"单线"，在 CAN 总线局部系统置于单线工作情况下，显示为"单线"和"双线"交替变化。短路和断路的两种故障形式可以通过常显示和交替变化显示来确定。如果 CAN 总线显示始终为"单线"，则可能是由于 CAN-High 与 CAN-Low 之间短路、CAN-High 对正极短路、CAN-High 对地短路、CAN-Low 对正极短路或 CAN-Low 对地短路。如果 CAN 总线通过连接电阻后对地或正极短路，需要根据电阻值的大小确定是否有"单线"显示。如果 CAN 总线显示为"单线"和"双线"交替变化，则可能是由于连接到控制单元的 CAN-High 线断路或 CAN-Low 线断路。

使用 VAS5051 读取测量数据块确定 CAN 总线系统的工作状态后，如果总线系统处于"单线工作"或者"单线工作"和"双线工作"交替变化状态，还需要用 DSO 进一步确定故障位置。

使用 VAS5051 读取测量数据块，进入数据总线诊断接口后，进入读取数据块功能，输入组号 131，可以看到图 2.92 所示的界面，图中椭圆部分表示 CAN 舒适总线处于单线工作模式；输入组号 141，可以看到图 2.93 所示的界面，图中椭圆部分表示 CAN/Infotainment 总线处于单线工作模式。

3）读取测量数据块通过 CAN 总线的输入信号

使用 VAS5051 可以读取测量数据块通过 CAN 总线的输入信号。例如，开关设置从一个控制单元经 CAN 数据总线系统发送，该信息被相应利用该信息的控制单元通过读取测量数据块访问。

使用 VAS5051 读取测量数据块，进入数据总线诊断接口后，进入读取数据块功能，输入组号 007，可以看到图 2.94 所示的界面。

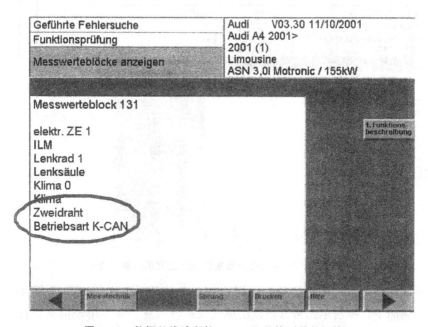

图 2.92　数据总线诊断接口 131 组号的测量数据块

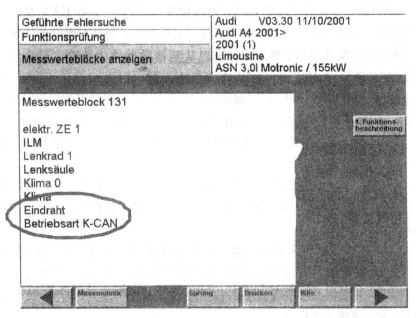

图 2.93　数据总线诊断接口 141 组号的测量数据块

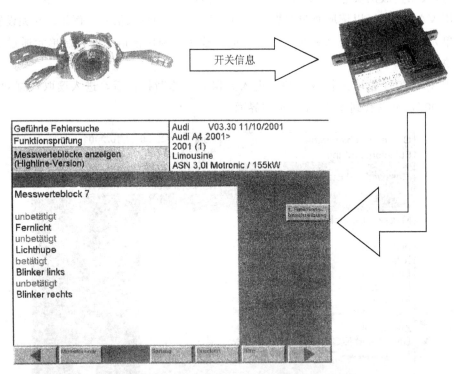

图 2.94　数据总线诊断接口 007 组号的测量数据块

图中读取测量数据块显示的是电器网络控制单元从另一个控制单元所获得的接收信息。在分配功能下，控制单元从其他控制单元获取该信息，并利用该信息执行一个局域的控制单元功能。信息正确的接收可以从测量数据块中读取。读取测量数据块的优点是，用读取测量数据块所有从来自开关的信息输入都可以显示。

7. 故障存储

由于车辆的机械振动，必须考虑到可能出现的绝缘故障、电缆断路及插头触点故障。当 CAN 数据总线系统检测到错误信息时，系统会记录可能的故障存储，故障信息将通过数据流或故障码的形式出现。驱动总线出现功能故障时，发动机没有反应，系统将中断发动机控制单元同组合仪表之间的通信联系，取消防盗止动器的访问，同时在组合仪表自诊断故障存储记录为驱动总线故障（Datenbus Antrieb Defekt）。CAN 驱动总线系统故障存储记录见表 2-16。CAN 舒适/Infotainment 总线系统具有单线工作功能，当出现功能故障时，系统会自动进行单线工作，同时在组合仪表自诊断故障存储记录为舒适/Infotainment 总线故障（Datenbus Komfort Defekt 或 Datenbus Infotainment Defekt）。CAN 舒适/Infotainment 总线故障存储记录见表 2-17。

表 2-16　CAN 驱动总线系统故障存储记录

故障源	故障类型	可能故障原因
CAN 驱动数据总线	没有通信	控制单元不能够接收数据； CAN 数据总线断路； 在 CAN 驱动总线上安装错误或者有故障的控制单元； 一个控制单元出现 Time-out（功能信息故障时间＞500ms）； 控制单元的软件状态不匹配
	失效	在故障存储记录中，当一个控制单元出现连续两次总线关闭状态时（既不发送 CAN 信息又不接收 CAN 信息）； 控制单元故障
	硬件故障（该故障仅存在于发动机控制单元和变速箱控制单元）	在故障存储记录中，当一个控制单元出现连续两次总线关闭状态时（既不发送 CAN 信息又不接收 CAN 信息）； 控制单元故障； 错误控制单元； 发动机和变速箱之间的线路断路或者短路； CAN 总线短路
	缺少从×××控制单元（例如组合仪表）信息	CAN 总线断路或者短路； 在拔下变速箱控制单元插头的情况下打开点火开关； 控制单元错误或者有故障
	不可靠信号	仅接收到一个控制单元信息内容的一部分、CAN 线断路或者短路； 控制单元错误或者有故障； 一条信息出现 Time-out
	软件状态监控	控制单元故障； CAN 总线断路； 在拔下变速箱控制单元插头的情况下打开点火开关
	读取来自×××控制单元的故障存储（例如空调）	在该控制单元上有故障

续表

故障源	故障类型	可能故障原因
总线显示（提示：CAN-Infotainment）	读取故障存储	在总线上至少有一个控制单元有一个故障记录
集团性舒适数据总线	读取故障存储	在总线上至少有一个控制单元有一个故障记录

表 2-17　CAN 舒适/Infotainment 总线系统故障存储记录

故障源	故障类型	可能故障原因
集团性舒适总线或者总线显示（说明：CAN-Infotainment）	故障	在故障存储记录中，当一个控制单元出现连续两次总线关闭状态时（既不发送 CAN 信息又不接收 CAN 信息）
	没有通信（或者没有信号）	当没有接收信号记录持续 2s 时； 当执行一项功能所需从另一个控制单元获得的信息超过 2s 未接收到； 只接收到所需信息的一部分内容，这个故障类型为"不可靠信号"； 一个信息出现 Time-out
	单线工作	CAN 总线单线工作超过 2s； CAN 线断路； CAN 线短路
集团性舒适总线或者总线显示（说明：带有 KWP2000 才具备该功能）	电路电器故障	CAN 总线单线工作超过 2s； 整体单线工作（断路）； 该故障称为"断路"； 所有控制单元都处于单线工作状态
	断路	单线断路状态（没有短路）； CAN 线断路； 一个控制单元处于单线工作状态
控制单元×××（例如电器网络控制单元）	没有通信	当执行一项功能所需从另一个控制单元获得的信息超过 2s 未接收到； 该控制单元出现 Time-out
集团性舒适总线或者总线显示	没有通信	当至少 2s 没有接收信号； 一个控制单元没有接收到另一个控制单元的网络管理信息，则出现该故障类型
控制单元×××（例如电器网络控制单元）	读取故障存储	CAN 信息的发送控制单元，信息内容标明为故障信息，并有故障存储记录。每一个利用该信息的接收控制单元因此进入应急工作状态，在发送控制单元有警告提示； 在控制单元内的故障存储
驱动总线	读取故障存储	在 CAN 驱动总线上的一个控制单元有故障记录

2.5.4 CAN 数据总线系统的故障诊断

对带有 CAN 数据总线系统的车辆进行故障诊断时，先做基本检查，检查步骤如下：先检查并确认车主提供的故障信息；再确认故障存储内有没有故障信息；如果没有，根据车主提供的故障信息查看 HST 和 API；然后确认车辆编码是否正确及是否匹配正确（EISA/VAS5051）；并检查所有的熔断丝是否正确安装（例如仪表台左侧）；最后根据电路图简单检查功能是否正常。

如果基本检查未能发现故障信息，则按照常规的检查方法检查系统。先进入 VAS5051 "故障查询指南"，用故障查询指南读取所有故障存储；再用读取测量数据块确定故障存储记录（如果存在）；然后用执行元件自诊断确定故障存储记录（如果存在）；接着用 DSO 确定故障存储记录；最后用万用表进行电器检测（例如线路通断），包括依据电路图检查系统供电电压和检查所有的线路。

当自诊断线的通信出现故障时，通常的处理方式是按照故障图表将控制单元逐一拔除，然后检测相应的自诊断线的通信情况。将已经拔下的控制单元插头保留拔除状态，接着拔除下一个控制单元插头。如果在拔取控制单元的情况下自诊断又恢复正常功能，则检测供电电压（例如，15、30、31、75 线端）；当所有控制单元都拔取下来，故障仍然存在时，则依照电路图检测自诊断线，对此要求所有控制单元都拔取下来。

特别提示

CAN 总线出现故障时一般有 3 种表现，一是没有外在故障现象，只是在自诊断系统中贮存故障码，总线进行应急工作状态，出现这种故障时，车主无法察觉车辆有故障；二是出现某一个模块与其他模块无法通信，所有需要从总线上取得的信号都无法得到，相关的控制功能会受到影响，这时会出现外在故障现象；三是整个网络失效，各节点都无法通信，此时会出现大范围的故障现象。

1. CAN 驱动数据总线的故障诊断

CAN 驱动数据总线上最常见的故障可以用 VAS5051 上的万用表/欧姆表来诊断，当然，有些故障需使用 VAS5051 上的数字存储式示波器（DSO）来判断。

1) 用 VAS5051 和欧姆表对 CAN 驱动数据总线进行故障查询

图 2.95 所示为 CAN 驱动数据总线的故障查询树，即使用 VAS5051 和万用表/欧姆表的故障查询方法。

2) 用 VAS5051 和 DSO 对 CAN 驱动数据总线进行故障查询

图 2.96 所示为 CAN 驱动数据总线的故障查询树，即使用 VAS5051 和 DSO 的故障查询方法。在测量电阻时必须要关闭点火开关。在对蓄电池短路时，还必须断开蓄电池接线柱。在图中所描述的测量过程中，使用了 VAS5051 上的数字存储式示波器 DSO。在这些测量过程中，除了要设定时间分辨率（水平）和电压灵敏度（垂直）外，还必须设定触发界限值。触发界限值是 VAS5051 上的可调电压值，如果被测量信号高于或低于这个值，那么图样记录就开始了，触发界限值在图中有"T"标记。

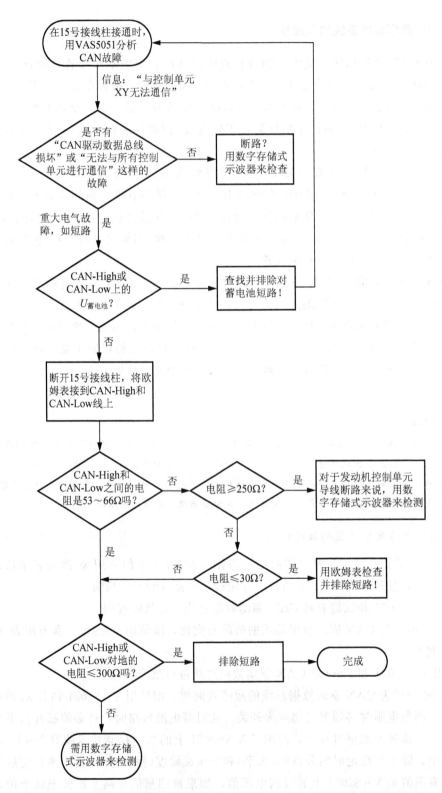

图 2.95 CAN 驱动数据总线的故障查询树(使用 VAS5051 和万用表/欧姆表诊断)

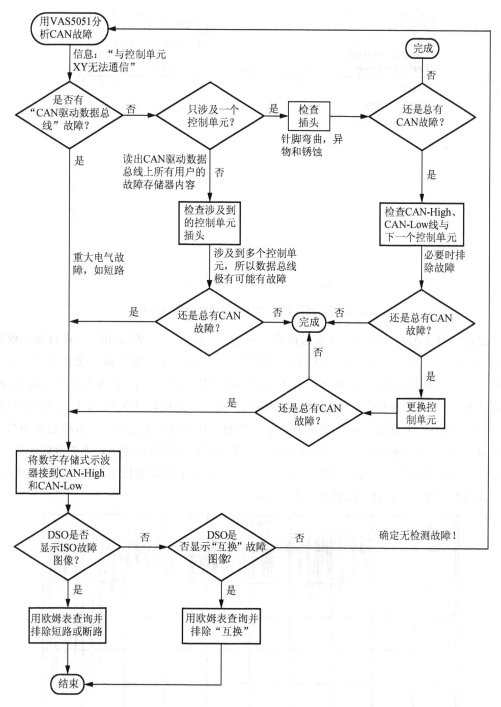

图 2.96 CAN 驱动数据总线的故障查询树(使用 VAS5051 和 DSO 诊断)

3) 典型故障的诊断分析

(1) CAN 驱动总线 CAN-Low 线断路。首先通过 VAS5051 读出故障存储器的内容，如图 2.97 所示。VAS5051 的诊断结果为 Motorsteuergerät kein Signal/Kommunikation (发动机控制单元无信号/通信)。

```
Fahrzeug-Eigendiagnose            19 - Diagnoseinterface für Datenbus
05 - Fehlerspeicher löschen       6N0909901
Fehlerspeicher gelöscht           Gateway K<>CAN        0101
1 Fehler erkannt                  Codierung 6
                                  Betriebsnummer 1995
01314                    004
Motorsteuergerät
kein Signal/Kommunikation
```

图 2.97　通过 VAS5051 读取故障存储器内容

接着使用 VAS5051 的 DSO 双通道模式测量信号波形，在 VAS5051 上进行如下设定。通道 A：0.5V/Div，通道 B：0.5V/Div，时间：0.05ms/Div，触发器：通道 B 3V。此时 DSO 上显示的图像如图 2.98 所示。为了能显示出故障图像，有时必须连续多次启动静态图像功能。CAN 驱动总线 CAN-Low 线断路的一个重要特征就是在 CAN-Low 通道出现高于 2.5V 的电压，在正常工况下是没有这个电压的。这个信号无法通过正常的触发调节（例如通道 A 中 3V）来显示出来，因为这种故障并不是肯定会经常出现的，那么也就无法保证肯定会显示在屏幕上。于是就利用 CAN-Low 线在正常工况时电压不超过 2.5V 来进行触发，在触发电平为 3V 时，触发器被调至通道 B。

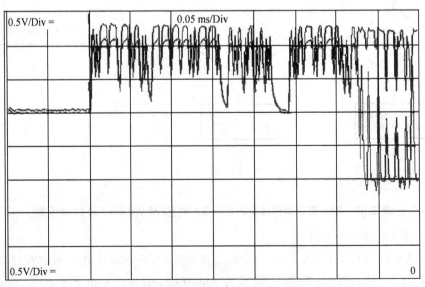

图 2.98　CAN-Low 线断路在 DSO 上显示的图像

项目2 CAN总线网络系统的结构原理与检修

由于 CAN-Low 线断路,电流无法再流向中央终端电阻通过 CAN-High 线,两条导线电压均接近 5V。如果还有其他控制单元在工作,那么图中显示出的电平就会与 CAN-Low 线上的正常电压一同变化,如图 2.98 右下角位置波形所示。

最后采用依次拔下控制单元的方法确定故障位置。先拔下相应控制单元的插头,检查触点是否弯曲。再次插上插头,查询故障存储器。如果还是显示有故障,那么再次拔下通信有故障的控制单元插头,查看一下电路图,将与有故障的控制单元直接相连的控制单元插头拔下。对于 CAN-Low 线来说,检查插头内针脚之间的连接是否断路。如果是 CAN-High 线断路,那么相应地就得先进行 CAN-High 线的检查。这时 DSO 上的故障图像就向下翻转并处在低于 2.5V 的区域,触发器应调到通道 A 1.7V。

(2) CAN 驱动总线 CAN-Low 线对蓄电池短路。短路相对来说较难发现,因为短路可能发生在线束中的任何地方,而使用欧姆表又几乎无法测量,这是因为无法得知短路点处的接触电阻,而且不能通过电阻测量来推断出导线的长度。通过相应的设定,CAN-Low 线对蓄电池短路可以使用上述同样的方法在 VAS5051 的 DSO 上显示出这些故障。

首先通过 VAS5051 来读出故障存储器的内容,如图 2.99 所示。图 2.99 中显示的是所有控制单元的故障内容。此外还有"Datenbus-Antrieb Defekt"(驱动数据总线损坏),这个故障内容表示直接与网关相连的数据总线有短路或断路处。

图 2.99 通过 VAS5051 读取故障存储器内容

接着通过 VAS5051 读取测量数据块,读出的测量数据块(如图 2.100 所示,自显示组 125 起)表明所有与 CAN 驱动总线上控制单元的通信都中断了。

最后通过如下步骤确定故障位置。检查一下,看看接线柱 30 和 15 的导线是否有短路处;可能的话可目视检查导线,看是否有短路处;分别拔下各个控制单元,看看短路是否仍然存在;尽可能将数据总线分成很多段,以便找出短路点。

上述方法也能用于对 CAN-High 线和 CAN-Low 线对地短路、CAN-High 线和 CAN-Low 线之间短路和终端电阻故障等进行诊断和检查。

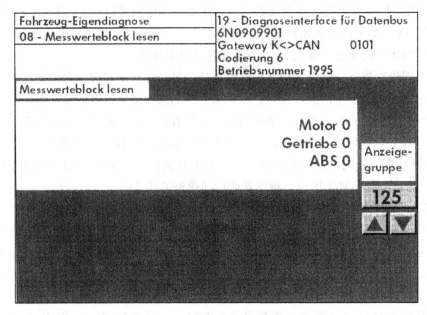

图 2.100　通过 VAS5051 读取测量数据块

（3）CAN 驱动总线一个或多个控制单元上的 CAN-High 线和 CAN-Low 线接混。当一个控制单元或一组控制单元的 CAN-High 线与 CAN-Low 线接混时，暂时在显示屏上不一定就能看出有什么差别。出现差别频率的可能非常低，以至于经过很长时间也不会显示出来。如果控制单元装混了，那么就无法进行数据交换，CAN 信息中断导致控制单元彼此相互干扰，这种情况积累多了就会产生"故障帧"（即 Error-Frames，就是 CAN 数据总线上的故障记录）。这种故障主要发生在安装新件或以前曾经修理过数据总线导线的情况下。

首先通过 VAS5051 来读出故障存储器的内容。如图 2.97 所示，VAS5051 的诊断结果为：Motorsteuergerät kein Signal/Kommunikation（发动机控制单元无信号/通信）。

接着使用 VAS5051 的 DSO 双通道模式测量信号波形，在 VAS5051 上进行如下设定。通道 A：0.5V/Div，通道 B：0.5V/Div，时间：0.2ms/Div，触发器：通道 B 3.25V。此时 DSO 上显示的图像如图 2.101 所示，CAN-Low 线上出现一条高于 2.5V（静电平）的电压波形曲线。

最后按电路图仔细测量无法进行通信的控制单元和可以进行通信的控制单元之间的导线，故障肯定就在这两个控制单元之间。

2. CAN 舒适/Infotainment 数据总线的故障诊断

对于 CAN 舒适/Infotainment 数据总线来说，其故障与 CAN 驱动数据总线上的基本是一样的。与 CAN 驱动数据总线不一样的是，CAN 舒适/Infotainment 数据总线中的 CAN 导线彼此毫不相干，会出现"单线工作"方式；另外这两种数据总线的电压值也不相同，这就决定了 CAN 舒适/Infotainment 数据总线和 CAN 驱动数据总线的故障查询方法是不同的。

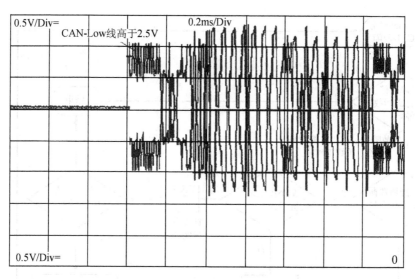

图 2.101　控制单元上 CAN-High 线和 CAN-Low 线混装在 DSO 上显示的图像

1）用 VAS5051 对 CAN 舒适/Infotainment 数据总线进行故障查询。

对 CAN 舒适/Infotainment 数据总线也得使用 VAS5051 来进行故障查寻。使用 VAS5051 可以从网关读出故障记录，只有在分析完这些故障记录后仍无法排除故障时，才使用 DSO 继续查询故障。如果已经查明故障，必须用万用表/欧姆表反复测量以确定故障的准确位置。当然，进行检测时，一定要先断开蓄电池接线柱。

如图 2.102 所示为 CAN 舒适/Infotainment 数据总线的故障查询树，即使用 VAS5051 进行故障查询方法。

2）典型故障的诊断分析

（1）CAN 舒适/Infotainment 总线 CAN-Low 线对蓄电池短路。首先通过 VAS5051 来读取故障存储记录，诊断结果为"Datenbus Komfort 1Draht"（舒适数据总线单线模式）；接着读取测量数据块，结果显示所有控制单元都处于单线模式。

接着使用 VAS5051 的 DSO 双通道模式测量信号波形，在 VAS5051 上进行如下设定。通道 A：2V/Div，通道 B：2V/Div，时间：0.02ms/Div，触发器（CAN-Low 线对 12V）；通道 A2V，触发器（CAN-High 线对 12V）：通道 B 2V。此时 DSO 上显示的图像如图 2.103 所示，CAN-Low 线上作用有蓄电池电压，且 CAN-High 线继续传送 CAN 信号。注意休眠模式与这种 CAN-Low 线对蓄电池电压短路的区别在于休眠模式下 CAN-High 线上的电平恒为 0V，无明显波动。

最后确定故障位置。一般来说，分叉式电缆柱上的短路故障是很不容易测量的，因此应先目视检查一下导线是否损坏，如果目视检查没发现什么，下一步应拔下各控制单元的插头，检查针脚是否弯曲、插头内是否有金属丝屑或类似的东西。随后就应该用欧姆表来监控短路情况，以便能确定是否为控制单元引起的短路。如果仍未能查明情况，那么应逐个地断开电缆柱（例如可以先拔下插头以便断开与车门的连接），用这种方法就可以将故障限制在电缆柱的某一部分上。

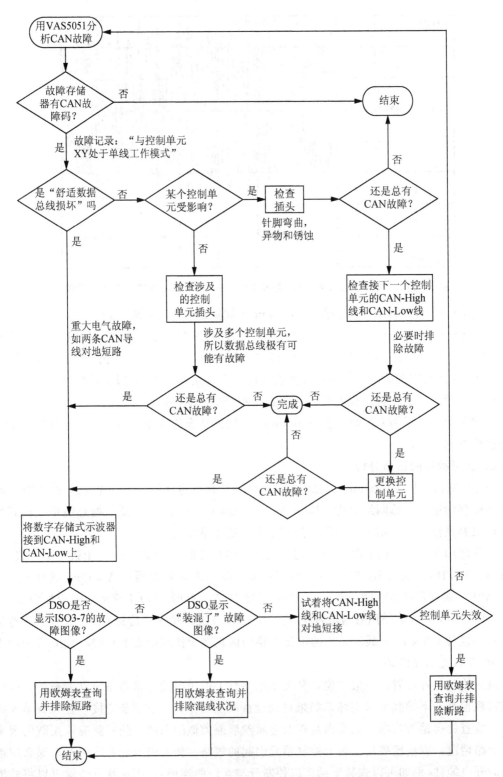

图 2.102 CAN 舒适/Infotainment 数据总线的故障查询树

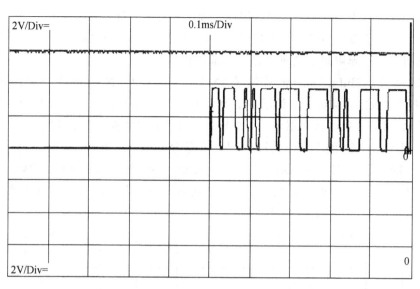

图 2.103　CAN-Low 线对蓄电池短路时在 DSO 上显示的图像

（2）CAN 舒适/Infotainment 总线 CAN-High 线对地短路。首先通过 VAS5051 来读取故障存储记录，诊断结果为"Datenbus im Eindrahtbetrieb"（数据总线处于单线模式）；接着读取测量数据块，结果显示所有控制单元都处于单线模式。

接着使用 VAS5051 的 DSO 双通道模式测量信号波形，在 VAS5051 上进行如下设定。通道 A：2V/Div，通道 B：2V/Div，时间：0.02ms/Div，触发器（CAN-Low 线对 0V）：通道 A 2V，触发器（CAN-High 线对 0V）：通道 B 2V。此时 DSO 上显示的图像如图 2.104 所示，CAN-High 信号一直为 0V。

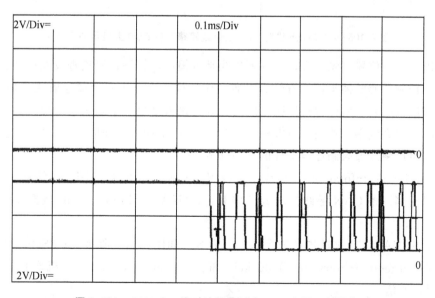

图 2.104　CAN-High 线对地短路时在 DSO 上显示的图像

最后确定故障位置。先目视检查一下导线是否损坏，如果目视检查没发现什么，下一步应拔下各控制单元的插头，检查针脚是否弯曲、插头内是否有金属丝屑或类似的东西。

随后就应该用欧姆表来监控短路情况,以便能确定是否是控制单元引起的短路。如果仍未能查明情况,那么应逐个地断开电缆柱(例如可以先拔下插头以便断开与车门的连接),用这种方法就可以将故障限制在电缆柱的某一部分上。

(3) CAN 舒适/Infotainment 总线 CAN-High 线对 CAN-Low 线短路。首先通过 VAS5051 来读取故障存储记录,诊断结果为"Datenbus im Eindrahtbetrieb"(数据总线处于单线模式);接着读取测量数据块,结果显示所有控制单元都处于单线模式。

接着使用 VAS5051 的 DSO 双通道模式测量信号波形,在 VAS5051 上进行如下设定。通道 A:2V/Div,通道 B:2V/Div,时间:0.02ms/Div,触发器:通道 A 2V。此时 DSO 上显示的图像如图 2.105 所示,两条 CAN 导线电平是相同的。此时 CAN 收发器关闭 CAN-Low 线,只用 CAN-High 线来工作。

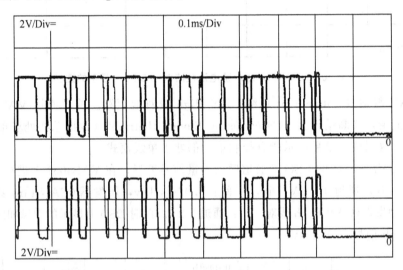

图 2.105 CAN-High 线对 CAN-Low 线短路时在 DSO 上显示的图像

最后确定故障位置。先目视检查一下导线是否损坏,如果目视检查没发现什么,下一步应拔下各控制单元的插头,检查针脚是否弯曲、插头内是否有金属丝屑或类似的东西。随后就应该用欧姆表来监控短路情况,以便能确定是否是控制单元引起的短路。如果仍未能查明情况,那么应逐个地断开电缆柱(例如可以先拔下插头以便断开与车门的连接),用这种方法就可以将故障限制在电缆柱的某一部分上。

(4) CAN 舒适/Infotainment 总线一个或多个控制单元的 CAN-High 线和 CAN-Low 线装混。只有当两条 CAN 导线损坏或装混时,CAN 舒适/Infotainment 数据总线的通信才会有故障。

首先通过 VAS5051 来读出故障存储器的内容。如图 2.106 所示,VAS5051 的诊断结果为 Türsteuergerät Fahrerseite—J386 kein Signal/Kommunikation(司机车门控制单元 J386 无信号/通信)。

接着使用 VAS5051 的 DSO 双通道模式测量信号波形,在 VAS5051 上进行如下设定。通道 A:2V/Div,通道 B:2V/Div,时间:0.2ms/Div,触发器:通道 B 2V。此时 DSO 上显示的图像如图 2.107 所示,在波形图的左边缘可以看出 CAN-Low 线的隐性电平有所

项目2 CAN总线网络系统的结构原理与检修

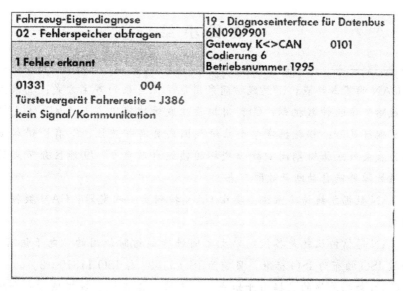

图2.106 通过VAS5051读取故障存储器内容

下降。在隐性状态，某控制单元的导线装混会导致CAN-High线上的电压升高和CAN-Low线上的电压下降。

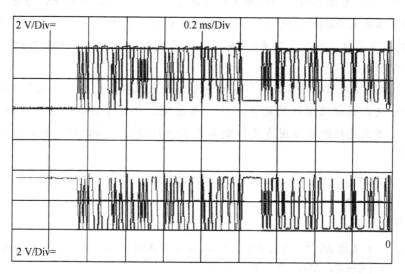

图2.107 CAN-High线和CAN-Low线装混时在DSO上显示的图像

最后确定故障位置。导线混装总是出现在最后一个能正常工作的控制单元和第一个不能正常工作的控制单元之间。导线装混的故障大多出现在修理数据总线时，应重点检查这些地方。进行故障排除前应断开蓄电池，检修时应根据导线的颜色先进行目视检查，接着用欧姆表来测量装混的CAN导线。如果插头装混了，其他控制单元上也会出现这个故障。不管是那种情况，最好先检查无法联系上的控制单元的插头。

在本故障中，司机车门控制单元上的CAN-Low线的相应针脚与舒适控制单元上的CAN-High线之间肯定存在电气连接，而舒适控制单元上的CAN-Low线与司机车门控制单元上的CAN-High线之间肯定存在电气连接。

项 目 小 结

(1) CAN 的基本特点：①总线访问采用基于优先权的多主方式；②采用非破坏性的基于线路竞争的仲裁机制；③利用接收滤波对帧实现多点传送；④支持远程数据请求；⑤配置灵活；⑥数据在整个系统范围内具有一致性；⑦有检错和出错通报功能；⑧仲裁失败或传输期间被故障损坏的帧能自动重发；⑨能区分节点的临时故障和永久性故障并能自动断开故障节点。

(2) CAN 数据总线传输系统主要由 CAN 控制器、收发器、CAN 数据线和数据传递终端组成。

(3) CAN 通信协议就是各控制单元之间进行通信时使用的"电子语言"，CAN 协议已经被 ISO 颁布为 ISO 标准，目前为 ISO 11898 与 ISO 11519—2。

(4) CAN 数据总线的数据由开始域、状态域、检查域、数据域、安全域、确认域、结束域等 7 部分组成。数据在总线上传输时，各控制单元根据需要选择性地接收数据。

(5) 对 CAN 数据总线上的信号及参数进行检测时，常用的检测设备是万用表和数字存储式示波器(DSO)。使用 DSO 测试 CAN 总线的电压时，要求采用在无干扰功能下的 DSO 显示，同时在测量 CAN 总线信号波形时应注意准确调整 DSO 的时间值、电压值和触发信号。

(6) 对 CAN 数据总线系统进行故障诊断时，先做基本检查，如果基本检查未能发现故障信息，则按照常规的检查方法检查系统。当自诊断线的通信出现故障时，通常的处理方式是按照故障图表将控制单元逐一拔除，然后检测相应的自诊断线的通信情况。

故障实例 2-1

故障现象：一汽奥迪 A6 轿车采用自动变速器，装备有 ABS 和 ASR 系统。该车 ABS 故障灯常亮，且 ASR 故障灯也同时亮起，ABS 不起作用。

故障排除：询问驾驶员得知，该车曾因事故更换过 ABS 泵总成。

根据上述故障现象，首先用故障诊断仪 VAG1551 检测，发现 ABS 有 3 个故障码：故障码 00285(右前轮轮速传感器 G45 损坏)、故障码 18262(CAN 总线故障)、故障码 18263(CAN 总线软件监控信号丢失)。用专用诊断仪无法清除故障。

因该车更换过 ABS 泵总成，怀疑线路有故障。先查线路，ABS 泵线路无断路和接地短路现象。接着检查 CAN 总线，经检查发现 CAN 总线在 ABS 控制单元处靠近大梁的地方断路。焊接好后，在用检测仪进入 ABS 系统检查，CAN 总线故障排除。用专用检测仪检测，无法对 ABS 系统编码。

经仔细检查，发现原先换上的 ABS 泵型号不对。检查其零件号，换上 ABS 泵只适合用于发动机排量为 1.8L 的奥迪 A6 轿车(装备手动变速器且无 ASR 系统)。重新换上与原车配套的 ABS 泵总成后，用专用检测仪检测故障码，显示故障码全部清除。

进行路试，发现 ABS 指示灯又亮，用专用检测仪检测，显示右前轮速度传感器有故障。拆下右前轮速度传感器，发现传感器触头严重脏污。经清洗后再次装好，清除故障码经行路试，ABS 系统工作正常，故障排除。

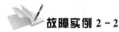 故障实例 2-2

故障现象：奥迪 A4 轿车更换组合仪表后，自动变速器挡位不显示，系统没有故障信息。

故障排除：询问驾驶员得知，该车更换组合仪表后没有进行设定。于是进行驱动 CAN 总线设定，具体设定方法如下。

(1) 连接 VAG5051，打开点火开关，输入地址码 17，进入组合仪表系统。

(2) 执行 10 功能，输入通道号 60，根据驱动 CAN 总线的设定表输入相应值。

(3) 输入 02 功能，查询故障存储器。

(4) 输入 06 功能，结束。

说明：

(1) 由于组合仪表和自动变速器是通过驱动 CAN 总线连接的，如果不进行设定，组合仪表和自动变速器之间就不能进行数据交换，组合仪表就不会有显示。

(2) 奥迪 A4 轿车有 3 种 CAN 总线，即驱动 CAN 总线、舒适 CAN 总线和显示 CAN 总线，更换组合仪表后要进行 CAN 总线设定。

(3) CAN 总线设定是根据总线的参加者来设定。对于奥迪 A4 轿车，驱动 CAN 总线是以组合仪表为基数(1024)，发动机(1)、自动变速器(2)和 ABS 制动系统(4)作为参加者。

① 如果奥迪 A4 是手动变速器，则设定值为组合仪表＋发动机＋ABS 制动系统，即
$$1024+1+4=1029。$$

② 如果奥迪 A4 是自动变速器，则设定值为组合仪表＋发动机＋自动变速器＋ABS 制动系统，即
$$1024+1+2+4=1031。$$

(4) 如果使用 VAG5051 的故障导航仪进行更换组合仪表或执行相应的匹配功能，VAG5051 会提供相应的提示。

故障实例 2-3

故障现象：2005 年产上海大众帕萨特 B5 轿车装用 1.8T 发动机，该车事故修复后，发动机出现了起动后熄火的故障，即每次起动后 1s 左右就熄火。

故障排除：根据起动后就熄火的故障现象，初步认为故障与防盗系统有关，但是仪表板上的防盗指示灯并没有点亮，而只是安全气囊指示灯点亮。

用 VAS5051 进行故障码查询，发现有两个故障码：0588(驾驶员侧安全气囊电阻过大)、18056(驱动数据总线损坏)。驱动数据总线损坏是指 CAN-High 总线或 CAN-Low 总线有问题。

于是使用 VAS5051 的示波器功能检查 CAN-High 总线或 CAN-Low 总线的波形，发现两条数据总线已经对地短路。

经分析，认为造成数据总线对地短路的最可能原因是在数据总线上连接的控制单元受到撞击损坏或相关线路有问题。于是采用依次拆下数据总线上连接的各控制单元检测的方法，如果拆下某个控制单元后故障消失，那么就是该控制单元有问题。依次拆下 ABS 控制单元、发动机控制单元、安全气囊控制单元以及仪表控制单元上的线束插头，但是故障依旧。从而说明故障点应该在相关线路上，即线路本身接地。

该车 ABS 控制单元、发动机控制单元、安全气囊控制单元以及仪表控制单元是由数据总线按照星形方式连接在一起，因而可以用断线排除法诊断故障。找到仪表板后面的数据总线逐一断开，当断开安全气囊控制单元的连接线路时，故障消失，说明故障在安全气囊控制单元线束上。

顺着安全气囊控制单元线束查找，在变速杆旁发现了有外皮破损的线路，将线路处理好后试车，故障排除。

维修小结：由于安全气囊控制单元线束损伤后，导致数据总线直接接地，各控制单元之间数据总线直接接地，各控制单元之间数据无法传输，所以发动机起动后就会熄火。

故障实例 2-4

故障现象：波罗轿车修复后，发动机不能起动（无起动迹象）。

故障排除：首先用 VAG1551 故障检测仪读取发动机控制单元的故障码，故障为发动机锁死、与仪表控制单元失去通信。与此同时，仪表显示不正常，仪表板上的蓄电池警告灯和 EPC（点子节气门）警告灯闪烁。

大众波罗车系的发动机防盗系统发生故障或钥匙认证失败时发动机是可以起动的，只是起动后 3s 内会自动熄灭。该车发动机没有一点起动的迹象，说明发动机锁死的故障与防盗系统无关。发动机控制单元与仪表控制单元失去通信的故障码属于网络故障码。

经检查发现，仪表控制单元与相连接的 CAN 控制单元及安全气囊控制单元都失去通信。经分析认为，CAN 系统的线路有故障。

接着检查与仪表控制单元相连接的 CAN 总线（双绞线）。用示波器检测（在仪表板后的 CAN 总线接口处）CAN 总线上的信号波形，检查发现在两根线上只有一根线有脉冲信号，而另一根线电压始终为零，说明此 CAN 总线断路。

经仔细检查发现，在仪表板连接器内的一根线断了。接好该线后试车，故障排除。

习 题

1. 填空题

（1）CAN 总线是一种_____通信总线，其通信速率可高达_____。

（2）接收器对信息的接收或拒收是建立在一种称为_____的处理方法上的。

（3）CAN 控制器的作用是对接收的_____进行处理，然后将其传给微处理器或收发器。

（4）CAN 数据总线的数据由开始域、_____、检查域、_____、安全域、确认域、结束域等 7 部分组成。

2. 选择题

（1）关于 CAN 总线，下列说法错误的是（   ）。

A. CAN 系统内两个任意节点之间的传输距离越长，其传输位速率越低

B. CAN 总线访问采用基于优先权的多主方式

C. CAN 总线上的信息是用固定格式的帧来传送的，这些帧长度可以不相同

(2) 关于 CAN 协议，下列表述错误的是(　　)。

A. 在总线空着的时候，所有的节点都可以发出报文

B. 当总线扩展节点时，现有节点的软件和硬件必须进行相应调整

C. 在总线上的数据连续产生错误的场合下，产生错误的节点将会从总线上被切除

3. 简答题

(1) CAN 总线的分类、各自的特点和应用场合有哪些？

(2) CAN 总线的组成部分有哪些？

(3) CAN 总线通过什么方法将信息传递出去？

(4) 为什么采用双绞线作为车载 CAN 总线的数据导线？

(5) 在网关内，信息是如何传送的？

(6) 以测试发动机控制单元为例，简述如何在 DSO 双通道模式下检测 CAN 驱动数据总线。

项目 3

LIN 网络系统的结构原理与检修

项目知识目标

- ◆ 知道 LIN 网络系统的分类、应用及作用
- ◆ 熟知 LIN 网络系统的数据通信原理和数据结构
- ◆ 掌握 LIN 网络系统的组成结构
- ◆ 掌握 LIN 网络系统的故障特点和故障类型

项目技能目标

- ◆ 能够用示波器、万用表和故障诊断仪等仪器对 LIN 网络系统进行检测
- ◆ 能够对检测结果进行分析判断
- ◆ 能够对 LIN 网络系统的故障进行修复

案例导入

2005款上海大众途安(TOURAN)汽车,采用BJZ2.0发动机和09手自动一体变速器,出现喇叭不响;按多功能转向盘右侧"十、一"音量按钮及三角形调台键时,音响音量不变化,无法切换电台。

询问驾驶员得知,该车曾经更换过一只喇叭,但故障依旧。用万用表测量喇叭的电源端子,没电,而且该车没有常规的喇叭熔丝。用VAS5051诊断仪进入转向柱电子装置检查,得到故障信息"转向盘中心控制装置E221无信号/通信"。试验转向盘上其他触摸按键,也没反应,说明转向盘中心控制装置E221无信号输出,与转向柱电子装置控制单元J527失去了通信。说明通信网络有故障。

该车转向盘中心控制装置E221与转向柱装置控制单元J527是一个LIN-BUS单根数据总线系统,子控制单元是多功能转向盘中心控制装置E221,其集成电子系统对驾驶人在转向盘操作单元上的按钮进行分析,即转向盘上的各开关控制指令信号,是经过转向盘中心控制装置E221来进行编码,然后通过E221-LIN收发器,按LIN通信协议,经过LIN数据总线传输到J527的LIN收发器。实质上,J527是一个CAN/LIN的网关,由J527进行解码后,把二进制数值转换成一个串行比特流,通过TX发送线路把比特流发送到发射器,同时把比特流转换成相应的电压信号,然后,电压信号被一个接一个通过CAN-BUS数据总线传送到车载网络控制单元J519上的RX接收线路,把电压值重新转换成二进制数值,由J519将数值变换成信息,按开关指令来触发中央电器板上的449号喇叭继电器回路接通,控制喇叭鸣响。其他的转换电台数据等信号都通过CAN-BUS数据总线直接传送到网关J533,再通过网关按传输协议输出,由CAN-BUS数据总线传送到信息中心上的音响系统,用来增强或减弱音响系统的音量或转换电台。

拆开转向盘,在转向盘中心下部直接看到E221芯片,线路完整,连接器连接完好,没有人工拆装或烧蚀痕迹,怀疑是E221芯片损坏。更换E221芯片后装复试车,按喇叭按钮,喇叭鸣响,转向盘上其他功能按钮工作正常。

处理本车故障,必须要知道该车多功能转向盘采用LIN总线通信,这样才能准确处理。要想合理处理本类LIN总线故障问题,我们必须知道LIN总线的相关知识,本项目将进行这方面知识的学习。

3.1 认识LIN总线

3.1.1 LIN的含义

局部连接网络(Local Interconnect Network,LIN)是一种低成本的串行通信网络,它是一种汽车底层网络协议,用于实现汽车中的分布式电子系统控制。LIN的目标是为现有汽车网络(例如CAN总线)提供辅助功能,因此,LIN总线是一种辅助的串行通信总线网络。在不需要CAN总线的带宽和多功能的场合,比如智能传感器和制动装置之间的通信,使用 LIN 总线可大大节省成本。

LIN 技术规范中，除定义了基本协议和物理层外，还定义了开发工具和应用软件接口。LIN 通信是基于 SCI(UART)数据格式，采用单主控制单元/多从设备的模式，仅使用一根 12V 信号总线和一个无固定时间基准的节点同步时钟线。

LIN 是一个价格低廉、性能可靠的低速网，在汽车网络层次结构中作为低端网络的通用协议，并逐渐取代目前各种各样的低端总线系统。LIN 系统保证网络节点软件与硬件的互用性和可预测的电磁兼容特性(EMC)。LIN 典型的应用是车上传感器和执行器的联网。按 SAE 的车上网络等级标准，LIN 属于汽车上的 A 级网络。

LIN 诞生的历史还比较短，在汽车上的应用还刚刚起步。从某种意义上来讲，LIN 就是 CAN 的经济版通信网络，可定位于低于 CAN 的通信层。车门模块 LIN 总线的示意图如图 3.1 所示。

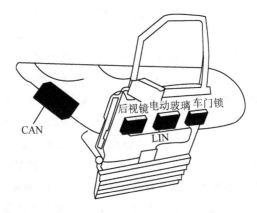

图 3.1　车门模块示意图

这种低成本的串行通信模式和相应的开发环境已经由 LIN 协会制定成标准。LIN 的标准化将使汽车制造商以及供应商降低汽车的成本。

3.1.2　LIN 的特点

LIN 协议是以广泛运用的 SCI(UART)为基础定义的。LIN 采用单主/多从带信息标识的广播式信息传输方式，不需要总线仲裁机制。网络节点根据在通信中的地位分为主节点和从节点。从节点的同步不需要固定的时间基准。LIN 物理层是根据汽车故障诊断系统标准 ISO 9141 拟定的 12V 单总线(Single-Wire 12V Bus)，满足汽车环境的 EMC、ESD 和抗噪声干扰要求。

LIN 总线的传输速率可达 20kbit/s，通常一个 LIN 网络上节点数目小于 16 个，共有 64 个标识符。LIN 系统的特点如下。

（1）单主/多从结构。

（2）基于 UART/SCI 接口的廉价硬件实现。

（3）从节点无振荡器的自同步功能。

（4）保证延时和信号传输的正确性。

（5）廉价的单总线结构。

(6) 数据传输速度 20kbit/s。

(7) 一帧信息中数据长度为 2B 或 4B 或 8B。

(8) 系统配置灵活。

(9) 带同步的广播式发送/接收方式。

(10) 数据累加和校验（Data-Checksum）及错误检测功能。

(11) 故障节点的检测功能。

(12) 廉价的单片元器件。传送途径（按 ISO 9141）为廉价的单线传送方式，最长可达 40m。

3.1.3 LIN 与 CAN 的比较

车上网络中，LIN 处于低端，与 CAN 以及其他 B 级或 C 级网络比较，它的传输速度低、结构简单、价格低廉；在汽车上，LIN 与这些网络是互补的关系。由于汽车产品包括部件和整机，对价格和复杂性非常敏感，在汽车网络系统低端使用 LIN 会显现其必要性和优越性。LIN 和 CAN 协议主要特性的对比见表 3-1，LIN 和 CAN 控制器特性的对比见表 3-2。

表 3-1 LIN 和 CAN 协议主要特性的对比

指 示	LIN	CAN
媒体访问控制方式	单主方式	多主方式
典型总线传输速度/(kbit/s)	24～19.6	62.45～500
信息标识符/bit	6	11/29
网络典型节点数/个	2～10	4～20
位/字节编码方式	NRZ8N1(UART)	NRZW/位填充
每帧信息数据量/B	2，4，8	0～8
每 4 字节的发送时间/ms	3.5(20kbit/s 时)	0.8(125kbit/s 时)
错误检测	8 位累加	15 位 CRC
物理层	单线，13.5V	双绞线，5V
石英/陶瓷振荡器	主节点需要，从节点不需要	每个节点都需要
网络相对成本	0.5	1

表 3-2 LIN 和 CAN 控制器特性的对比

节 点	网络传输速度/(kbit/s)	CPU 时钟/MHz	CPU/%	存储容量/B (NASH/ROM)	存储容量/B (RAM)
LIN 16bit 主节点	19.2	4	10	1200	25
LIN 8bit 从节点（无振荡器）	19.2	4	15	750	22

续表

节点	网络传输速度(kbit/s)	CPU 时钟/MHz	CPU/%	存储容量/B (NASH/ROM)	存储容量/B (RAM)
LIN 8bit 从节点（带振荡器）	19.2	4	6	650	20
CAN 16bit 节点	125	8	15	3000	150

3.1.4 LIN 的应用

随着 CAN 网络的应用，现有汽车电子系统已经实现了多路传输，这使得大量线路和内部连接被取消。在这种条件下，尽管 CAN 网的电控单元间的连接已经最优化了，但一个电控单元和它的传感器、执行器之间的连接还不一定是多路传输的，如图 3.2 所示。

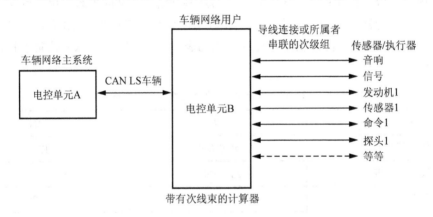

图 3.2 不用 LIN 网络的 CAN 系统结构

引入 LIN 协议后，几乎所有电控单元和它们的传感器、执行器之间的连接都已经实现多路传输了。由于建立了一个连接传感器/执行器与电控单元的二级网络，原来 CAN 网络中的次级组将会取消，如图 3.3 所示。

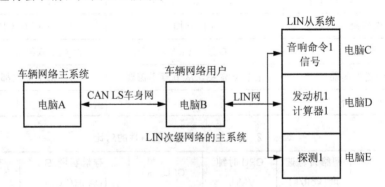

图 3.3 采用 LIN 网络的 CAN 系统结构

LIN 网络是一个主/从结构的网络，如图 3.4 所示，它主要用来控制车身的附件系统。图 3.5 为用 LIN 网络控制汽车刮水器的简图。常用 LIN 网络来控制的一些系统及它们的网络结构如图 3.6。

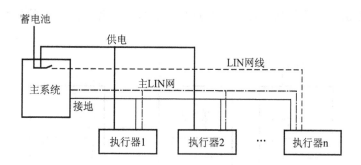

图 3.4　LIN 网络系统的结构

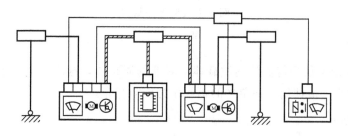

图 3.5　LIN 网络的刮水器控制

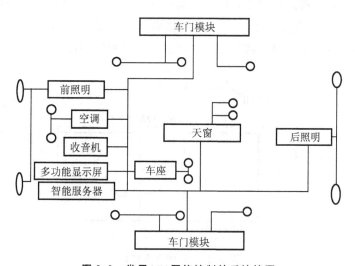

图 3.6　常用 LIN 网络控制的系统简图

3.2　LIN 的结构与协议

LIN 协议在同一总线上的最大节点数量为 16，系统中两个电控单元之间的最大距离为 40m。

3.2.1　LIN 的结构

LIN 的网络结构如图 3.7 所示，网络由一个主节点和一个或多个从节点构成，主节点可以执行主任务也可以执行从任务,从节点只能执行从任务。总线上的信息传送由主节点控制。

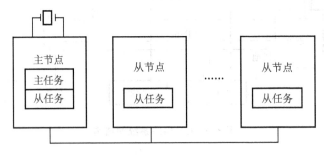

图 3.7　LIN 网络结构

1. 传输媒介

传输媒介即 LIN 信号传输的物质载体或者非物质载体,这个在 LIN 标准中并没有强制规定。LIN 网络一般使用一根单独的铜线作为传输媒介。

2. 节点结构

一个 LIN 电控单元拥有一个统一的接口(LIN 标准),以便同其他 LIN 电控单元之间处理信息数据。这种标准的接口需要满足严格的成本要求,所以它必须在现有微控制器中使用标准单位,基本单位为 UART(传送者/接收者异步概念)。LIN 节点的连接情况如图 3.8 所示。这种接口主要由两部分组成:协议控制器和线路接口。

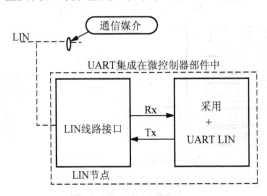

图 3.8　LIN 的节点结构

(1) 协议控制器(CP LIN)。LIN 协议控制器集成在微控制器中的一个标准单位(UART)上实现,微控制器靠软件负责管理 LIN 协议,实现以下的主要功能:①发送/接收 8 位字节;②构成请求帧,接收回应帧;③发送帧。

(2) 线路接口。线路接口负责将 LIN 总线的信号翻译成无干扰的 Rx 信号传入 LIN 协议控制器(CP LIN),以及相反地将协议控制器(CP LIN)的 Rx 信号进行翻译传入 LIN 总线。因此,这个部件有两个重要作用,就是翻译和保护。在示波器上看到的 LIN 网络线路电压记录如图 3.9 所示。

图 3.9 示波器上的 LIN 网络线路电压记录

3.2.2 LIN 的通信协议

一个 LIN 网络上的通信总是由主节点的主发送任务发起的，主控制单元发送一个起始报文，该起始报文由同步断点、同步字节、消息标识符组成。相关节点相应地在接受并且滤除消息标识符后，一个从任务被激活并且开始本消息的应答传输。该应答由 2(或 4 或 8)个字节数据和一个校验码组成，起始报文和应答部分构成一个完整的报文帧。

由于 LIN 报文帧由报文标识符指示其组成，所以这种通信规则可以采用多种方式进行数据交换，主要有以下几种。

(1) 由主节点到一个或多个从节点。

(2) 由一个从节点到主节点或其他的从节点。

(3) 通信信号可以在从节点之间传播，而不经过主节点或者通过主节点广播消息到网络中的所有的从节点。

需要明确的是，报文帧的时序由主机控制。

在 LIN 系统中，除了主节点命名外，节点不使用任何系统结构方面的信息，这使 LIN 具有很多相关的优点。在 LIN 系统中加入新节点时，不需要其他从节点作任何软件或硬件的改动。LIN 和 CAN 一样，传送的信息带有一个标识符，它给出的是这个信息的意义或特征，而不是这个信息传送的地址。

LIN 系统总线的电气性能对网络结构具有很大的影响。网络节点数不仅受标识符长度的限制，而且受总线物理特性的限制。在 LIN 系统中，建议节点数不要超过 16 个，否则网络阻抗降低，在最坏工作情况下会发生通信故障。LIN 系统每增加一个节点大约使网络阻抗降低 3%。

LIN 系统支持休眠工作模式。当主节点向网络上发送一个休眠命令时，所有节点进入休眠状态,直到被唤醒之前总线上不会有任何活动。这时总线处于隐性状态,节点没有内部活动,驱动器处于接收状态。

当总线上出现任何活动或节点出现任何内部活动时,节点结束休眠状态。当由于从节点内部活动被唤醒时,输出一个唤醒信号唤醒主节点。主节点被唤醒后开始初始化内部活动,从节点要等到同步信号后才参与总线通信活动。

1. 帧结构

一个LIN帧由字节间分隔开的一系列字节组成。(1)异步中断域标志着LIN帧的开始。它通过LIN网的主节点发出,并且支持所有LIN节点自动适应总线的速度。(2)异步域使得所有总线上的LIN节点异步。(3)标识域IDEN可以标识64个节点。它指明数据的目的地或者所询问的节点的地址。(4)数据域由1~8个八位字位构成,包含了有用的命令或回应信息。(5)检查域由一个八位字位构成,以保证LIN帧内容的完整性。LIN帧的具体结构见图3.10。

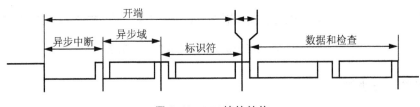

图3.10 LIN帧的结构

2. 传输模式

LIN电控单元所使用的传输方式与CAN电控单元所使用的传输方式是相同的,都包括以下3种:(1)定时传输模式;(2)事件传输模式;(3)混合模式,即定时传输模式和事件传输模式相混合。从电控单元到执行器之间的传输方式如图3.11、图3.12和图3.13所示。

3. 进入传输媒介

LIN电控单元进入传输媒介的方式有随机方式和异步方式两种。简单地说,这表明LIN电控单元进入传输媒介可以根据需要和执行本地命令而随时进行。LIN从节点不可能根据本地命令进入LIN网络。为了能够达成连接,它们必须事先获得LIN主节点的邀请,而这是需要通过一个中介的。

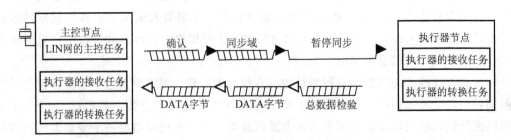

图3.11 LIN网传输——DATA数据从主控制器到执行器(单个)

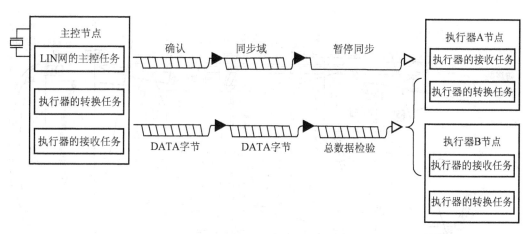

图 3.12 LIN 网传输——DATA 数据从主控制器到执行器(多个)

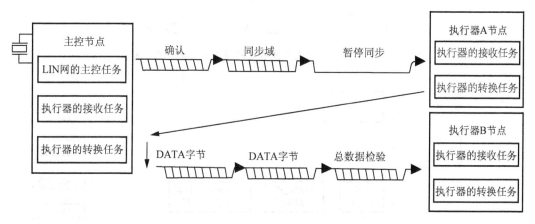

图 3.13 LIN 网交流——DATA 数据从执行器(多个)到主控制器

4. 服务

LIN 电控单元有 3 项通信服务：(1)发散模式的数据写入(一个制造者向多个使用者发出数据)；(2)数据请求(一个使用者向制造者的数据请求)；(3)即时回复(立即回复一个请求)。这些服务允许单一总线/多支线策略(发散和请求/回复)的使用。

3.3 奥迪 LIN 数据总线系统的结构原理与检修

奥迪车系 LIN 数据总线系统是单线式总线，底色是紫色，有标志色。该线的横截面面积为 $0.35mm^2$，无须屏蔽。通过 LIN 数据总线系统连接的所有控制单元都装在一个有限的空间内(如车顶)，所以它也被称为"局域子系统"。

图 3.14 所示为奥迪 A4 LIN 数据总线系统的组成及元件位置分布图。

图 3.15 所示为奥迪 A6 LIN 数据总线系统组成和分布图，由图中可以看出安全气囊系统、动力转向系统、供电管理系统、舒适系统、全自动空调系统、轮胎压力监测系统等都采用 LIN 数据总线系统进行连接。

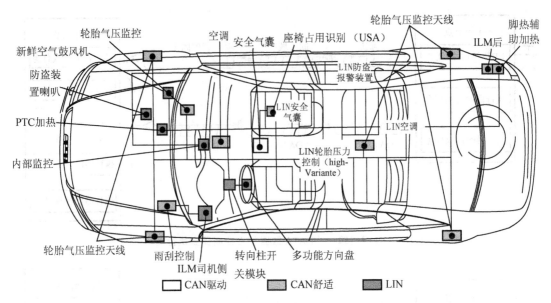

图 3.14 奥迪 A4 LIN 数据总线系统的组成及元件位置分布图

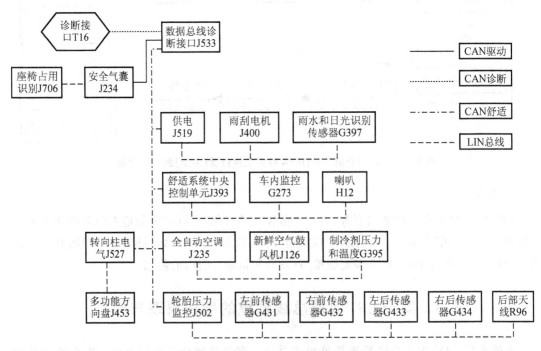

图 3.15 奥迪 A6 LIN 数据总线系统分布

LIN 数据总线系统的元件包括一个 LIN 主控制单元、若干个 LIN 从控制单元和数据线等。LIN 数据总线系统的一个 LIN 主控制单元与最多 16 个 LIN 从控制单元进行数据交换。奥迪车上各个 LIN 总线系统之间的数据交换是由控制单元通过 CAN 数据总线实现的,图 3.16 所示为空调系统 LIN 总线和车顶模块 LIN 总线的组成和连接方式。由图中可以看出空调系统 LIN 总线由一个用于空调的 LIN 主控制单元和 4 个 LIN 从控制单元组成,4 个 LIN 从控制单元中有一个用于挡风玻璃加热,一个用于新鲜空气鼓风机,两个用于右侧辅助加热器。车顶模块 LIN 总线由一个用于前部车顶模块的 LIN 主控制单元和一个用于太阳车顶电机的 LIN 从控制单元组成。空调系统 LIN 总线和车顶模块 LIN 总线间通过 CAN 数据总线相连，它们之间的数据传递通过 CAN 数据总线完成。

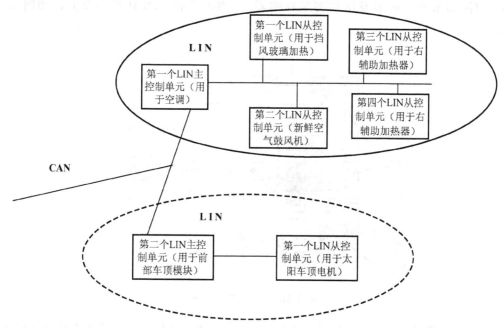

图 3.16　空调系统 LIN 总线和车顶模块 LIN 总线的组成和连接

3.3.1　LIN 主控制单元

LIN 主控制单元连接在 CAN 数据总线上，它执行 LIN 的主功能。其主要功用包括以下 4 方面。

（1）监控数据传递和数据传递的速率，发送信息标题。

（2）LIN 主控制单元的软件内已经设定了一个周期，这个周期用于决定何时将哪些信息发送到 LIN 数据总线上多少次。

（3）LIN 主控制单元在 LIN 数据总线系统的 LIN 控制单元与 CAN 总线之间起"翻译"作用，它是 LIN 总线系统中唯一与 CAN 数据总线相连的控制单元。

（4）可通过 LIN 主控制单元进行与之相连的 LIN 从控制单元的自诊断，LIN 总线系统与自诊断接口及 CAN 数据总线的连接如图 3.17 所示。

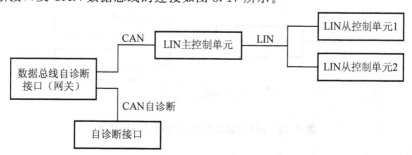

图 3.17　LIN 总线系统与自诊断接口及 CAN 数据总线的连接图

3.3.2 LIN 从控制单元

在 LIN 数据总线系统内，单个控制单元（如新鲜空气鼓风机的控制单元）或传感器及执行元件（如水平传感器及防盗警报蜂鸣器等）都可看作 LIN 从控制单元，如图 3.18 所示。

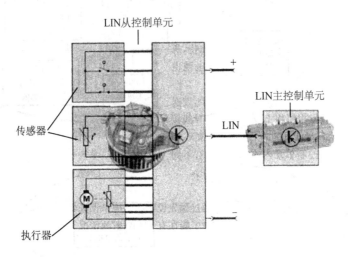

图 3.18　LIN 从控制单元

传感器内集成有一个电子装置，该装置对测量值进行分析，数值是作为数字信号通过 LIN 总线传递的。有些传感器或执行元件只使用 LIN 主控制单元插口上的一个针脚。LIN 执行元件都是智能型的电子或机电部件，这些部件通过 LIN 主控制单元的 LIN 数字信号接受任务。

LIN 主控制单元通过集成的传感器来获知执行元件的实际状态，然后就可以进行规定状态和实际状态的对比了。只有当 LIN 主控制单元发送出标题后，传感器和执行元件才会作出反应。

3.3.3 LIN 数据总线系统的数据传递

LIN 数据总线系统采用单线式数据传递，如图 3.19 所示，其数据传递速率为 1～20kbit/s，在 LIN 控制单元的软件内已经设定完毕，该速率最大能达到 CAN 舒适数据总线系统的数据传递速率的 1/5。

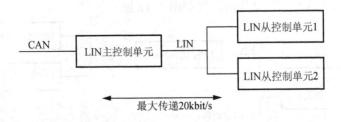

图 3.19　LIN 数据总线系统的数据传递速率

1. 电平信号

LIN 数据总线系统的电平信号也有隐性电平和显性电平两种，如图 3.20 所示。

如果无信息发送到 LIN 数据总线上或者发送到 LIN 数据总线上的是一个隐性比特，那么数据总线导线上的电平电压接近蓄电池电压，即隐性电平。

为了将显性比特传到 LIN 数据总线上，发送控制单元内的收发报机将 LIN 数据总线导线接地，此时数据总线导线上的电平电压接近 0V，即显性电平。由于控制单元内的收发报机有不同的型号，所以表现出的显性电平是不一样的。

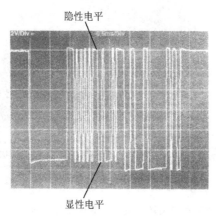

图 3.20 LIN 数据总线系统的电平信号

2. 数据传递安全性

在进行隐性电平和显性电平的收发时，LIN 数据总线系统通过预先设定公差值来保证数据传输的稳定性，其发送信息的电压范围如图 3.21 所示。为了保证在有干扰辐射的情况下仍能收到有效的信号，接收的允许电压值范围要稍大一些，如图 3.22 所示。

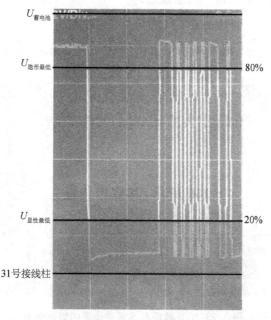

图 3.21 LIN 数据总线系统的发送信息的电压范围

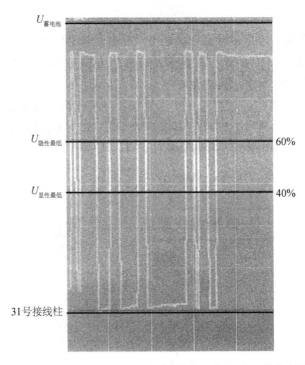

图 3.22　LIN 数据总线系统的发送信息的电压范围(有干扰辐射情况)

3. 传递数据的信息

LIN 数据总线系统传递的数据信息主要包括信息标题和信息内容(回应),如图 3.23 所示。信息标题由 LIN 主控制单元按周期发送,LIN 主控制单元通过标题内的标识符来要求 LIN 从控制单元使用包含在回应内的数据(如开关信号、模拟信号、数字信号或频率信号等),该回应由 LIN 从控制单元来发送。

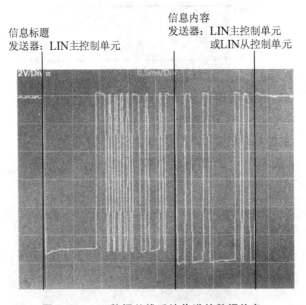

图 3.23　LIN 数据总线系统传递的数据信息

(1) 信息标题。信息标题分为同步暂停区、同步分界区、同步区和识别区 4 部分，如图 3.24 所示。

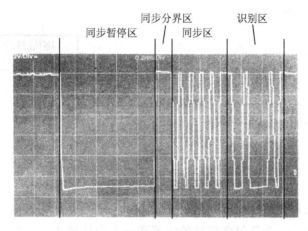

图 3.24　信息标题的组成

同步暂停区(Synch Break)的长度至少为 13 位二进制数，它以显性电平发送。这 13 位的长度是必需的，这样才能准确地通知所有的 LIN 从控制单元有关信息的起始点的情况。

同步分界区(Synch Delimiter)至少为一位二进制，且为隐性电平。

同步区(Synch Field)由 0101010101 这个二进制位序构成，所有的 LIN 从控制单元通过这个二进制位序与 LIN 主控制单元进行匹配(同步)。所有控制单元同步对于保证正确的数据交换是非常必要的。如果失去了同步性，那么接收到的信息中的某一数位值就会发生错误，该错误会导致数据传递错误。

识别区的长度为 8 位二进制数，头 6 位是回应信息识别码和数据区的个数，回应数据区的个数在 0~8 之间。后两位是校验位，用于检查数据传递是否有错误。当出现识别码传递错误时，校验位可防止与错误的信息适配。

(2) 信息内容(回应)。对于主控制单元带有数据请求的信息，LIN 从控制单元会根据识别码给这个回应提供信息，或者根据识别码的情况，相应的 LIN 从控制单元会使用这些数据去执行各种功能。

如图 3.25 所示，主控制单元(空调控制和显示单元)通过 LIN 数据线发送查询鼓风机转速的信息请求，LIN 从控制单元 2(新鲜空气鼓风机)根据识别码给这个回应提供转速为 150r/min 的信息。

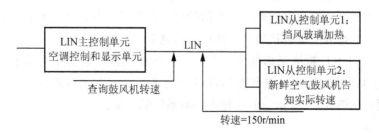

图 3.25　主控制单元查询鼓风机转速

如图 3.26 所示，主控制单元(空调控制和显示单元)通过 LIN 数据线发送设定鼓风机转速的信息请求，设定转速为 200r/min，LIN 从控制单元 2(新鲜空气鼓风机)根据识别码将鼓风机转速设定为 200r/min。

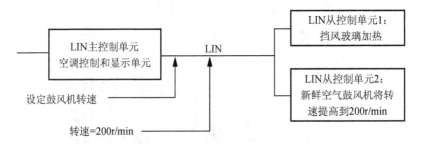

图 3.26　主控制单元设定鼓风机转速

LIN 从控制单元提供的回应由 1~8 个数据区构成，每个数据区是 10 个二进制位，其中一位是显性起始位，一个是包含信息的字节和一个隐性停止位，如图 3.27 所示。起始位和停止位是用于再同步从而避免传递错误的。

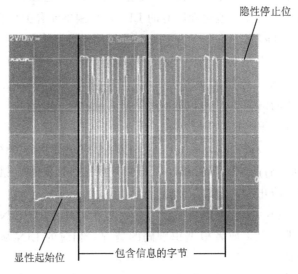

图 3.27　LIN 从控制单元的回应

(3) 信息的顺序。LIN 主控制单元的软件内已经设定了一个顺序，LIN 主控制单元就按这个顺序将信息标题发送至 LIN 总线上(如是主信息，发送的是回应)。LIN 主控制单元的环境条件可能会改变信息的顺序，所谓的环境条件是指点火开关是否接通、自诊断功能是否激活、停车灯开关是否接通等。常用的信息会多次传递。

为了减少 LIN 主控制单元部件的种类，主控制单元将全装备车控制单元的信息标题发送到 LIN 总线上。如果没有安装专用设备控制单元，那么在示波器屏幕会出现没有回应的信息标题，如图 3.28 所示，但这并不影响系统的功能。

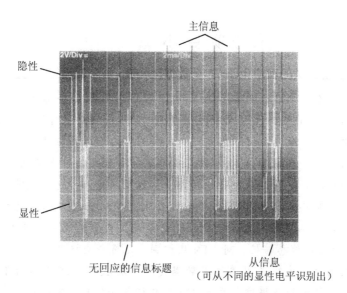

图 3.28　示波器屏幕上出现没有回应的信息标题

3.3.4　防盗系统

只有当 LIN 主控制单元发送出带有相应识别码的信息标题后，数据才会传至 LIN 总线。由于 LIN 主控制单元对所有信息进行全面监控，所以无法对车外的 LIN 导线进行控制。LIN 从控制单元只能回应，这样就不会通过 LIN 总线而打开车门了。这种布置就使得在车外安装 LIN 从控制单元（如在前保险杠内的车库门开启控制单元）成为可能。

3.3.5　LIN 数据总线系统的自诊断

在 LIN 主控制单元内已规定好的时间间隔内，如果 LIN 从控制单元数据传递有故障、校验出错或传递的信息不完整等，通过 LIN 从控制单元的自诊断功能，将会记录故障存储。自诊断数据经 LIN 总线由 LIN 从控制单元传至 LIN 主控制单元。因此对 LIN 数据总线系统进行自诊断需使用 LIN 主控制单元的地址码。LIN 数据总线系统的部分控制单元的故障信息如表 3-3 所示。

表 3-3　LIN 数据总线系统部分控制单元的故障信息

故障位	故障内容	故障原因
LIN 从控制单元（例如鼓风机调节器）	无信号或无法通信	（1）导线断路或短路； （2）LIN 从控制单元供电有故障； （3）LIN 从控制单元或 LIN 主控制单元型号错误； （4）LIN 从控制单元损坏
	不可靠信号	（1）LIN 导线受到电磁干扰； （2）LIN 导线的电容和电阻值改变了（例如插头壳体潮湿或脏污）； （3）软件故障（备件型号错误等）

项 目 小 结

（1）LIN是一个汽车底层网络协议，用于实现汽车中的分布式电子系统控制，为现有汽车网络（例如CAN总线）提供辅助功能。在汽车上引入LIN协议后，几乎所有电控单元和它们的传感器和执行器之间的连接都可以实现多路传输。

（2）LIN网络由一个主节点和一个或多个从节点构成，主节点可以执行主任务也可以执行从任务，从节点只能执行从任务。总线上的信息传送由主节点控制。

（3）LIN主控制单元连接在CAN数据总线上，它执行LIN的主功能：监控数据传递和数据传递的速率，发送信息标题；设定数据信息发送周期；在LIN控制单元与CAN总线之间进行信息转换；对LIN从控制单元进行自诊断。

（4）LIN数据总线系统采用单线式数据传递，其数据传递速率为1~20kbit/s。LIN数据总线系统传递的数据信息主要包括信息标题和信息内容（回应）。

 故障实例 3-1

故障现象：奥迪A6L正常操作开关后雨刮不工作，组合仪表中央显示屏有雨刮和光电传感器报警。

故障排除：先进行J519自诊断，显示LIN无通讯，读取数据块017显示J400与G397通信状态都为0，说明LIN总线通信有故障，读取006中的开关状态正常，表明舒适总线工作正常；然后测量J400供电搭铁，都正常，于是将J519、G397插头都拔下，测量三者之间的LIN导线是否正常，无断路现象，但和搭铁之间约有750Ω的接触电阻，测量LIN总线波形果然不正常，如图3.29、图3.30所示，经检查发现短接处并将其排除，功能恢复正常。

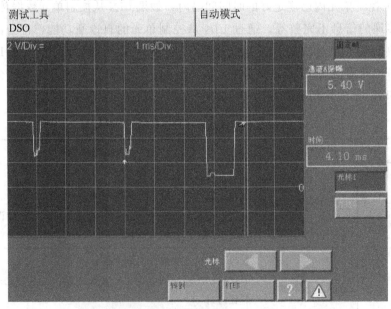

图3.29 LIN总线波形1

项目3　LIN网络系统的结构原理与检修

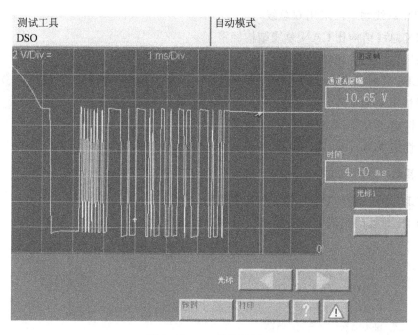

图 3.30　LIN 总线波形 2

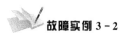故障实例 3-2

故障现象：奥迪 A6L 轿车正常操作雨刮开关，雨刮电机不工作，清洗泵正常，仪表显示前机舱盖未关。

故障排除：用自诊断功能查询 J519 故障存储，无记忆，读取 LIN 总线数据块 17，显示 J400 和 G397 都正常，读取雨刮开关信号也正常，表明 CAN 和 LIN 通信都正常；做选择性执行元件诊断，J400 不能工作，用故障查询指南功能检测 J400，根据提示要求先检查机盖锁开关 F266 状态，结果显示常开（自诊断数据 004 能读出）。经检查，发现开关与 J519 之间的导线对地短路，将其恢复后故障排除。

经分析，正常情况下此开关在机盖闭合时断开，打开时接通，将导线接地，当机盖打开时出于安全考虑 J519 会自动关闭雨刮功能，所以是该开关的错误信号导致了故障现象的出现。

习　　题

1. 填空题

（1）LIN 总线上的接点一般不超过_____个，两个控制单元间的距离应在_____之内。

（2）LIN 数据总线系统的数据传递速率较慢，一般在_____之间。

（3）一个 LIN 网络通常由一个_____、一个或多个_____组成，它主要为_____提供辅助功能。

2. 选择题

（1）下列说法错误的是（　　）。

A. LIN 总线物理层采用双总线

B. LIN 总线结构比 CAN 总线结构经济

C. LIN 总线配置比较灵活

(2) LIN 数据总线系统的电平信号有隐性电平和显性电平两种，一般(　　)。

A. 显性电平为 12V，隐性电平为 0V

B. 显性电平为 0V，隐性电平为 12V

C. 显性电平为 0V，隐性电平为 1V

3. 简答题

(1) LIN 总线的特点和应用场合有哪些？

(2) LIN 总线的组成部分有哪些？分别有什么作用？

项目 4

MOST 网络系统的结构原理与检修

▶ 项目知识目标

- ◆ 知道 MOST 网络系统的应用及作用
- ◆ 熟知 MOST 网络系统的数据通信原理和数据结构
- ◆ 掌握 MOST 网络系统的组成结构
- ◆ 掌握 MOST 网络系统的故障特点和故障类型

▶ 项目技能目标

- ◆ 能够用示波器、万用表和故障诊断仪等仪器对 MOST 网络系统进行检测
- ◆ 能够对检测结果进行分析判断
- ◆ 能够对 MOST 网络系统的故障进行修复

案例导入

一辆06款奥迪A6L 2.0T轿车MMI(信息娱乐系统)无法打开。

奥迪A6L的信息娱乐系统采用MOST光线数据总线。其每个控制单元由光电二极管把接收到的光信号转化为电信号，经过内部数据处理再由发光二极管把电信号转化为光信号，再通过光导体导向下一个控制单元。MOST系统的本质特征为环形的结构，若任一段光导体损坏或环形内的某一控制单元损坏，都能造成整个系统无法工作。

先用VAS5052诊断J533(网关)，有光学断路故障，其他MOST控制单元无法到达。用VAS5052继续查询，发现J525(音响控制单元)电气有故障。

接下来，拆J525，用V6186(光备用控制单元)代替J525接在光环中，MMI可以打开。拆解J525发现有水迹造成控制单元内部损坏。J525位于行李箱左侧，在贴后风窗膜时水流到了J525上，因而造成MMI无法打开。更换一个J525控制单元后试车，MMI可以打开了，故障排除。

随着汽车上多媒体及需要快速信息通讯的装置逐渐增多，MOST网络应用也越来越普遍，随之相关的故障问题逐渐出现。本项目就带领大家学习MOST网络知识，去处理MOST网络相关故障问题。

4.1 MOST总线的特点及类型

4.1.1 MOST的含义

MOST(多媒体数据传输系统，Media Oriented Systems Transport)是专为在车辆中使用而开发的一种多媒体应用通信技术。

MOST利用一根光纤，最多可以同时传送15个频道的CD质量的非压缩音频数据。在一个局域网上，它最多可以连接64个节点(装置)。

MOST是多媒体时代的车载电子设备所必需的高速网络，为遥控操作及集中管理的方法等提出了方案。MOST将成为汽车用多媒体设备所不可缺少的技术。

MOST采用塑料光缆(Plastic Optical Fiber，POF)的网络协议将音响装置、电视、全球定位系统及电话等设备相互连接起来，给用户带来了极大的便利。在MOST中，不仅对通信协议给出了定义，而且也说明了分散系统的构筑方法。

MOST网络可以不需要额外的主控计算机系统，结构灵活，性能可靠，易于扩展。MOST网络光纤作为物理层的传输介质，可以连接视听设备、通信设备以及信息服务设备。MOST网络支持"即插即用"方式，在网络上可以随时添加和去除设备。

4.1.2 MOST的特点

MOST具有以下几个特点。

(1) 在保证低成本的条件下，可达到24.8Mb/s的数据传输速度。

(2) 无论是否有主控计算机都可以工作。
(3) 使用 POF 优化信息传送质量。
(4) 支持声音和压缩图像的实时处理。
(5) 支持数据的同步和异步传输。
(6) 发送/接收器嵌有虚拟网络管理系统。
(7) 支持多种网络连接方式。
(8) 提供 MOST 设备标准。
(9) 具有方便简洁的应用系统界面。
(10) MOST 总线不像 CAN 总线那样只传输控制数据和传感器数据，它还能传输数字音频信号和视频信号图形以及其他数据服务。

4.1.3 MOST 的基本概念

(1) MOST 数据通道(Channel)。在 MOST 网络中，信息以帧格式传送，一个帧又划分为一些数据段。总线上不断传送的信息帧的相同数据段连续不断地传送着某种信息，构成了这种信息的一个数据通道。

(2) 通道带宽(Bandwidth)。在网络物理介质上的信息传输率一定时，MOST 网络中一个数据通道的信息传输速度由这个数据通道在一帧中所占用的数据段字节数据决定。字节数越多，单位时间传输的数据越多，速度也就越快。MOST 网络在一帧中分配给一个通道的字节数就是这个通道的带宽。

(3) MOST 设备(Device)。MOST 设备可是人机接口、音像设备、键盘以及控制开关等任何可以连接到 MOST 网络上的装置。

(4) MOST 功能(Function)和功能块(Function Block)。在 MOST 的应用层，一个设备可以有多个实现一定应用目的组件，如放大器、调音器、CD 唱机等，它们称为功能块。MOST 的"功能"指功能块的一些可以由外界访问的属性或操作。

(5) 从功能块(Slave)、控制功能块(Controller)和人机接口功能块(Human-Machin Interface，HMI)。只能接受其他功能块的操作，而不能对其他功能块施行操作的功能块称为从功能块。能够对其他功能块施行操作的功能块称为控制功能块。具有人机界面的功能块称为人机接口功能块。

(6) 属性(Property)。属性是指功能块或设备的一些可以被访问的参数，如温度、音量、口令等。属性一般用变量表示。

(7) 方法(Method)。在 MOST 协议中，方法是指施加于功能块的某种操作，功能块发出的一个方法请求可以带有执行这个操作需要的一些参数。当一个功能块发出一个方法请求后，被请求的功能块就会启动相关的处理过程。如果请求的操作过程不能被完成，接收到这个请求的功能块将返回给发出请求的功能块一个错误信息；如果请求的操作过程顺利完成，接收到方法请求的功能块在完成相应的过程后，将向发出请求的功能块发送一个有关执行情况的信息。

(8) 事件(Event)。一个功能块的一些属性可能在没有外部请求的时候也会发生一些变化，这就是所谓的事件，如 CD 播放的延续时间、设备状态变化等。当一个功能块使用的其他功能块的参数需要不断被刷新时,它就会不断地发出读取请求,以便获得这个参数的当前状态(这种过程会占用大量的带宽资源)。如果功能块没有得到请求,在一些事件发生(参数发生变化)时也能自动发送信息,这样就会减少需要通过网络传输的信息量,降低网络通信负担。

(9) 功能间的接口。为了使用一个功能,一个控制功能块或人机接口功能块必须知道这个功能需要的参数,可以进行的操作以及参数类型和限制等方面的知识。功能接口提供调用它时这些信息的描述,是这个功能与使用它的功能块间的界面。功能接口的定义通常在使用一个设备时是已知的,也可以通过人机接口动态配置。在系统运行中,功能接口的参数可能发生变化。在这种情况发生时,新的定义将被通知到所有使用这个功能的功能块。

4.2 MOST 总线协议

4.2.1 MOST 数据的类型

在 MOST 网络中,传输的信息有同步数据、异步数据和控制数据 3 种类型。这 3 类数据分别由一个信息帧的同步数据域、异步数据域和控制数据域传送,如图 4.1 所示。

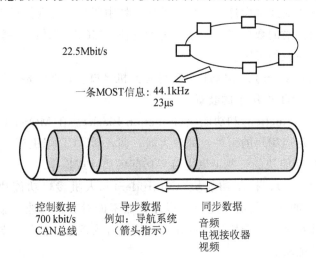

图 4.1 MOST 的数据(信息)组成

同步数据域用于传输实时数据,数据的访问采用分时多路复用(Time Division Multiplexing,TDM)方式。在一个帧中异步传输用于传送大块的数据。异步数据以令牌环的方式访问。控制数据域传输媒体控制和其他控制用数据。控制通道的协议采用载波监听多路复用(Carrier Sense Muccess,CSMA)访问方式。

4.2.2 MOST 基本结构和原理

1. MOST 节点结构

MOST 标准的节点结构模型如图 4.2 所示。MOST 网络可以连接基于不同内部结构和内部实现技术的节点。它的拓扑结构可以是环形网或星形网或菊花链。MOST 网络上的设备分享不同的同步和异步数据传输通道,不同类型的数据具有不同的访问机制。

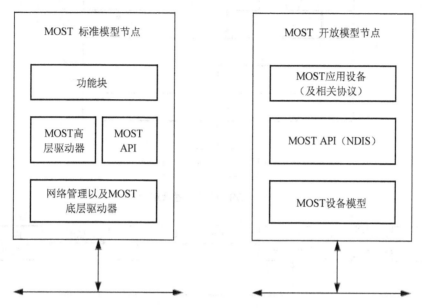

图 4.2 MOST 节点结构模型

MOST 网络有集中管理和非集中管理两种管理模式。集中管理模式中,管理功能由网络上的一个节点实施;当其他节点需要这些服务时,必须向这个节点申请。非集中管理模式中,网络管理分布在网络上的节点中,不需要这种中心管理。

一个 MOST 网络系统由 MOST 连接机制、MOST 系统服务和 MOST 设备 3 个方面决定。MOST 网络启动时为每一个网上设备分配一个地址;数据传输时,通过同步位流实现各节点的同步。

2. MOST 设备

连接到 MOST 上的任何应用层部分都是 MOST 设备。因为 MOST 设备是建立在 MOST 系统服务层上的,它可以应用 MOST 网络提供的信息访问功能以及位流传送的同步频道和数据报文异步传送功能。它可以向系统申请用于实时数据传送的带宽,同时还可以以报文形式访问网络和发送/接收控制数据。MOST 网络中,在网络管理系统的控制下,这些设备可以协同工作,它们之间可以同时传送数据流,控制信息和数据报文。

如图 4.3 所示,逻辑上,一个 MOST 设备包括节点应用功能块、网络服务接口、发送/接收器以及物理层接口。一个 MOST 设备可以有多个功能块,如使用 CD,需要有"播放"、"停止"以及"设置播放时间"等功能。这些功能对于 MOST 设备来说是外部可访问的。

典型 MOST 设备的硬件结构如图 4.4 所示。其中 RX 表示输入信号,TX 表示发送信号,Ctrl 表示控制信号,在一些简单的设备中,可以没有微控制器部分,由 MOST 功能模块(MOST 发送/接收器)直接把应用系统连到网络上。

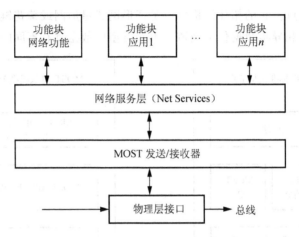

图 4.3　MOST 设备的逻辑结构

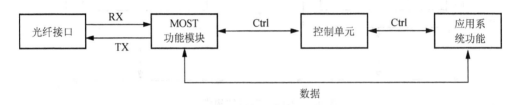

图 4.4　MOST 设备的硬件结构

3. 多媒体网络的原理

多媒体网络的一个基本特征是它不像 CAN 总线和 I-Bus 仪表总线那样只传输控制数据和传感器数据,它还能传输数字音频信号和视频信号图形以及其他数据。其原理如图 4.5 所示。

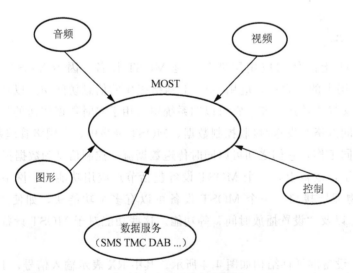

图 4.5　多媒体网络的原理

控制数据和传感器数据与数字音频信号和视频信号系统最大的区别在于数据容量。数字音频信号和视频信号的数据容量非常大(15Mbit/s),采用高速的 CAN(1Mbit/s)也无法及时、快速传递。

MOST 目前提供的带宽为 22.5Mbit/s。为了满足数据传输的各种不同要求，每一个 MOST 信息分为控制数据、异步数据和同步数据 3 部分。

4.3 奥迪车系 MOST 数据总线系统结构原理与检修

4.3.1 奥迪 MOST 数据总线系统概述

CAN 总线系统的最高数据传送率为 1Mbit/s。因此，只能用 CAN 总线系统来传送控制信号，像视频和音频这样的信息只能用模拟信号的形式传送，如图 4.6 所示。这种传送形式增加了使用导线的范围。

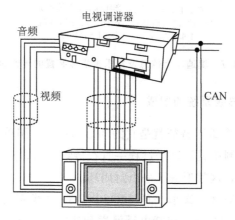

图 4.6 视频和音频的模拟信号传送方式

2003 款奥迪 A8 上首次使用了光学数据总线系统，该数据总线系统起源于"面向媒体的系统传送（MOST）合作组织"，这是一个由各种汽车制造厂及他们的供货商和软件公司组成的协会。其目的是要开发出一个标准的高速数据传送系统，而"面向媒体的系统传送"代表一个以媒体为本的数据传送网络。这意味着与 CAN 数据总线相反。

这一技术被用在奥迪汽车上传送文娱新闻的系统数据。文娱新闻系统提供了 DVD（数字化视频光盘）视频、DAB-数字式无线电、电话远程信息处理技术、CD/DVD 导航系统、中央显示器和控制、MD/CD 音频、国际互联网电子邮件、电视信息和娱乐媒介。光学数据传送是传播复杂的文娱新闻系统的适当手段，因为当前使用的 CAN 数据总线发送数据的速度不够快，所以不能满足大量数据传送的要求。传送视频和音频信息需要很高的传送率，传送立体声的数字式电视信号需要约 6Mbit/s 的传送率。MOST 总线允许的传送率可达 22.5Mbit/s。图 4.7 所示为奥迪车上的各种信息及娱乐多媒体装置的传输速率。

光学 MOST 总线可以在相关的部件之间以数字的形式交换数据。MOST 总线除了具有使用较少导线和重量较轻的优点之外，其光波传送具有极高的数据传送率。与无线电波相比，光波的波长很短，它不仅不产生电磁干扰波，而且对电磁干扰波也不敏感。这些因素使得光波具有很高的数据传送率和高级别的抗干扰性能。

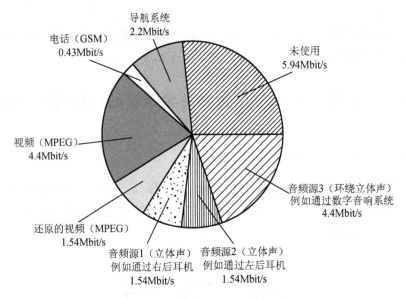

图 4.7 奥迪车上信息及娱乐多媒体装置的传输速率

4.3.2 奥迪 MOST 数据总线系统的组成

MOST 总线系统的一个重要特征就是它的环形结构。控制单元通过光导纤维沿环形方向将数据发送到下一个控制单元，这个过程一直在持续进行，直到首先发出数据的控制单元又接收到这些数据为止，这就形成了一个封闭环。

图 4.8 所示为奥迪 A6 05 款车上的 MOST 数据总线系统，由图中可以看出通过 MOST 数据总线相连接的控制单元包括电话发送和接收器 R36、电话 Telematik J526、带

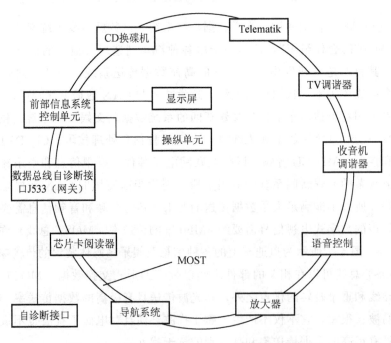

图 4.8 奥迪 A6 05 款车上的 MOST 数据总线系统

CD 机的导航系统 J401、TV 调谐器 R78、收音机 R 和语音输入 J507、数字式音响包 J525、CD 换碟机 R41、数据总线诊断接口 J533 和前部信息显示和操控单元 J523 等。每一个与 MOST 数据总线相连接的控制单元内部都设置了信号的收发装置和其他装置。

4.3.3 MOST 总线控制单元的内部结构

MOST 总线控制单元由光导纤维—光导插头、电气插头、内部供电装置、收发单元—光导发射器(FOT)、MOST 收发机、标准微控制器(CPU)和专用部件等组成，如图 4.9 所示。

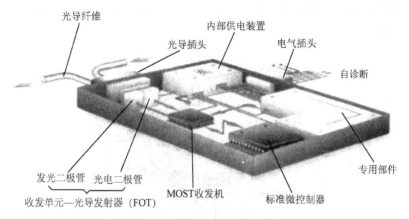

图 4.9 MOST 总线控制单元的内部结构

1. 光导纤维—光导插头

光信号通过光导纤维—光导插头进入控制单元，或控制单元产生的光信号通过光导纤维—光导插头传往下一个总线用户。

2. 电气插头

该插头用于供电、环断裂自诊断以及输入/输出信号。

3. 内部供电装置

由电气插头送入的电再由内部供电装置分送到各个部件。这样就可单独关闭控制单元内某一部件，从而降低静态电流。

4. 收发单元—光导发射器(FOT)

收发单元—光导发射器(FOT)由一个光电二极管和一个发光二极管构成，如图 4.10 所示。到达的光信号由光电二极管转换成电压信号后传至 MOST 收发机。发光二极管的作用是把 MOST 收发机的电压信号再转换成光信号，产生出光波波长为 650nm 的可见红光，如图 4.11 所示。数据经光波调制后传送。调制后的光经由光导纤维传到下一个控制单元。

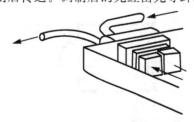

图 4.10 收发单元—光导发射器

图4.11　发光二极管产生的光信号

光电二极管内有一个PN结,光可以照射到这个PN结上,如图4.12所示。由于P型层很厚,绝缘层只能刚刚够得到N型层。在P型层上有一个触点——正极,N型层与金属底板(负极)接触。

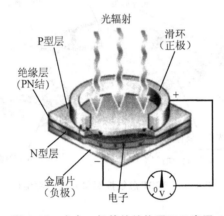

图4.12　光电二极管的结构原理示意图

如果光或红外线辐射照到PN结上,就会产生自由电子和空穴,从而形成一个穿越PN结的电流。也就是说,作用到光电二极管上的光越强,流过光电二极管的电流就越大。这个过程称为光电效应。

光电二极管反向与一个电阻串联。如果由于照射光强度增大,流过光电二极管的电流增大,那么电阻上的压降也就增大了,于是光信号就被转换成电压信号。图4.13和图4.14所示为射入PN结上的光强度弱和强时,串联电阻上的电流和电压的变化。

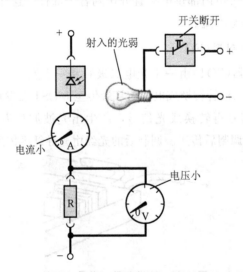

图4.13　射入PN结上光强度弱时的电流和电压

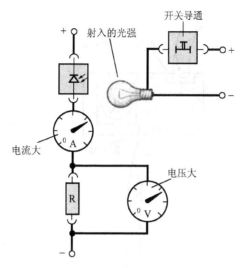

图 4.14 射入 PN 结上光强度强时的电流和电压

5．MOST 收发机

MOST 收发机由发射机和接收机两个部件组成。发射机将要发送的信息作为电压信号传至光导发射器。接收机接收来自光导发射器的电压信号并将所需的数据传至控制单元内的"标准微控制器"(CPU)。其他控制单元不需要的信息由收发机来传送，而不是将数据传到 CPU 上，这些信息原封不动发至下一个控制单元。

6．标准微控制器(CPU)

标准微控制器(CPU)是控制单元的核心元件，它的内部有一个微处理器，用于操纵控制单元的所有基本功能。

7．专用部件

这些部件用于控制某些专用功能，例如 CD 播放机和收音机调谐器。并不是所有的控制单元都有专用部件。

4.3.4 光导纤维

光导纤维被设计成能够把一个控制单元发射器产生的光波传送至另一个控制单元的接收器。如图 4.15 所示。

光导纤维的开发是以下列标准为基础的。

(1) 光波以直线的形式运动而且不能被弯曲，在光导纤维的弯道处，必须对光波进行合理引导。

(2) 发射器和接收器之间的距离可能是几米，光信号会产生衰减。

(3) 光导纤维必须不易因机械性冲击(如振动，装配作业等)而损坏。

(4) 尽管汽车内的温度变化很大，但是光导纤维必须能可靠地工作满足光导纤维的技术条件，从而能被用来传送光信号。

(5) 光导纤维必须能够传导光波并且衰减很小。

(6) 光导纤维必须是柔软的。

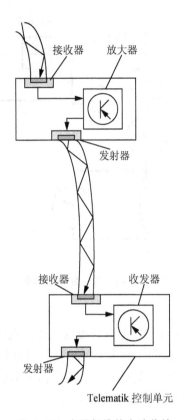

图 4.15 光导纤维的光波传输

(7) 光导纤维必须能够在 40～85℃ 的温度范围内可靠地工作。

汽车用光导纤维的结构及工作原理等介绍如下。

1. 光导纤维的结构

光导纤维由几层材料组成，如图 4.16 所示。内芯线是光导纤维的中心部分，它由聚甲基丙烯酸甲酯组成，是真正的光导体。由于全反射原理，当光穿过它时几乎没有任何损耗。全反射需要在内芯线外面使用光学上透明的含氟聚合物的覆盖层。黑色聚酰胺覆盖层保护内芯线，阻止外部入射光的射入。彩色覆盖层用于进行识别，防止发生机械损伤并起到热保护的作用。

图 4.16 光导纤维的结构

为了最大限度地减小传送损失，光导纤维的端面必须光滑、垂直和清洁。只有使用专用的切割工具才能达到上述要求，切割面上的污垢和刮痕会使光波产生很高的损耗（衰减）。光学端面通过内芯线的端面，光被传送到控制单元中的发射器/接收器。

2. 光导纤维中光波的传送

（1）笔直的光导纤维。光导纤维以直线方式在内芯线中传导部分光波，如图 4.17 所示。大多数光波被以 Z 形图案传送，其结果是在内芯线的表面产生了全反射。

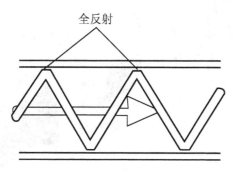

图 4.17　光波在直的光导纤维中的传送

（2）弯曲的光导纤维。发生在内芯线覆盖层边缘的全反射使得光波被反射，从而被传导通过弯曲处，如图 4.18 所示。

图 4.18　光波在弯的光导纤维中的传送

（3）全反射。如果一束光线以较小的角度撞击在折射率分别较高和较低材料之间的边界层上，光束就会被完全地反射，也就是说发生了全反射。在一根光导纤维中，内芯线的折射率比它的覆盖层高，因此内芯线的内部会发生全反射，这一作用取决于从内部撞击边界的光波的角度。如果这个角度太陡峭，光波就离开内芯线并产生很高的损耗；如果光导纤维被过度弯曲或扭绞，就会发生这种情况，如图 4.19 所示。故光导纤维的弯曲半径决不能小于 25mm。

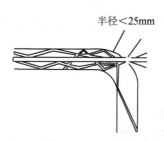

图 4.19　光导纤维的曲率半径过小时的光波传送

3. 光导纤维的插头

汽车上使用专门的光学插头来连接光导纤维与控制单元，如图 4.20 所示。插头上的一个信号方向箭头表明（至接收器的）输入端，插头外壳形成与控制单元的连接。

在生产过程中，光导纤维上被安装了激光焊接的塑料套圈或压接式的黄铜套圈，因此它能够被固定在插头外壳中的正确位置。

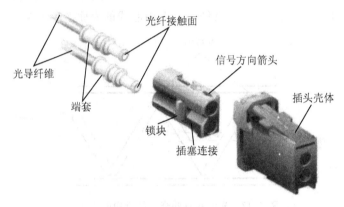

图 4.20　光导纤维的插头

4. 光导纤维中的信号衰减

光导纤维状态的评定包括测量它的衰减度。传送过程中发生的光波的功率下降被称为衰减，衰减率（A）用分贝（dB）表示。分贝并不是一个绝对数量，而是代表两个数值之比。这也就解释了为什么不能用特定的物理量来定义分贝。例如，分贝也被用作声压或音量的单位。在进行衰减测量时，这个数值是根据传送功率与接收功率之比的对数计算出来的，即 $A=10\times\lg$（传送功率/接收功率）。

例如：

$$10\times\lg\frac{20W}{1W}=3dB$$

这意味着对于衰减率为 3dB 的光导纤维，它的光信号功率下降为一半。换句话说衰减率越高，信号传送就越差。如果传送光信号涉及到几个部件，那么必须把这几个部件的衰减率相加，从而计算出总衰减率，这就如同计算几个串联的电气部件的电阻一样。因为在 MOST 总线中，每个控制单元都会传送光波，所以两个控制单元之间的总衰减率是有意义的。

5. 光学数据总线中衰减增加的原因

(1) 光导纤维弯曲半径太小，光导纤维的弯曲半径小于 5mm（扭绞）使得内芯线在弯曲点产生出阴影（与弯曲的有机玻璃相比较），必须更换光导纤维。

(2) 光导纤维的覆盖层损坏。

(3) 端面刮伤。

(4) 端面变脏。

(5) 端面移位（插头外壳破裂）。

(6) 端面不成直线（角度误差）。

(7) 光导纤维的端面和控制单元的接触面之间有缝隙(插头外壳破裂或未啮合)。

(8) 套圈未正确地压接。

6. 光导纤维的使用和维护

在铺设光导纤维时,要求安装防弯折装置(波形管),如图 4.21 所示,用以保证最小 25mm 的曲率半径。

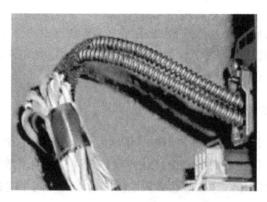

图 4.21 光导纤维的防弯折装置

不允许用下述方法维护光导纤维及其构件:(1)热处理之类的维修方法,如钎焊、热粘结及焊接;(2)化学及机械方法,如粘贴、平接对接;(3)将两条光导纤维线绞合在一起,或者将一根光导纤维与一根铜线绞合在一起;(4)包层上打孔、切割、压缩变形等,另外装入车内时不可有物体压到包层;(5)端面上不可有脏污,如液体、灰尘、工作介质等,只有在插接和检测时才可小心地取下保护盖;(6)在车内铺设时不可打结,更换光导纤维时注意其正确的长度。

4.3.5 MOST 总线系统状态

MOST 总线系统的状态主要有休眠模式、备用模式和通电模式 3 种。

1. 休眠模式

处在休眠模式时 MOST 总线内没有数据交换,装置处于待命状态,只能由系统管理器发出的光启动脉冲来激活。此时,静态电流被降至最小值。

在满足下述 3 个条件的情况下 MOST 总线系统进入休眠模式:(1)MOST 总线系统上的所有控制单元都已准备好要切换到休眠状态;(2)其他总线系统没有通过网关提出任何要求;(3)自诊断未激活。

在休眠状态下,如果 MOST 总线检测到启动状态且蓄电池放电或通过自诊断仪器激活"传输模式",系统会从休眠状态被激活。

2. 备用模式

处在备用模式时的 MOST 总线无法为用户提供任何服务,给人的感觉就好像是系统已经关闭一样。这时 MOST 总线系统在后台运行,但所有的输出介质(如显示屏、收音机放大器等)都不工作或不发声。

在满足下述条件的情况下 MOST 总线系统进入备用模式：(1)由其他数据总线通过网关激活，如司机车门的开锁/开门、点火开关接通等；(2)由 MOST 总线上的某个控制单元来激活，如打入的电话。

3. 通电模式

MOST 总线处在通电模式时，控制单元完全接通，MOST 总线上有数据交换，用户可使用所有功能。

在满足下述条件的情况下 MOST 总线系统进入通电模式：(1)MOST 总线处于备用状态；(2)其他数据总线通过网关激活，如显示屏工作；(3)通过用户的功能选择来激活，如通过多媒体操纵单元 E380。

4.3.6　MOST 总线系统的信息帧

系统管理器以 44.1kHz 的脉冲频率向环状总线上的下一个控制单元发送信息帧（Frames）。由于使用了固定的时间光栅，脉冲频率允许传递同步数据。同步数据传递如声音和动态图像（视频）等信息，这些信息必须以相同的时间间隔来发送。44.1kHz 这个固定的脉冲频率与数字式音频装置（如 CD 机、DVD 机、DAB 收音机）的传递频率是相同的，这样就可以将这些装置连接到 MOST 总线上了。

一个信息帧的大小为 64B，可分成起始区、分界区、数据区、第一校验字节、第二校验字节、状态区和奇偶校验区 7 个部分，如图 4.22 所示。

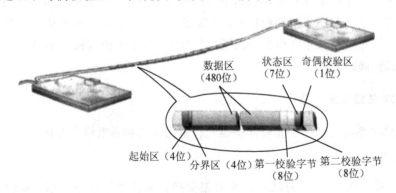

图 4.22　信息帧的结构

1. 起始区

起始区表示一个信息帧的开始，每段信息帧都有自己的起始区。

2. 分界区

分界区用于区分起始区和紧跟着的数据区。

3. 数据区

MOST 总线在数据区最多可将 60B 的有效数据发送到控制单元。

数据分为两种类型，声音和视频作为同步数据，图片、用于计算的信息及文字作为异步数据，如图 4.23 所示。数据区的分配是可变的，数据区的同步数据在 24~60B 之间，同步数据的传递具有优先权。异步数据根据发射器/接收器的地址（标识符）和可用异步总容量，以 4B 为一个数据包被记录并发送到接收器上。

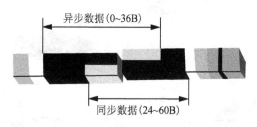

图 4.23 数据的两种类型

4．两个校验字节

两个校验字节传递发射器/接收器地址（标识符）和接收器的控制指令（如放大器声大/声小）等信息。一个信息组中的校验字节在控制单元内汇成一个校验信息帧。一个信息组中有 16 个信息帧。校验信息帧内包含有控制和诊断数据，这些数据由发射器传送到接收器，称之为根据地址进行的数据传递。例如前部信息控制单元（发射器）给放大器（接收器）发送声音大小信号（控制信号）。

5．状态区

信息帧的状态区包含用于给接收器发送信息帧的信息。

6．奇偶校验区

奇偶校验区用于最后检查数据的完整性，该区的内容将决定是否需要重复一次发送过程。

4.3.7 MOST 总线的功能流程

1．系统启动（唤醒）

如果 MOST 总线处于休眠模式，那么首先须通过唤醒过程将系统切换到备用模式。如果某一控制单元（系统管理器除外）唤醒了 MOST 总线，那么该控制单元就会向下一个控制单元发射一种专门调制的光（称为伺服光）。环状总线上的下一个控制单元通过在休眠模式下工作的光电二极管接收这个伺服光并将此光继续下传。该过程一直进行到系统管理器为止，系统管理器根据传来的伺服光识别是否有系统启动的请求。然后系统管理器向下一个控制单元发送一种专门调制的光（称为主光）。这个主光由所有的控制单元继续传递，光导发射器（FOT）接收到主光后，系统管理器就可识别出环形总线现在已经封闭了，可以开始发送信息帧了。

如图 4.24 所示，当无线遥控器向中央门锁控制单元发送开锁信号后，中央门锁控制单元就会向数据总线诊断接口（网关）发射伺服光。数据总线诊断接口（网关）通过在休眠模式下工作的光电二极管来接收这个伺服光并将此光继续下传到系统管理器，系统管理器根据传来的伺服光来识别是否有系统启动的请求。然后系统管理器向下一个控制单元发送主光。这个主光由所有的控制单元继续传递，当光导发射器（FOT）接收到主光后，系统管理器就可识别出环形总线现在已经封闭了，总线系统就被唤醒，如图 4.25 所示。

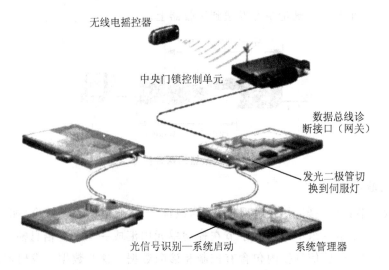

图 4.24　MOST 总线系统的唤醒过程 1

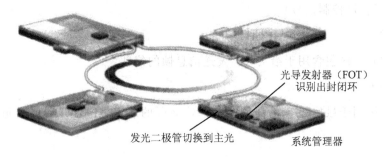

图 4.25　MOST 总线系统的唤醒过程 2

首批信息帧要求 MOST 总线上的控制单元提供标识符。系统管理器根据标识符向环形总线上的所有控制单元发送实时顺序(实际配置)，于是就可以进行根据地址进行数据传递了。诊断管理器将报告上来的控制单元(实际配置)与一个所安装的控制单元存储表(规定配置)进行对比。如果实际配置与规定配置不相符，诊断管理器就会存储相应的故障。这时唤醒过程就结束，可以开始数据传递了，如图 4.26 所示。

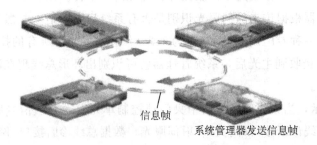

图 4.26　MOST 总线系统发送信息帧

2. 音频和视频作为同步数据的传递

以奥迪 A8 03 型车上播放音乐 CD 为例，用户通过多媒体操纵单元 E380 和信息显示单元 J685 来选择 CD 上的曲目。操纵单元 E380 通过一根数据线将控制信号传给前部信息控制单元 J523 系统管理器。然后系统管理器在不断发送的信息帧内加入一个带有以下校验数据的信息组(16 帧)，如图 4.27 所示。

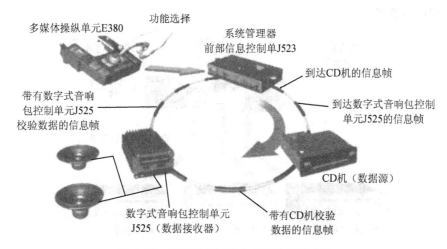

图 4.27　音频和视频作为同步数据的传递

(1) 发射器地址：前部信息控制单元 J523，环形位置 3。
(2) 数据源的接收器地址：CD 机，环形位置 3(取决于装备情况)。
(3) 控制指令：播放第 10 个曲目，分配传送通道。

CD 机(数据源)确定数据区中有哪些字节可以用于传送它的数据，然后加入带有以下校验数据的信息组。

(1) 信息源发射器地址：CD 机，环形位置 3(取决于装备情况)。
(2) 系统管理器的接收器地址：前部信息控制单元 J523，环形位置 1。
(3) 控制指令：CD 的数据传送到通道 01、02、03、04(立体声)。

前部信息控制单元 J523 用带有以下校验数据的信息组。

(1) 发射器地址：前部信息控制单元 J523，环形位置 1。
(2) 接收器地址：数字式音响包控制单元 J525，环形位置 2(取决于装备情况)。
(3) 控制指令：读出通道 01、02、03、04 并通过扬声器播出，进行当前的音响效果设定，如音量、前后音量平衡、左右音量平衡、低音、高音、中音、关闭静音切换等。控制指令向数字式音响包控制单元 J525(数据接收器)发出播放音乐的指示。CD 上的数据先被保存在数据区，直至信息帧经环形总线又到达 CD 机(数据源)为止。这时这些数据就被新的数据所取代，该循环又重新开始。

这样可使得 MOST 总线上的所有输出装置(音响包、耳机)都可使用同步数据。系统管理器通过发送相应的校验数据来确定哪个装置使用数据。

3．同步传递的数据管理

1) 传递通道

音频和视频的传递需使用每个数据区的数个字节。数据源会根据信号类型预定一些字节，这些已被预定的字节就称为通道。一个通道包含一个字节的数据。

2) 传递通道的数量

不同的信号，其通道数量是不一样的。如图 4.28 所示，单声道为 2 个通道，立体声为 4 个通道，环绕立体声为 12 个通道。通过这种预定通道的方式，多个数据源的同步数据就可以同时传递了。

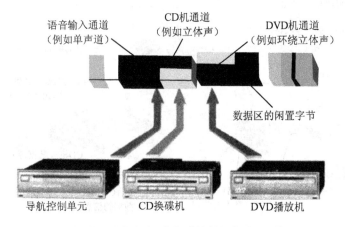

图 4.28　同步传递的数据管理

4．图片、文本和功能作为异步数据的传递

如图 4.29 所示，导航系统的地图显示、导航计算、互联网和 E-mail 等是按异步数据传递的。异步数据源是以不规则的时间间隔来发送这些数据的。为此每个数据源将其异步数据存储到缓冲寄存器内，然后数据源开始等待，直至接收到带有接收器地址的信息组。

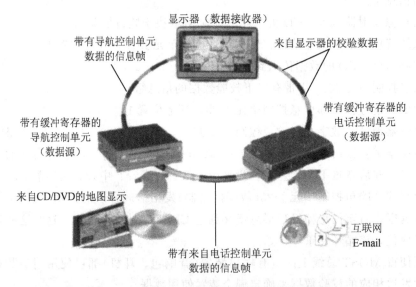

图 4.29　图片、文本和功能作为异步数据的传递

数据源将数据记录到该信息组数据区的空闲字节内。记录是以每 4 个字节为一个数据包的形式进行的。接收器读取数据区中的数据包并处理这些信息。异步数据停留在数据区，直至信息组又到达数据源。数据源从数据区提取数据，在合适的时候用新数据取代这些数据。

4.3.8 MOST 数据总线检修

1. 环形结构中断的故障诊断

由于采用了环形结构,某一个 MOST 数据总线位置上数据传送的中断就被称为环形结构中断。引起环形结构中断的可能原因是:光纤中断;发射机或接收机控制单元的电源发生故障;发射机或接收机控制发生故障。

环形结构中断后就不能在 MOST 数据总线中进行数据传送,所以要借助于诊断导线来执行环形结构的故障诊断。可以通过中央接线连接装置将诊断导线连接至 MOST 数据总线中的每一个控制单元,见图 4.30。环形结构中的中断位置必须通过执行环形结构的故障诊断来确定,环形结构的故障诊断是诊断管理器执行的最终控制诊断的一部分。

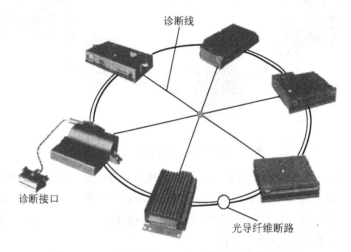

图 4.30 环形中断和 MOST 总线系统的诊断导线

环形结构中断的后果有如下几方面。
(1) 不能播放音频与视频。
(2) 不能用多媒体操作单元进行控制和调整。
(3) 诊断管理器的故障存储器中存储故障信息(光导数据总线中断)。

启动环形结构的故障诊断后,诊断管理器向每个控制单元传送一个脉冲,这个脉冲使得所有控制单元借助于它们在 FOT 中的传送单元传送光信号。在此过程中,所有控制单元一方面检查它们的电源和内部的电气功能,另一方面接收来自环形结构中前一个控制单元的光信号。每一个 MOST 数据总线的控制单元在软件规定的时间长度内作出应答,环状结构故障诊断的开始和控制单元应答的时限使得诊断管理器能够识别出是否已经作出了应答。环形结构故障诊断启动后,MOST 数据总线的控制单元传送出如下两条信息。
(1) 控制单元的电气系统正常,即控制单元的电气功能正常(例如电源正常)。
(2) 控制单元的光导系统正常,它的光敏二极管接收到环形结构中前一个控制单元的光信号。

这些信息告诉诊断管理器系统中是否存在电气故障(电源故障),或哪一些控制单元之间的光学数据传送中断了。

2. 衰减增加时环形结构的故障诊断

环形结构的故障诊断只能检测数据传送的中断，诊断管理器的最终控制诊断功能也包括用于检测衰减增加导致光功率下降的环形结构故障诊断。功率下降时的环形故障诊断的过程与上面描述的基本相同，见图4.31。

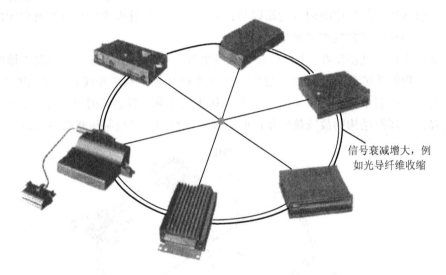

图4.31　光导纤维信号衰减增大

控制单元用衰减度为3dB的方式，即光功率减少一半，打开它们在FOT中的发光二极管。如果光导纤维的衰减增加了，到达接收机的光信号的强度就会不够强，接收机就会发出"光学问题"的信号。这时诊断管理器就会识别出故障位置，并在诊断测试仪的引导性故障查询中存储一条相应的故障信息。

项 目 小 结

(1) MOST是专为在车辆中使用而开发的一种多媒体应用通信技术，它利用一根光纤，最多可以同时传送15个频道的CD质量的非压缩音频数据。在一个局域网上，它最多可以连接64个节点(装置)。

(2) 在MOST网络中传输的信息有同步数据、异步数据和控制数据3种类型。这3类数据分别由一个信息帧的同步数据域、异步数据域和控制数据域传送。

(3) MOST总线系统的一个重要特征就是它具有环形结构。控制单元通过光导纤维沿环形方向将数据发送到下一个控制单元，这个过程一直在持续进行，直到首先发出数据的控制单元又接收到这些数据为止，形成一个封闭环。

(4) MOST总线控制单元由光导纤维—光导插头、电气插头、内部供电装置、收发单元—光导发射器(FOT)、MOST收发机、标准微控制器(CPU)和专用部件等组成。

(5) MOST 总线系统的状态主要有休眠模式、备用模式和通电模式 3 种。

(6) 一个 MOST 信息帧的大小为 64B,可分成起始区、分界区、数据区、第一校验字节、第二校验字节、状态区和奇偶校验区 7 个部分。

(7) 引起 MOST 环形结构中断的可能原因是:光纤中断;发射机或接收机控制单元的电源发生故障;发射机或接收机控制发生故障。

 故障实例 4-1

故障现象:奥迪 A6L 轿车,用开关将 MMI 系统打开后,显示屏短时亮起,然后自动关闭。

故障排除:通过了解 MMI 系统及 MOST 工作原理,根据现象可初步判断为系统中某控制单元存在光学或电气故障,于是先用故障查询指南进行"断环诊断",结果显示"媒体播放器 1 即 CD 播放器 R41、音响控制单元 J525"存在光学故障。经查找电路图,此车 MOST 系统结构如图 4.32 所示。

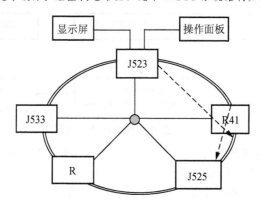

图 4.32 奥迪 A6L 轿车 MOST 系统结构图

然后用 VAS6186 逐一将两个控制单元替换,都不能排除故障,说明故障没出在控制单元上,而可能出在光纤上,于是仔细检查与两个控制单元相连的光纤插头,结果发现 R41 上插头进出口装反(光纤入口在操作 MMI 开关时会短时发光),这样会造成 R41 和 J525 都接收不到光学信号,所以显示二者都有故障,将插头装复后系统恢复正常。

 故障实例 4-2

故障现象:奥迪 A6L 轿车,用开关将 MMI 系统打开后,显示屏短时亮起,然后自动关闭。

故障排除:先进行 MOST 系统自诊断,无法进入,且网关里存储 MOST 光纤断路故障,然后进行"断环诊断"测试,显示媒体播放器 1—R41 有电气故障,根据故障查询指南中的提示,引起电气故障的原因有 3 种:无供电、断环诊断线故障、控制单元损坏。用万用表测量其供电、搭铁正常,诊断线上的电压为 0V,而正常时在未进行断环诊断的情况下应为 12V,经检查发现该线在其中央接点与 R41 之间断路,将其恢复后检查 MMI 仍无功能;重新进行断环诊断,电气检测正常,又出现 R36 光学故障,用 VAS6186 将其替换,仍无效;于是着重检查其上一级控制单元 R41 的输出信号,结果发现 R41 出口光纤的端面有障碍物,将其清除,功能恢复正常。

经分析,R41 能正常发光,但 R36 未收到,故显示后者故障;断环诊断线断路会在执行诊断时出现电气故障,但不会影响 MMI 功能,而且无故障存储。故障部位如图 4.33 所示。

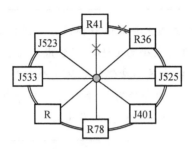

图 4.33 故障部位示意图

 故障实例 4-3

故障现象：奥迪 A6L 3.0L 轿车，多功能转向盘不能用。

故障排除：用 VAS5052 诊断无故障，多功能转向盘可以对 MMI 系统进行音量调节、改变曲目（如在 CD 播放时），功能流程图如图 4.34 所示。

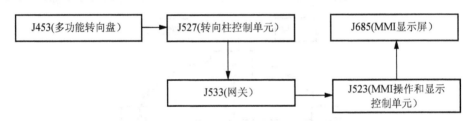

图 4.34 多功能转向盘功能流程图

多功能转向盘通过 LIN 线传输数据到 J527，J527 通过舒适 CAN 线传输数据到 J533，J533 通过 MOST 传输数据到整个信息娱乐系统。

首先从 J527 读取 J453 的按钮信息，显示正常；舒适总线功能正常；MOST 正常。怀疑故障在 MOST 系统管理器 J523 上，而元件本身损坏的可能性不大。当某项功能不能实现时，应考虑软件因素（元件保护、控制单元编码、基本设定、匹配），随后对 J523 进行编码检查，为 9（中国型）。对匹配值进行检查，01 通道未给多功能转向盘进行匹配。重新匹配 01 通道、111 通道（J523 重新编码，匹配后要进行系统重启），故障排除。

习　题

1. 简要说明 MOST 的概念和特点。
2. MOST 总线系统由哪几部分组成？各自的功能是什么？
3. MOST 总线系统对光导纤维有什么要求？
4. 光是如何在光导纤维中传送的？
5. 简述 MOST 总线系统信息帧的组成？
6. MOST 总线系统的典型故障有哪些？
7. 如何用光学诊断仪检测 MOST 总线系统？

项目 5

其他车载网络系统的检修

▶ 项目知识目标

- ◆ 知道 VAN 网络系统、LAN 网络系统、光纤技术和蓝牙技术在汽车上的应用
- ◆ 掌握 VAN、LAN 及光学网络的基本结构和工作原理
- ◆ 掌握 VAN、LAN 及光学网络的故障特点和故障类型

▶ 项目技能目标

- ◆ 能够用示波器、万用表和故障诊断仪等仪器对 VAN、LAN 及光学网络进行检测
- ◆ 能够对检测结果进行分析判断
- ◆ 能够对 VAN、LAN 及光学网络的故障进行修复

> **案例导入**
>
> LG 曾推出过一款支持蓝牙的汽车后视镜,这款汽车后视镜能够通过蓝牙和手机连接,在来电的时候将在镜面中间显示来电号码。除此以外,该后视镜还集成了免提电话功能,可以通过汽车供电,同时也包含一个内置的电池,支持 150 小时待机和 7 小时通话,使用这款后视镜后,驾驶员就不必再冒着撞车的危险低头找电话,只要眼角往上一瞄,就能同时看清谁来电和后方车辆的动向,安全又方便。
>
> 现在已经有很多新的网络技术应用于汽车上,你都知道哪些呢?

5.1 VAN 总线多路传输系统

5.1.1 VAN 的发展

VAN 是车辆局域网(Vehicle Area Network)的简称。该系统是由标致、雪铁龙、雷诺公司联合开发研制的,它主要应用于车身电器设备的控制。VAN 数据总线系统协议是一种只需要中等通信速率的通信协议,尤其适用于车身功能和车辆舒适性功能的管理。实际上,许多功能从发出指令到有所行动都需要反应时间,VAN 数据总线系统的反应时间大约是 100ms。由此可见,这项协议是十分有效的。根据 ISO 标准中的 OSI 模型,VAN 数据总线系统以图 5.1 所示的方法进行分层。

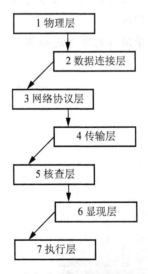

图 5.1 VAN 数据总线系统协议的 OSI 模型分层

5.1.2 VAN 的结构

1. 典型的 VAN 结构

VAN 数据总线系统协议的研发是出于连接各个复杂通信系统的目的,同时也是为了使简单元件和支线连接成总线,以保证网络传输的节奏。VAN 数据总线系统的典型结构如图 5.2 所示。

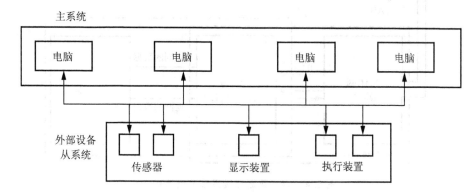

图 5.2　VAN 数据总线系统的典型结构

2. 拓扑

拓扑也就是 VAN 数据总线系统协议所允许的各个电脑之间的排列方式。此时的电脑通常按照总线—树形或者总线—树形—星形的拓扑方式进行相互连接,如图 5.3 所示。

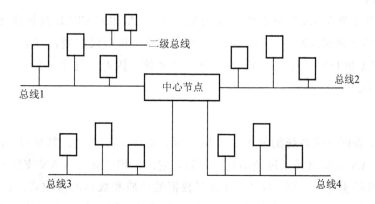

图 5.3　VAN 数据总线系统拓扑

3. 传输媒介

传输媒介是 VAN 网信号传输的物质载体或者非物质载体,对此在 VAN 网标准中并没有强制规定。一般情况下每个电脑只对应一个双绞线型铜线的传输媒介。在此情况之下,这些导线被称为 DATA 和 DATAB。此时,任何一根导线都可以将 VAN 网信息传输到显示屏或者收放机上。

4. 节点结构

一个 VAN 数据总线系统电控单元拥有一个标准接口(VAN 网标准)以便于同其他 VAN 数据总线系统电控单元之间处理信息数据,如图 5.4 所示。这种结构由协议控制器和线路接口两个主要部分组成。

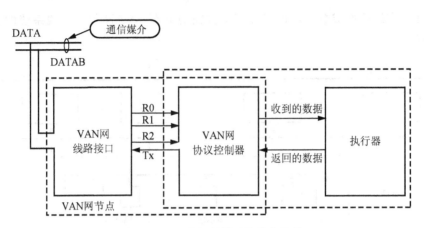

图 5.4　VAN 数据总线系统节点结构

1) 协议控制器

协议控制器(CP VAN)负责实现 VAN 数据总线系统协议中的下述重要功能：(1)VAN 网信息输入和输出的编码/译码；(2)检测到空闲总线之后即进入该总线；(3)冲突管理；(4)错误管理；(5)与微处理器(或者微型控制器)的接口实现运行任务。

2) 线路接口

线路接口负责将 VAN 数据总线系统的信号 DATA 和 DATAB 翻译成无干扰的 R0、R1 和 R2 信号传入协议控制器(CP VAN)。或者相反，将协议控制器(CP VAN)的 Tx 信号翻译成 DATA 和 DATAB 传入 VAN 数据总线系统。因此，这个部件有两个重要作用，就是翻译和保护。

5. 帧结构

一个 VAN 数据总线系统的帧由 9 个域组成，如图 5.5 所示。帧始(Start Of Frame, SOF)域表示 VAN 数据总线系统帧结构的起始，它的作用是允许 VAN 支线外部设备自动适应 VAN 总线的速度；识别(IDEN)域标明数据的性质和数据的接收者。控制(COM)域标明帧的类型(读或写)以及分类传输模式(点对点或者数据发散，也就是说是否需要签收回复命令)；数据(DAT)域包含有用的信息；控制(CRC)域检验 VAN 帧内容的完整性；数据结束(EOD)域标示出数据域的结束和 CRC 的结束；获知(ACK)域用于储存数据接收者的数据的签收回复；帧结束(EOF)域标示出 VAN 帧的结束和组成空余总线的第一部分；帧分区(IFS)域保障帧之间的最小空间，组成空余总线的第二部分。

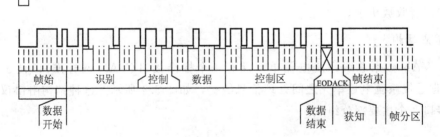

图 5.5　VAN 数据总线系统的帧结构

6. 传输模式

VAN 数据总线系统拥有 3 种可行的传输模式。(1)定时传输模式：VAN 数据总线系统定期向网络传送信息，在此期间必须保证传输时间不是太短，以便于这项信息的接收者有足够时间取舍每条发送的信息；(2)事件传送模式：适用于传输 VAN 数据总线系统信息数据交换(视使用者的行为而定)；(3)混合模式：定时模式和事件模式的混合，它把前面所说的两种模式组合起来使用以便于保证对使用者所有操作有一个最大限度的回应，确保可以随时刷新信息。

7. 进入传输媒介

VAN 数据总线系统电控单元进入传输媒介依靠随机方式和异步方式。简单地说，这种进入可以根据需要和它所执行的本地命令随时进行。此时，协议控制器(CP VAN)应遵守最基本的几项准则。在进入 VAN 数据总线系统时必须先检测它是否空闲。如果总线能够连续读取 12 位的隐性数据即被视为空闲。在这种情况下，不论 VAN 数据总线系统的哪种电控单元都能够传送和接收信息。每个 VAN 电控单元不间断地重新读取和比较它所发出的数据。VAN 数据总线系统按照"与逻辑"的方式运行，以满足以下的功能：如果所有的 VAN 数据总线系统电控单元在总线上同时发送一个 bit 1(隐性)，这一个 bit1(隐性)就会在总线上被重新读取；相反的，如果至少一个 VAN 数据总线系统电控单元在总线上发送一个 bit 0(显性)，即使所有其他电控单元这时在总线上发送一个 bit 1(隐性)，那么也只能在总线上读取到一个 bit 0(显性)。

在两个或者更多的 VAN 数据总线系统电控单元同时进入网络时，会产生冲突，必须要判断优先性。数字灵敏性最弱的电控单元将获得最大优先权，如图 5.6、图 5.7、图 5.8 和图 5.9 所示。

在判断中失利的 VAN 数据总线系统的电控单元将会立刻停止传输，并且等待 VAN 网总线重新空闲以进行新一轮的传送。

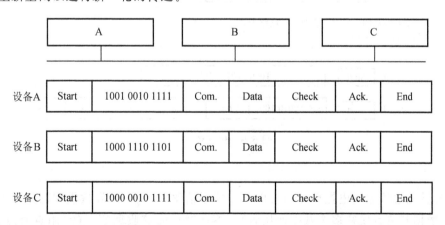

图 5.6　3 个同步发送器判断优先权

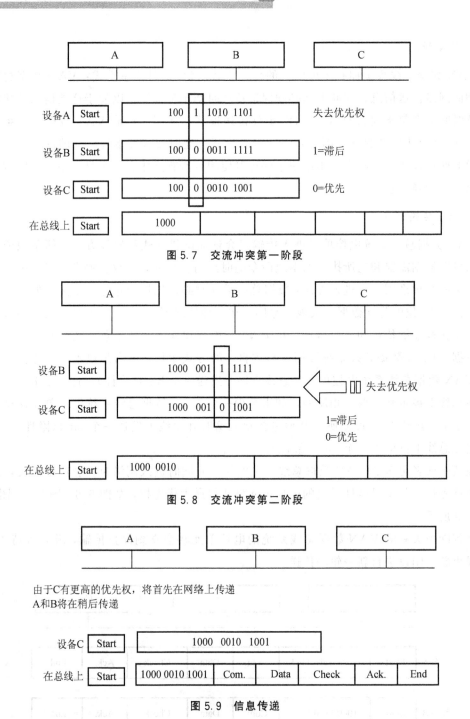

图 5.7　交流冲突第一阶段

图 5.8　交流冲突第二阶段

图 5.9　信息传递

8. 服务

VAN 数据总线系统电控单元拥有以下 4 项通信服务。(1)用发散模式写入数据(将数据从一个数据制造者发往多个数据使用者),不在帧里面签收回复。(2)用点对点模式写入数据(将数据从一个数据制造者发往一个确切的数据使用者),在帧里采用签收回复。(3)数据请求(一个数据使用者向一个数据制造者发出数据请求)。(4)帧中的回应(在同一帧中对一个请求的回应)或者是滞后回应,如果数据制造者没有在提出请求时马上回应。这些服务允许多主控制策略(数据发散服务的使用)和单总线—多支线策略(点对点写入,以及在帧里面请求和回应)。

9. VAN 数据总线系统签收回复

VAN 数据总线系统的签收回复是由数据发送者激活和实现的。事实上,如果最后一个请求与一个确切的电控单元相连接("点对点"模式),它将激活签收回复命令。在这种情况下,单一电控单元将会检测帧的格式是否正确,并回应一个发给它的信息(IDEN 域将进行核实),以产生一个对这个帧的回复。没有涉及此交换的其他电控单元则不产生回复。相反的,如果这最后一个请求与几个电控单元或网络中的电控单元整体相连接,它将取消回复命令。在这种情况下,所有的电控单元将不会产生回复,只有相关电控单元处理这些信息。因此,VAN 数据总线系统协议同样适用于数据发散模式和点对点交换模式。

5.1.3 VAN 的物理层

1. 互补数据对

VAN 的物理层由互补数据对组成(通信媒介是导线形式),其两条线分别叫做 DATA 和 DATAB。在 DATA 线和 DATAB 线上同时传送信息时,DATA 上传送的信息和 DATAB 上传送的信息正好是相反的互补数据对。由于线路中一条线路和另外一条线路比较靠近(就像双绞线型那种情况),电磁半径较小,电磁力互相抵消,并且它受干扰较少,因为 VAN 的物理层入口的差逻辑计算器可以将干扰消除,干扰的消除如图 5.10 所示。总线的基本特征可表达如下。(1)作为帧的传输载体,总线由两条绝缘截面积为 0.6mm² 的铜线组成。(2)这两条线被称为数据线 DATA 和数据线 DATAB,传输着相反的电平信号。(3)为了抵抗总线中帧发射的电磁干扰,这两条线被绞接在一起,呈双绞状。

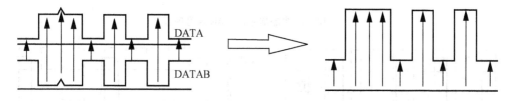

图 5.10 VAN 互补数据对于干扰的消除

2. 电压水平

VAN 互补数据对的电压水平是统一的,信号上升和下降的时间(电平)如图 5.11 所示;示波器显示的 VAN 信号如图 5.12 所示;互补数据对形式的 VAN 信号如图 5.13 所示;VAN 信号接收—传输电路如图 5.14 所示;VAN 信号接收过程如图 5.15 所示;VAN 信号的传输过程如图 5.16 所示。

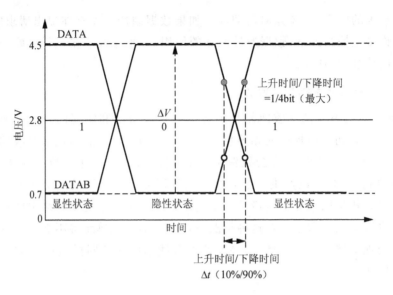

图 5.11 VAN 互补数据对的信号形式

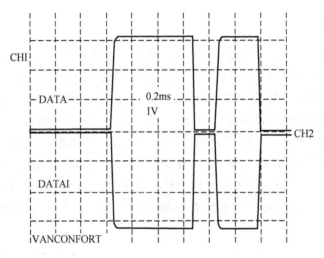

图 5.12 示波器显示的 VAN 信号时间

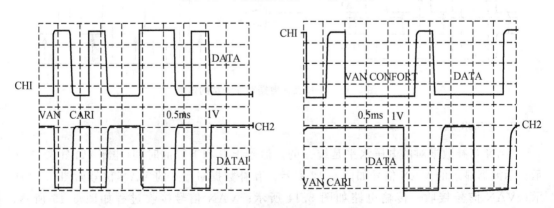

图 5.13 互补数据对形式的 VAN 信号

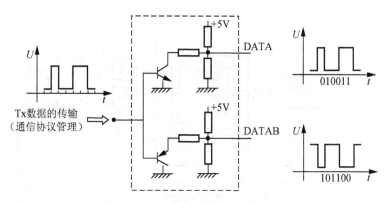

图 5.14 VAN 信号接收—传输电路

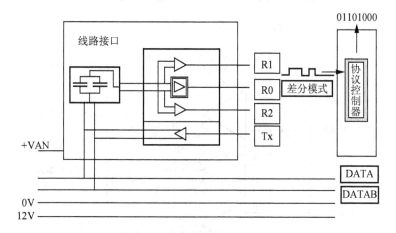

图 5.15 VAN 信号的接收过程

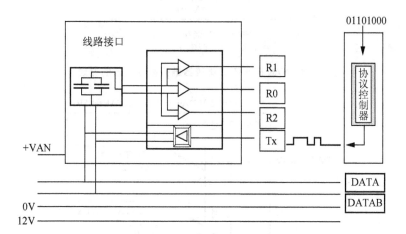

图 5.16 VAN 信号的传输过程

3. 诊断

VAN 的物理层具备容错能力，因此它拥有 3 个共用模式的比较器，如图 5.17 所示。这 3 个比较器用来将 DATA 和 DATAB 与参照电压进行比较，以确定是否存在故障，其原理如图 5.18 和图 5.19 所示。

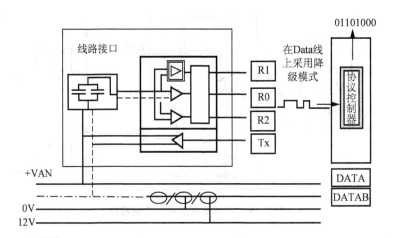

图 5.17 VAN 入口的 3 个比较器

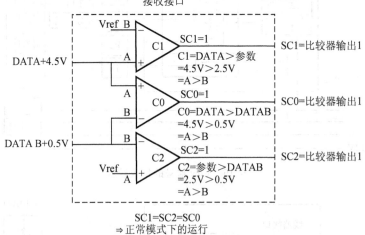

图 5.18 VAN 接收接口比较器进行参数比较的原理 1

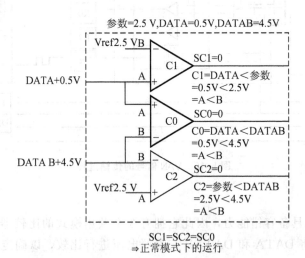

图 5.19 VAN 接收接口比较器进行参数比较的原理 2

在这种情况下，3个比较器中间至少有一个总是能保持运转的，故障形式如下。(1)DATA地线短路，则比较器在DATAB运行；(2)DATA正极短路，则比较器在DATAB运行；(3)DATAB地线短路，则比较器在DATA运行；(4)DATAB正极短路，则比较器在DATA运行；(5)DATA上开路，则比较器在DATAB运行；(6)DATAB上开路，则比较器在DATA运行。

VAN的物理层不能容忍的故障是DATA和DATAB出现互相短路，这将导致真正的VAN数据总线系统故障。VAN数据总线系统的故障模式如图5.20所示。

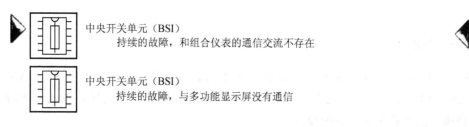

图5.20　VAN数据总线系统的故障模式

4. 休眠/唤醒

VAN的物理层管理VAN数据总线的休眠/唤醒机制，为实现这种机制，VAN数据总线的线路接口提供3个主要接头以完成以下功能。(1)主导由顾客操作引起的网络唤醒(例如车辆解锁)。(2)检测由另一个电脑造成的网络唤醒，允许正常功能运行。(3)车辆从休眠状态解除情况下再次转入休眠状态。

当网络处于休眠状态时，主系统通过将Sleep B插头接地以保证DATAB接上导入蓄电池电压，蓄电池电压是由地线上的插头导入的。VAN的休眠/唤醒策略如图5.21所示，电控单元利用Wake插头唤醒网络，而Wake插头消耗了VAN数据总线DATAB线路上的电流，这就使主系统电控单元线检测到电流。检测到电流之后，主系统电控单元给

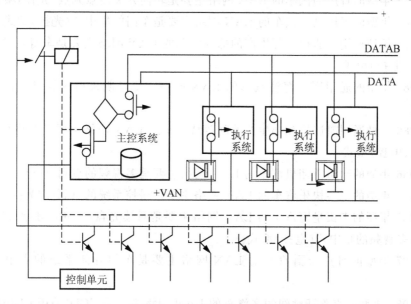

图5.21　VAN的休眠/唤醒策略

Sleep B 插头加上 12V 电压以便于离开休眠模式。DATAB 线路上不再是蓄电池电压，主系统蓄电池电压转换成＋VAN 信号，VAN 数据总线就被唤醒，通信就可以进行。例如，汽车静止，断开点火开关，驾驶员按下自动收音机的"运行/停止"按钮，自动收音机将要求智能服务器（系统监控单元）运行收音机，智能服务器建立起 VAN 数据总线连接，自动收音机在多功能显示器上显示一个由它自己产生的事件。

5.2 LAN 数据总线系统

5.2.1 LAN 的发展

LAN 为 In-Vehicle Local Area Network 的缩写，意为车载区域网络系统。LAN 的产生与 CAN 相似，主要是为了使车载各电控单元间进行各种数据的交换，以此促成对汽车性能的精确、高速控制并减少配线。

1984 年以前，严格地说只是 LAN 发展的萌芽期，各种结构的 LAN 系统都未正式推广应用，仅有的只是 1982 年型的日产公爵和 1983 年型的丰田世纪汽车的车门光学遥控系统以及 1983 年型的日产豹汽车的光学转向开关等。它们成为这一阶段的正式产品。

1985—1989 年是 LAN 发展的第二阶段。在此期间，各大汽车公司的点到点和集中式网络的产品不断涌现。此间较超前的是克莱斯勒公司的纽约客车型，直接采用 CCD 通信协议和分布式网络。

1990 年以来，汽车局域网进入了较高级的第三阶段，除了 1991 年型的丰田马克 II 汽车的车门控制仍采用点到点的光控多路传输外，绝大多数车型都由集中式网络转向分布式网络。

常见车型采用的 LAN 结构种类和时间如下。

(1) 1983 年型的日产豹汽车的 LAN 网络主要是转向开关的点到点（光控）型式。

(2) 1983 年型的丰田世纪汽车的 LAN 网络主要是车门的集中式（光控）型式。

(3) 1985 年型通用凯迪拉克部生产的部分汽车的 LAN 网络主要是车身电子控制模块之间点到点（电控）型式。

(4) 1985 年型的通用别克海滨汽车的 LAN 网络主要是阴极射线管显示器的集中式（电控）型式。

(5) 1986 年型通用凯迪拉克部生产的阿兰特汽车的 LAN 网络主要是多路复用灯光系统的集中式（电控）型式。

(6) 1986 年型的丰田滑翔机汽车的 LAN 网络主要是多视频的点到点（电控）型式。

(7) 1986 年型的三菱快乐汽车的 LAN 网络主要是遥控系统的点到点（光控）型式。

(8) 1987 年型的丰田皇冠汽车的 LAN 网络主要是只读光盘（CDROM）点到点（光控）型式，还有多视频的集中式（电控）型式。

(9) 1987 年型的日产公爵汽车的 LAN 网络主要是车门开闭系统的集中式（电控）型式。

(10) 1988 年型的克莱斯勒纽约客汽车的 LAN 网络主要是 CCD（采用 CDP68HC68S1

通信芯片版本和 MC68HC11 作为 CPU)通信协议的分布式(电控)。

(11) 1991 年型的丰田马克Ⅱ汽车的 LAN 网络主要是车门多路复用系统的点到点(光控)型式。

(12) 1991 年型的奔驰 600SEL 汽车的 LAN 网络主要是 CAN(采用 AN82526—Q8841 通信芯片版本和 Intel8051 或 H8/532 作为 CPU)通信协议为分布式(电控)。

(13) 1992 年型的克莱斯勒 LH 汽车的 LAN 网络也是与纽约客相同的 CCD 通信协议的分布式(电控)。

(14) 1992 年型的丰田皇冠汽车的 LAN 网络主要是 i-Four 通信协议的分布式(电控)。

(15) 1993 年型的日产无限汽车的 LAN 网络主要是 IVMS 通信协议的集中式(电控)。

5.2.2 LAN 的特点

LAN 主要取决于 3 个因素：传输媒体、拓扑结构和媒体访问控制协议(MAC)，其中传输媒体和拓扑结构是主要的技术选择，它们在很大程度上决定了可以传输的数据类型、通信速度、效率以及网络提供的应用种类。

1. LAN 的传输媒体

最常见的 LAN 的类型是采用同轴电缆的总线/树形网，当然也可以选择采用双绞线、同轴电缆甚至光纤的环形网。LAN 的传输速率为 1Mbit/s～20Mbit/s，足以满足大部分的应用要求，并且允许相当多的设备共享网络。表 5-1 列出了这 3 种传输媒体的特性。

表 5-1 双绞线、同轴电缆和光纤的主要特性

媒 体	信号类型	最大数据传输速度/(Mbit/s)	最大传输距离/km	网络节点数
双绞线	数字	1～2	0.1	几十
同轴电缆(50Ω)	数字	10		几百
同轴电缆(75Ω)	数字	50	1	几十
同轴电缆(75Ω)	FOM 模拟	20	10	几千
同轴电缆(75Ω)	单信道模拟	50	1	几十
光纤	模拟	100	1	几十

双绞线是局域网中最普通的传输媒体，一般用于低速传输，最大数据传输率可达几兆比特每秒；双绞线成本较低，传输距离较近，非常适合汽车网络的情况，也是汽车网络使用最多的传输媒体。

同轴电缆可以满足较高性能的要求，与双绞线相比，它可以提供较高的吞吐量，联结较多的设备，跨越更大的距离。

光纤在电磁兼容性等方面有独特的优点，而且数据传输速度比较高，传输距离远，在汽车网络上有很好的应用前景，尤其是一些要求传输速度高的车上网络，如车上信息与多媒体网络。但光纤受到成本和技术的限制，现在使用的并不多。

2. LAN 的拓扑结构

LAN 常用的拓扑结构有 3 种：星形、环形、总线/树形。每种拓扑结构都已有典型的网络产品。

1) 星形网拓扑结构

星形网是以一台中心处理机为主组成的网络，各种类型的入网机均与该中心处理机有物理链路直接相连，因此，所有的网上传输信息均需通过中心处理机转发，其结构如图 5.22 所示。

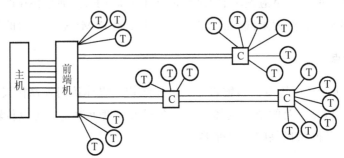

C(Concentrator)—集中器；T(Terminal)—终端

图 5.22 星形网拓扑结构

星形网的物理结构使其具有以下特点：构造较容易，适于同种机型相连；通信功能简单，它可以根据需要由中心处理机分时或按优先权排队处理；中心处理机负载过重，扩充困难；每台入网计算机均需与中心处理机有线路直接互联，因此线路利用率不高，信道容量浪费较大。

2) 总线型网拓扑结构

总线型网是从计算机的总线访问控制发展而来的，它将所有的入网计算机通过分接头接入一条载波传输线上，网络拓扑结构就是一条传输线，如图 5.23 所示。

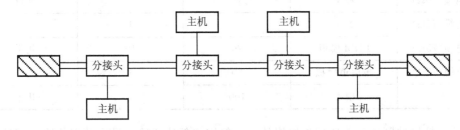

图 5.23 总线网络拓扑结构

由于所有的入网计算机共用一条传输信道，因此总线型网的一个特殊问题就是信道的访问控制权的分配，并由此产生一系列处理机制。

总线型网的特点是：由于多台计算机共用一条传输线，所以信道利用率较高；同一时刻只能有两处网络节点在相互通信；网络延伸距离有限；网络容纳节点数受信道访问机制影响，因而是有限的。由于总线型网的上述特点，它适于传输距离较短、地域有限的组网环境。目前，局域网多采用此种方式。

3) 环形网拓扑结构

环形网通过一个转发器将每台入网计算机接入网络,每个转发器与相邻两台转发器用物理链路相连,所有转发器组成一个拓扑为环的网络系统,如图 5.24 所示。

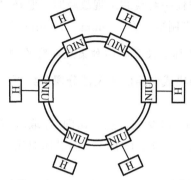

H(Host)—主机;NIU(Network Interface Unit)—网络接口部件

图 5.24 环形网络拓扑结构

环形网由于其点—点通信的唯一性,不宜在广域范围内组建计算机网络。它也是一种较为实用的局域网拓扑结构,尤其是在实时性要求较高的环境。环形网的主要特点是:由于一次通信信息在网中传输最大时间是固定的,因此实时性较高,每个网上节点只与其他两个节点有物理链路直接互联,因此传输控制机制较为简单;一个节点出故障可能会终止全网运行,因此可靠性较差;网络扩充需对全网进行拓扑和访问控制机制的调整,因此较为复杂。

3. 媒体访问控制协议(Medium Access Control,MAC)

LAN 的标准由美国电气和电子工程师协会(IEEE)于 1980 年 2 月成立的专门研究局域网技术并制定相应标准的一个委员会(IEEE802 委员会)制定,其标准称为 IEEE802 标准。局域网的目的是使某一区域内大量的数据处理、通信设备相互联结。局域网的拓扑结构并未采用物理上完全联结的方式,而是通过共享传输媒体(环形、总线/树形)或转换开关(星形)实现的。共享传输媒体的方案需要一套分布逻辑以控制各联网设备对传输媒体的访问,这就是媒体访问控制(MAC)。当传输媒体和拓扑结构选定后,局域网的性能就主要取决于 MAC。因此,MAC 是局域网研究的一个重要课题。

5.2.3 LAN 的应用

汽车内的 LAN 是在多路复用通信的基础上建立的,汽车多路复用系统包括连接到通信集成电路总线上的多个 ECU 的接口,属于微机在汽车上应用的关键技术之一。

1. 丰田汽车上开发的两种供多路复用通信需要的集成电路

一种是通信控制 IC;另一种是总线驱动器/接收器 IC。两种 IC 都是以 SAEJ1850 标准的 PWM 编码格式作为基础的通信协议。

通信控制 IC 的设计有与众不同的特性,如有较高的故障自动防护操作和能减少施加在 ECU-CPU 上的额外通信量的特性。该 IC 用 CMOS 技术制造,芯片尺寸 5.5mm×5.5mm,芯片上约有 14000 个晶体管。

总线驱动器/接收器 IC 也有两个特点，一是在数据传输周期中，它能让进入总线扭绞线对其中一对线芯的电流与总线中另一对线芯的返回电流精确匹配。这种电流输出和返回的精确匹配技术能抵御电磁干扰，对车内的无线电接收极为有利；另一个特点是数据接收周期中，当总线扭绞对线中的任一对线芯出现故障时，它还具有改变数据接收阀值电压电平的能力。该 IC 采用双极技术制造，在 3.0mm×5.7mm 的芯片上约有 700 个元件。

2. 丰田汽车按 SAEJ1850 标准设置的两种集成电路的相关规范

按 J1850 标准设置的两种集成电路的相关部分规范如下。

1) 主要特征

位速率 41.67kbit/s，位编码 PWM，总线访问/存取具有非破坏性位仲裁的、有碰撞检测功能的载波感知多路存取(CSMA/CD)，传输媒体双线。

2) 帧格式

图 5.25 所示为 J1850-PWM 的帧格式，数据组按字节单位，先安置最高有效位至 12 字节(包括 CRC 和 IFR)并允许调节。

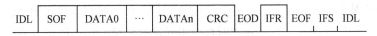

图 5.25　SAEJ1850-PWM 帧格式

3) 位和符号格式

图 5.26 表示 J1850-PWM 的位(指数据"1"或"0")和符号格式。位和符号被限定在 24μs 的间隔帧或它的整数倍帧内，对各帧的允许误差为±2%。

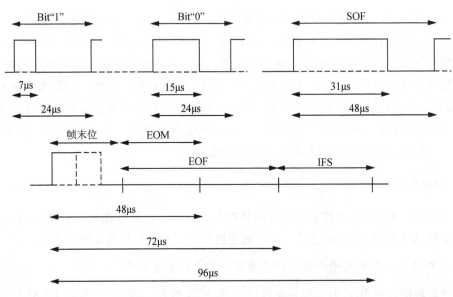

图 5.26　SAEJ1850-PWM 的位和符号

4) 传输启动条件

当总线空闲或被检测到的前导脉冲边缘处于帧间间隔(IFS)时，J1850-PWM 允许传输启动。

5）非破坏性位仲裁

J1850-PWM 采用非破坏性位仲裁。仲裁的操作原理和效果如下。位仲裁的典型电路如图 5.27 所示。在各个节点上，如果所给定的至驱动器的全部输入信号 Tx_n（图中的 Tx_1、Tx_2）为低电平，那么，连接到总线（＋）和总线（－）的全部驱动晶体管都截止。由于下拉电阻与总线（＋）相通，总线（＋）的电压也处于低电平；另一方面，由于上拉/负载电阻与总线（－）相连通，故总线（－）的电压处于高电平。这样，各个独立节点上的接收器输出将为低电平。

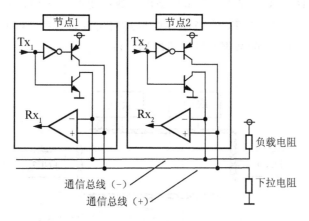

图 5.27　实现非破坏性位仲裁的电路例子

如果在最末节点上给予驱动器的输入信号 Tx_n 为高电平，那么两个对应的驱动晶体管导通，总线（＋）的电压将处于高电平，总线（－）处于低电平。这样，各个节点上的接收器输出高电平。这是一种具有优先赋予高电平的线"或"逻辑电路形式。

图 5.28 所示为接收器输出的信号波形。节点 1 和节点 2 能同时启动传输数据，与在总线上的 J1850-PWM 相符。对于 J1850-PWM 的图示情况，当位"1"与位"0"相互碰撞时，位"0"总是占优势（处于支配地位）。该协议要求所有的节点都具有碰撞检测能力，即使在传输过程或瞬态停止传输过程中都能一直监测总线的状态。如果从某节点输出的波形发生畸变，节点自身能进行发送检测。具有碰撞检测能力的几个节点进行启动传输，其中总有一个节点能在帧未被破坏的情况下完成传输。

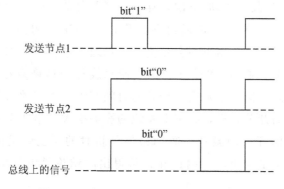

图 5.28　在 J1850-PWM 总线上的位仲裁

因此，通过首选的几位作为优先位，对于各个独立帧有可能赋予理想的优先次序，这样就能确保进位最优先的帧在最小的等待时间间隔内，甚至是总线最繁忙的情况下获得传输权。能在限定的时间间隔内传递紧急信息的要求是相当重要的，有了该项技术规范，采用 LAN 设计出的电子控制系统一定是理想的。

3. 通信控制与驱动器/接收器 IC 在丰田车上的使用

丰田公司在汽车上配置了由 5 个 ECU 组成的 LAN 系统，在 LAN 系统中采用了前述的通信和驱动器/接收器 IC，并用一根带屏蔽的双绞线电缆作为通信总线，通信总线在车内布成环形（图 5.29），将 5 个 ECU 当作节点与其相连接。这些 ECU 分别控制汽车的发动机、悬架等。控制中必需的数据有发动机转速、汽车车速等，这些数据都经由环形总线进行传输。

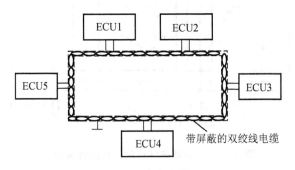

图 5.29 汽车网络图

两种 IC 及车内 LAN 通信的效果如下。

(1) 对无线电噪声的抑制能力。经试验台上试验表明，新型驱动器/接收器 IC 较传统的开式集电极电路装用在车上时产生的噪声有明显的抑制，完全能满足噪声上限规范的要求。

(2) 对电磁干扰的承受能力。LAN 系统装用在汽车内能承受电磁干扰的抗干扰级。试验所测值显示了充足的承受能力，也就是说，被测值都能满足所有频带对应的限值要求。

(3) 对电气噪声的抵抗能力。测试评价时，对喇叭、空调、刮水器、大小灯、行李舱开启器等 14 种电气负载各驱动 50 次，伴随着开关负荷产生的噪声进行。测试表明它能确保检测少于或等于 8 位（现今的通信协议采用 8 位 CRC）的突发差错，因此，即使在有电气噪声存在的情况下，数据也不会被错判。在通信过程中，如果生成的电气噪声破坏了通信帧，那么通信控制 IC 的重发能力会使总线尽快地恢复稳定工况并重发数据。当然，重发也需要时间，但最多延迟一个帧的时间间隔。大多数人认为重电气负载，如喇叭和行李舱开启器的开关转换，必定对总线的影响很大，事实上刚好相反。原因是使重电气负载发出噪声的开关的激励和驱动条件是瞬时的，也就是说，重电气负载的输入、输出的信息通过量是很小的。测试和评价得出的结论是电气负载产生噪声对 LAN 的控制性能影响不大。

(4) 对信息通过量与等待时间的测定。因为现今的通信协议采用非破坏性位仲裁，即使输入、输出信息通过量上升至100%也不会发生特别大的问题，不过，输入、输出信息通过量增加会使通信/传输等待时间增长。对于汽车控制来说，传输等待时间过长是会出问题的，因此，LAN网络需要确定合理的等待时间。

试验时可用检验器测量LAN通信量。检验器重复地发送出最低优先级和最高优先级帧。发送频率调至约每秒一次的较小值，不会影响通信量。测试结果得知，LAN的传输等待时间的级别不会对汽车控制造成不良的影响。

总的说来，通信控制和驱动器、接收器IC已经开发作为汽车多路复用通信的核心控制块，由其构成的LAN对汽车的操纵性、抑制无线电噪声及减少汽车配线(线束)等方面，较传统的电子控制系统进步得多。

5.2.4 LAN的结构

以丰田汽车上开发的通信控制IC和总线驱动器、接收器IC为例。

1. 通信控制IC的结构

通信控制IC位于主CPU与驱动器/接收器IC之间，主要功用是将"0"和"1"数据流转换为与通信协议相符的格式，或反过来将PWM波转换为"0"和"1"数据流。

通信控制IC芯片尺寸为5.4mm×5.5mm，含13500个晶体管，采用双层铝——2μm COMS工艺制造。其结构特点如下。

1) 发送端与接收端的脉冲宽度有差别

判别PWM位和符号可以参考脉冲宽度，但发送端信号发送的脉冲宽度与接收端的脉冲宽度总会有一点差别。由于要实现非破坏性位仲裁，因此，以下两点可能是造成发送与接收端脉冲宽度差异的主要原因。(1)脉冲上升和下降的时间不相等。非破坏性位仲裁受驱动器赋予的高电平和下拉电阻给予的低电平之间完全不同的驱动力的影响。脉冲上升时间取决于总线上的寄生电容量和驱动器上的驱动力，而脉冲下降时间取决于总线上的寄生电容量和下拉电阻上的位仲裁驱动力。由于脉冲上升和下降时间的差值较大，因此脉冲宽度出现了差别。(2)在传输位同步电路中，由于延迟造成脉宽扩展。对于非破坏性位仲裁，在任一(或全部)正常传输节点上的位传输启动时间在信号碰撞过程中必须相互重合。这就要求每个独立的节点都具有持续不断地监测总线、检测前导边缘以及在数据传输过程中能立即发送下一位的能力。不过，在传输位同步的电路中，从首次检测任一前导边缘接着传送下一位的信号处理通路，若存在着任何延迟，那么脉冲宽度会相应变宽。

脉冲宽度差别的程度主要取决于LAN的电路布局、总线长度和节点数量。由于总线长度和节点数随汽车车型而异，仅以发送和接收系统对脉宽变动允许量作为鉴别系统工作可靠性的依据是不充分的。若所用的参数是按照J1850-PWM的规定，那么在各种不利条件都同时存在的情况下，要保障非破坏性位仲裁是很困难的。

根据以上存在的问题，丰田公司精心研制了具有较高可靠性的发送和接收系统，其传输波形的脉冲宽度作了选择(如图5.30所示)，与前面图5.26相比较，位"1"和"0"的波形有所变化。

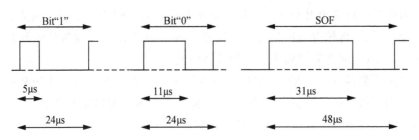

图 5.30 经选择的位和起始帧(SOF)波形

另外，接收过程中的抽样点也重新作了选择(图 5.31 中的"△"符号处)，经测定，这些抽样点可能是引导每个位和符号的错误识别成为最少的一组。

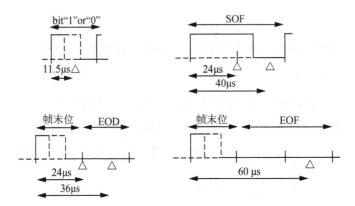

图 5.31 重新选择的位和符号抽样点

采用该发送和接收系统的时钟误差容限(±20%)就是通信 IC 时钟误差的最大允差，在此允差范围内，如果由驱动器/接收器 IC 和总线组成的信号通路无延迟，则通信正常。延迟容限(6.5μs)就是在信号通路中允许的最大延迟级，如果通信 IC 时钟无误差，则信号通路中有效地建立通信。

2) 配置有故障自检测功能等的多种内部控制块

通信控制 IC 内部块的配置如图 5.32 所示。各块的功用及特点如下。

(1) LAN 控制块。LAN 控制块可分为传输控制、传输线故障检测、帧内响应(IFR)控制、接收控制、差错检测和帧选择子块。传输控制块转换数据为 PWM 波形，对数据添加符号。传输线故障检测器检测通信 IC 是否有信号送出。该功能对检测通信 IC 在信号接收柱上发生的开路故障很有帮助。帧内响应(IFR)控制块检测传送数据过程中从接收节点收到的帧内响应码，在接收数据过程中 IFR 控制块生成 IFR 码，在发读过程中如果没有从接收节点获得正确的 IFR 码，通信控制 IC 将自动地重发帧多达 3 次。接收控制块在接收数据中鉴别符号和位数，同时将它们转换为位流"0"和"1"。这些操作是由前述的发送和接收系统完成的。对所传输信号的脉冲宽度和抽样点，可以通过改变 IC 人工掩膜的铝层达到预期的变换，于是就能精确地与原 J1850-PWM 相适配。接收控制块有机内数字滤波器以供衰减噪声之用。由于采用了滤波器，在边缘检测时产生了内延迟。为确保传输位同步，在前述的传输控制块内已提供了一种能补偿这种延迟的逻辑能力。差错检测器具有检测 CRC 和帧长度错误的能力。帧选择器块具有检测所接收到的帧是否按要求通过主

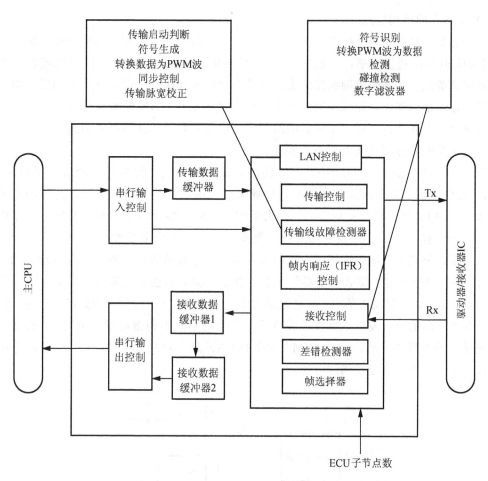

图 5.32 通信控制 IC 框图

CPU 的能力。该功能使主 CPU 避免了接收不需要的信息，减少了进入到 CPU 上的载荷。

（2）串行输入控制块。这是一个输入接口，用来发送从主 CPU 传来的信号。它含有串行输入口和与主 CPU 组成的信号交换控制回路，另外还有通向 LAN 控制块按传输要求的信号生成回路。

（3）传输数据缓冲器。这是存储缓冲器，有存储将要发送的数据帧的能力。

（4）接收数据缓冲器 1 和 2。它们也属于存储缓冲器，有存储将要被接收的数据帧的能力。如果经检测的数据和经鉴定传输到主 CPU 的数据无错误，那么从 LAN 控制块接收到的数据首先存储在接收数据缓冲器 1 中，然后再转送入 2 中。

（5）串行输出控制块。这是将所接收的数据传送至主 CPU 的输出接口，它包括串行输出口和与主 CPU 组成的信号交换控制回路。

2. 驱动器/接收器 IC 的结构

驱动器/接收器 IC 以一个直接接口的结构与通信总线互连。其芯片尺寸为 3mm×5.7mm，有 550 个元器件（含晶体管、电阻、电容），采用双极处理工艺。以下分为驱动器和接收器两部分叙述。

1) 驱动器的结构特点

驱动总线与抑制无线电噪声技术密切相关，大家都希望尽可能将无线电噪声级减至最低。4.67kbit/s 的通信速率，是按 SAE 分级的特定中等速率。但是，无线电接收装置的高频元件及所接收的调幅或调频波的噪声特性会对汽车其他电子设备产生不利的影响，换句话说，在通信过程中，无线电噪声的出现率将成为采用 LAN 的最大障碍。因此，抑制无线电噪声是当务之急。对于驱动器的结构，可以说主要是选择抑制噪声的电路结构和方法。下面介绍两种抑制无线电噪声的方法。

图 5.33 是传统的电压驱动法。该方法的特征是当总线上的电压逐渐增高至止住（持平）时，总线上的电流方向就突然改变，以此来限制电磁干扰辐射。不过，此方法对采用 CSMA/CD 的 LAN 来说是有缺陷的。因为采用具有碰撞检测功能的载波感知多路存取的局域网，允许有一个以上的节点同时传输数据。多节点电路的典型例子如图 5.34 所示。从理论上说，节点 1 开始传输稍后一点时隙，节点 2 才开始传输，假设总线驱动器赋予节点 1 和 2 的特性值相同，那么驱动器分配给节点 2 的驱动力达最大级时，等量电流才分别流入节点 1 和 2，此时流入节点 1 的电流仍占 1/2。当节点 2 上的驱动力到最大级时，位于节点 1 和 2 之间的电流发生了突降，一旦节点 2 上的驱动力稍微超过了节点 1，那么，相应 P 点的电流突降还更陡，这对 CSMA/CD 的 LAN 是不利的。因此，采用传统的电压驱动法抑制无线电噪声不是妥当的办法。

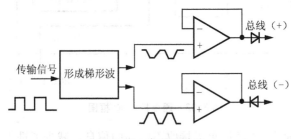

图 5.33 电压驱动法

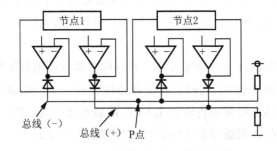

图 5.34 采用电压驱动法的 LAN

图 5.35 是一种电流驱动电路。从通信控制 IC 发送出的脉冲信号，经过梯形脉冲生成电路进行"波形韧化"，再通过电压—电流转换器，将电压转换为电流传送。该电路能保证进入总线（+）的电流能与总线（-）返回的电流精确地匹配，原因是该方法直接控制的是电流量，而不是控制总线上的电压，因此将其称为"电流驱动"。电流驱动方法能保证总线上的电流不再发生突降，即使总线上的电流总量随现行传送数据的节点数量的增加而增

大，甚至发生碰撞，电流变化过程也只会经电压钳位器输出。图5.35中的电压钳位器具有将总线电压限制到某一固定电平的能力。电流驱动方法的操作与总线电压无直接关系，也就是说，它并不直接控制总线电压，只是不让高电压出现，因此，电压钳位器对抑制无线电噪声是可取的。

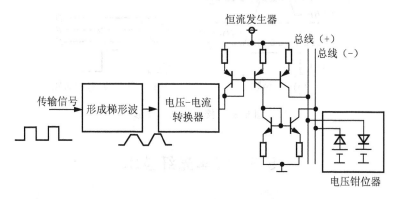

图5.35 电流驱动控制框图

2）接收器的结构特点

接收器的结构特点主要指其电路具有故障容错功能。图5.36是接收电路的接收控制框图。接收器的故障容错功能是指在绞线中的某根线开路或短路时，通信仍能继续进行的能力。故障容错功能可增强网络的工作可靠性。

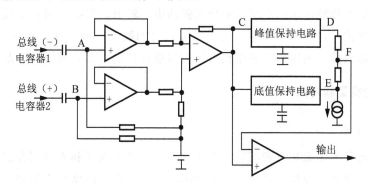

图5.36 接收器控制框图

电路的工作情况如下：通过交流耦合电容1和2，将通信总线上的电压转换传送至A和B点。在C点由减法电路产生一个等于A和B点间电压差的输出。峰值和底值保持电路在D和E点分别储存峰值和底值电压作为模拟信号。在F点出现一个等于峰值和底值电压电平均值的电压。C点的电压（A点和B点间的电压差）送给比较器，F点的电压也馈入比较器，再由比较器输送至通信控制IC。该电路具有恒定地调节阀电压使之处于最佳电平以适应通信总线电压电平变化的功能。

当通信总线处于正常状态时，相应图5.36的各点的电压转换如图5.37(a)所示。当通信总线（+）对地短路时，各点的电压转换改变为图5.37(b)所示。也就是说，如果发生了对地短路，电压跨越总线上某一双绞线的振幅变小，虽然噪声容限也跟着减少，但继续通信的功能还存在。从图5.37(b)中可看出，尽管总线（+）对地短路，其输出波形与图仍完全相同。所以说，这种故障容错功能体现了接收块的结构特点。

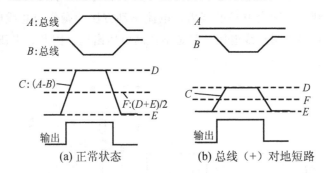

图 5.37　接收控制块波形

5.3　汽车光纤技术

在数据通信技术中，CAN 总线目前广泛采用的通信介质是双绞线，除此之外，还可采用同轴电缆和光纤。光纤传输系统在高档轿车中已经成为使用较多的一种新型网络。由于它具有传输速度高，传输数据量大，信号衰减小，不易受外界干扰，耐腐蚀及灵敏度高等优点，因此是汽车多路传输系统的发展方向，也是汽车线束的发展方向。

MOST 总线和 Byte Flight 总线均采用光缆制成。铜导线是传输数据的传统介质，但是在铜导线中数据传输速率较高时会形成很强的电磁辐射，这些辐射会干扰车辆的其他部件。与铜导线相比，在有效带宽相同时，光缆占有的物理空间更小，重量也更轻。另外，在铜导线上数据以数字电压信号或模拟电压信号进行传输，而光缆则传输光束。

5.3.1　光纤的类型和特点

1. 光纤的类型

光纤总线可分为无源和有源两类。无源光纤总线是由光纤和光纤耦合器构成；有源光纤总线除了光纤和耦合以外，还增加了光中继器或光放大器以增强光信号，这种情况在有些光路损耗较大的应用场合是必要的。

最常用的光缆是塑料光纤（K-LWL）和玻璃纤维光缆（G-LWL）。Byte Flight 总线和 MOST 总线使用的光缆都是由塑料制成的。与玻璃光纤维光缆相比，塑料光缆具有对灰尘不是很敏感和加工维修方便等很多优点。

为了能区分光缆应用于哪些总线系统，目前使用了 3 种不同的颜色标记：黄色——Byte flight 总线；绿色——MOST 总线；橘黄色——售后服务维修用导线。

汽车使用的主要是无源光纤，它不能放大或产生能量。

按照不同耦合器的使用方法，总线型光纤网又可细分为 U 形总线、S 形总线、双向形总线和双向单线 4 种无源线性总线。其中 U 形总线的发送站发出的信号到达本站接收端的时延是随该站位置不同而不同的。S 形总线在光发送支路和光接收支路中间加上一段长度与两者相同的光纤，使任何工作站的发端到收端的传输时延都相等，也降低了光接收机的动态范围。但 S 形总线的传输损耗比 U 形总线大，而且介质耗费也较大，限制了网径的大小。U 形与 S 形两种总线都是单向传输的单光纤总线，都将光纤分成上游的发送支路和下游接收支路，光纤要经过各站两次或三次，传输损耗加大。

MOST 总线用于传输车辆中的所有通信和信息系统数据。各控制单元之间通过一个环形总线连接，该总线只向一个方向传输数据，这意味着一个控制单元总是拥有两根光缆线，一根用于发射器，另一根用于接收器。在 MOST 控制单元中采用了纯光纤连接，这样发射和接收二极管就可以通过位于控制单元内的光纤安装在控制单元内的任意位置，借此可以将两个光纤表面在电线束插头内复合，这样就不需要对敏感的端面额外的保护。

与 MOST 总线不同，Byte flight 总线是一个双向传输数据的星形总线，这意味着每个控制单元只有 1 根光缆线。发射器紧靠接收器上，这两个部件都集成在控制单元的插座内。

因为与 MOST 总线不同，所以需要使用另一个插头系统。因为在 Byte Flight 中二极管直接接触，所以必须在光纤伸出端加一个翻盖，以避免它受到脏污或损坏，插接时这个翻盖自动打开。右侧插头中的灰色翻盖被向后推移（插接时自动打开），光缆的端部伸出。

2．光纤传送信息的原理及方法

光纤传送信息的方法有时分复用（OTDM）、波分复用（WDM）和频分复用（FDM）3 种方式。

光纤传递原理是由控制单元形成的电信号在发射元件内被转换成光信号，并发射到光缆内。光纤用于光波的导向，为了使发射出来的光线不会从光纤中射出，光纤有外包装层，这个外包装层可以使光线发生反射并借此使光线继续传输。光线就会这样穿过光缆然后通过接收元件重新转换成电信号。

3．无源光纤的优点

无源光纤多路传输系统有以下优点。

（1）频带宽度较大，多路，尺寸小，质量轻，能耗少。

（2）通过效率大，信号功率损失小，与频率的关系减弱。

（3）超高绝缘，不存在短路和接地问题。

（4）耐腐蚀，灵敏度高。

（5）能够双工传输信息，抗干扰性高（特别是对汽车车上电路的脉冲干扰）。

（6）光纤允许有较高的数据传输速率和较高的信噪比——带宽积，可适用于发动机实时控制、车辆状态监测和通断负载的开关控制等要求。

5.3.2 光纤多路传输的组成与应用

1．光纤多路传输的组成

汽车无源光学星形网络主要由无源光学星形、光发送器（光二极管 LED）、在节点上的光接收器、节点与星形之间的发送和接收光纤 4 部分组成。

图 5.38 所示是双端星形和单端星形路由模式。双端星形（图 5.38(a)）设置有纤维缠

结，将输入和输出光纤有序地连通至各个节点，图中的有效尺寸主要是指纤维缠结构成的光纤张紧区，该张紧区和有效的封装尺寸可以通过收紧路由光纤使其减小，但路由光纤的弯曲半径不能小于25mm，否则会增加光源损耗和星形接入损耗。单端星形（图5.38(b)）与双端星形相比较，输入和输出纤维与各个节点的路由简单得多。

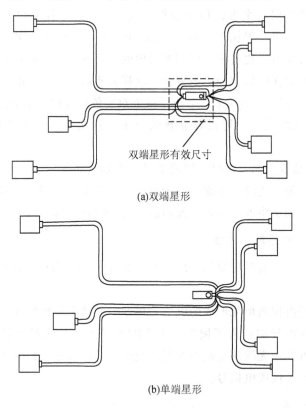

图5.38 双端星形和单端星形路由模式

混合线元星形通过齐平式连接的纤维来向混合线元的输入和输出面散布光信号，如图5.39所示。从任一根发送光纤传送出的光被耦合到混合线元的输入侧，当光通过混合线元传播时，光源被同时均匀地散布到输出端，所有的接收光纤再在输出端耦合。

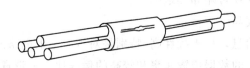

图5.39 混合线元星形

双锥形星形指由数根光纤重新组成交叉式的热或化学熔结构成混合的短锥形区，如图5.40所示。光从任一根输入光纤射入短锥形区，传播到短锥形区的输出端，同时均匀地散布到输出光纤束的各根纤维上。

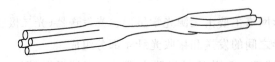

图5.40 双锥形星形

熔丝对星形基本上是一种格栅串联的许多2×2耦合接头,每个耦合接头由光纤束采用热、化学或声波焊接成对,再形成一个混合区,如图5.41所示。通过这格栅串联的黏合接头,光从其中的一根光纤输入,然后散布至全部的输出光纤。

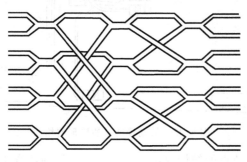

图5.41 熔丝对星形

2. 新型汽车采用的光学星形网络类型

新型汽车采用的光学星形网络类型有不带成簇连接的星形网络和带成簇连接的星形网络两种。

1) 不带成簇连接的星形网络

不带成簇连接的星形网络如图5.42所示,其特征如下:5个节点都安置在座舱内;所有的节点已连成汽车的主线束,无须成簇连接;断损的纤维只能更换不能修理;线束上两个节点之间的距离最长不超过10m;不需作特殊的路由选择;使用NRZ信号,网络操作的信号传输速率为1Mbit/s。

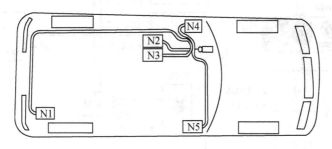

图5.42 不带成簇连接的星形网络

2) 带成簇连接的星形网络

带成簇连接的星形网络如图5.43所示,其网络特征如下:网络要求有10个节点,其中6个(N1～N6)安置在座舱中,4个安置在发动舱内;主线束与发动机罩下线束之间需要一组成簇连接;成簇线束的每根光纤允许维修一次;节点之间的最长距离为14m;8个节点中必须的光纤路由弯曲半径不能小于10mm;网络以NRZ信号,操作速率为1Mbit/s。

3. 光学网络的应用

在汽车网络中常见的MOST(多媒体光学系统传输)就是比较典型的光学网络。汽车使用光纤后,可以减少约250m线束,减轻4.5kg质量(以奥迪A8车为例)。这种结构还为

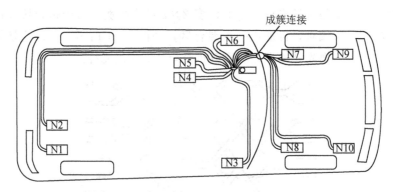

图 5.43 带成簇连接的星形网络

将来随时加入新媒体设备节点的结构提供了基础,而且特别适合于车上媒体设备和信息设备的声控技术应用。随着车上信息设备的不断增加,驾驶中使用这些设备的情况越来越多。通过声控系统访问这些设备是最安全且较经济的方式,这也被认为是将来车载设备使用人机对话的首选方式。通过 MOST 网络把人机语音接口与车上媒体设备、通信设备及其他信息设备进行连接是实现这种设备语音访问技术的有效方式,而且在宝马、奔驰及劳斯莱斯等轿车上,MOST 与车载媒体设备、信息设备连接后的人机对话已经实现,它的MOST 网络如图 5.44 所示。

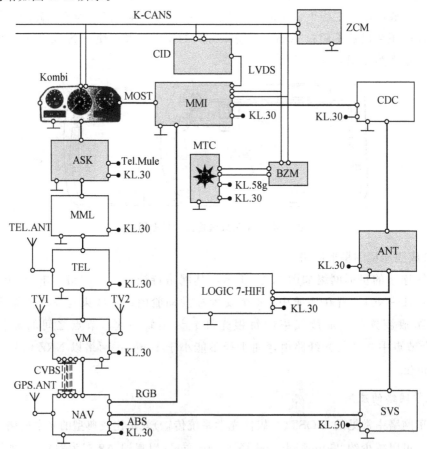

图 5.44 劳斯莱斯轿车上的 MOST 网络

5.3.3 无源光学星形网络的故障检修

虽然光纤连接系统的可靠性高于铜线连接,但衰减是难免的,就目前光学网络出现的故障看,网络中出现连接不良导致系统出现故障的现象比较多。

光缆虽然非常耐用,但物理方面的误用可使导线光纤衰减率增大。而这都会增加光纤衰减量,从而影响链路的正常工作。

(1) 有关光缆的工作提示。在进行车辆线束方面的工作时必须非常细心,因为与铜导线相比,光缆损坏时不会导致故障立即发生,而是在客户以后使用车辆时才表现出来。

(2) 有关光缆的维修提示。只允许从控制单元至控制单元对 MOST 光缆进行一次维修,否则光波信号会有很大的衰减。目前还不允许对 Byte Flight 总线进行维修。

(3) 诊断光缆时要确认光脉冲的衰减率有多大,需要使用专用测量仪。在 MOST 系统中,由于网络是环形连接,如果光纤或控制单元损坏,那么网络上的接收器会查出受影响的节点,并将错误通知给链路中的其他接收器,所有节点的通信都将受到影响,使整个网络瘫痪。此时可以利用故障诊断仪通过特定步骤诊断出损坏的节点或出现问题的控制单元之间的光缆。

1. 故障的类型

无源光学星形网络的故障类型主要有网络故障、光纤故障、成簇光纤连接故障、光学星形故障等。

1) 网络故障

与铜导线相比,光纤更为耐用,但其物理层时常发生故障。节点与星形之间的光纤长度方向、成簇连接的光纤与光纤之间和无源光学星形网络自身潜在的故障会使光衰减增多,一超过链路通信总损耗限值,就会导致链路断路。

2) 光纤故障

光缆虽然非常耐用,但物理方面的误用可能导致光纤衰减增大。例如,特别绷紧的光纤路由会使链路衰减增大;光缆路由张紧的弯曲半径小于规定最小的 25mm 时,光纤张紧的弯曲处的光线就会超出临界角,光纤的衰减也会增大。如果所用的链路操作在敏感限值附近,那么,从光纤的过量弯曲处附加的衰减可能引发通信错误。其他物理误用的例子还有光纤紧压变薄会改变光纤芯部几何尺寸,造成部分光逃逸。这些都会增加光纤衰减,影响链路工作。

如果是单根光纤损坏或折断,通信只在一根链路上潜在着障碍;如果光纤损坏是从节点到星的发送路径,那么网络上的每个接收器会查出受影响的节点减弱的信号,并将错误首先通知链路中最不敏感的接收器;如果光纤损坏是从星到某个节点的接收路径,那么网络上各个节点的接收器会获知该节点上的接收器减弱的信号,并将错误首先通知网络上最弱的发送器;如果光纤损坏严重,所有节点的通信都将受到影响。

3) 成簇光纤连接故障

成簇连接指光纤到光纤的连接区,汽车线束在该连接区被分段(如在仪表板交接处或发动机舱壁板交接处分段)。典型的成簇连接是在发动机舱壁交界处由两个接头配对构成。

光束基本上是由严格校直的两组纤维散布成圆柱形。

虽然光纤连接系统的可靠性高于铜线连接，但由于每个接头不可能只由一个总装厂配对，因此不易形成零概率故障，即衰减难以避免。光学成簇连接的两组光纤只有保持齐平式连接，才能确保两组光纤之间良好的光耦合。光纤中的某一根发生扭曲或拉长等都会增加链路衰减。成簇组合不当也会增加衰减，并沿着接收和发送路径影响节点的操作。

4) 光学星形故障

光学星形潜在的故障在于星形线元，而星形线元的问题主要又取决于星形结构。前述3种无源星形结构故障模式不尽相同。

(1) 混合线元星形故障。如果在某个节点的发送光纤与混合线元之间发生损耗，造成的影响与前述的光纤故障很相似，所有接收器可以查出受影响的那个节点减弱的信号，并首先将错误通知最不敏感的接收器；同样，如果损耗发生在某个节点的接收光纤与混合线元之间，那么网络上所有发送器发送的信号将在受影响的节点接收器上显示减弱，并首先将错误显示在最弱的发送器的节点链路中。如果混合线元发生诸如断裂等的严重损坏，网络通信则中断。

(2) 双锥形星形的故障。双锥形星形若在中心接头组合不当，则故障概率比输入光纤引起的损耗大得多。若是星形引出端接头上光纤到光纤的连接受到干扰，沿着受影响的节点的发送和接收路径的衰减就增大。若在混合区出现断裂点，则会造成网络通信全部中断。对于双锥形星形故障尤其是要注意的是，由于短锥形混合区极脆，如果该区受载容易碎裂。

(3) 熔丝对星形故障。为了便于汇集成汽车线束，熔丝对星形也需要有引出端，让光纤成束连通至各个节点。熔丝对的耦合点较多，因此，潜在的故障点和衰减的可能性也较其他星形结构多些。另外，光纤束的各个焊点也较脆，受载极易碎裂，所以故障率较其他星形结构高。

2. 故障的检测

诊断和维修汽车无源光学网络媒体的故障不能用传统的"手摸"或"耳听"等经验维修方法，而需要用光学网络检测设备帮助查找故障部位。

汽车网络所用的测试仪的各种接头是按汽车工业标准设计的，而且提供给用户的检测诊断模式是比较灵活的——既能测出任一节点的衰减，也能测出网络中任意两个节点之间的衰减。在使用诊断仪的同时，还必须找到该车型的维修手册，因为光学网络的第一手资料是"沿着网络路径的光源的衰减值"。诊断仪上测出的衰减值必须与维修手册上规定的衰减值相对比才能判断是否合格。

1) MOST 与光纤的检修注意事项

(1) 光纤或空气管路的修理只允许由受过专业培训的人员进行。

(2) 光纤保持帽只有在安装时才能直接被卸下。

(3) 开口的光纤插口不允许触摸，不能被灰尘、油腻或其他液体弄脏。

(4) 所有损坏的插头要申报并作好记录。

(5) 线束只能按说明 PDM 图安装和连接。

(6) 线束任一位置不允许折叠。

(7) 线束不能从外部的破口处硬拉硬拽，只能从内向外推出。

(8) 插头和缆线不允许在地上拖拉。

(9) 不能踩在插头或导线上。

(10) 未装的长线束要打上活结。

(11) 只有在确有必要的情况下才能断开控制单元插头和导线插头。

(12) 在断开控制单元插头和导线插头前应确保数据总线处于睡眠模式。在重新连接时，一定要读出并删除所有控制单元故障存储器里的故障，如有必要进行调整。

2）光纤导线常见故障

光纤导线常见故障有：(1)弯曲半径不足；(2)外壳破坏；(3)端面破损；(4)端面脏；(5)端面错位；(6)角度问题；(7)两条光纤导线间漏光；(8)端口问题。

3）MOST总线的诊断

断环诊断通过网关导入，诊断检测仪的断环诊断被激发。因为光环断路，断环检测必须在星形连接的点检测，用断环诊断进行分析，判断总线上的所有控制单元的电路和光路是否正常。系统故障的原因主要有以下几点。

(1) 环断（光纤被压坏、剪断或者插头没插）。

(2) 控制单元没有电。

(3) 光纤变形。

(4) 发射/接收二极管有故障。

环路断路诊断方法如下：激活诊断接口的执行元件测试，从诊断接口发一个电脉冲到诊断线上，向所有控制单元发送光信号，所有控制单元检查电器功能，所有控制单元检查环路上运行的光信号是否到达入口，控制单元通过诊断线回答，通过环路顺序检查指出环路的断路位置。

3. 汽车光学网络诊断仪的使用

汽车光学网络故障诊断仪如图5.45所示。它按两条基本通信路径测试：模式Ⅰ可测量链路中任一节点自身的衰减；模式Ⅱ可测量链路中沿着发送和接收两条路径的任何两个节点之间的衰减。不管哪种诊断模式，第一步都必须对诊断仪定标。原因是这类诊断仪主

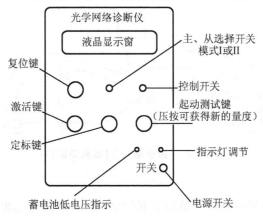

图5.45 光学网络诊断仪

要是测量相对功率,通过定标可以先了解链路的衰减特性,如 0.5m 长的参考光纤维可以将仪器标定为"零"刻度,通过定标过程可以消除以下一些误差和损耗:用于诊断仪中的 LED 与接收器最重要的性能就是在整个测量时间或所处环境温度发生改变时会出现误差,通过定标,以当时的环境条件为 LED 输出功率和接收器灵敏度的参考标准,这样能保证测量误差极小;由于作连接用的参考光纤参与了定标,诊断仪的"零"刻度包括了光纤至电子器件的耦合损耗。

诊断仪的使用方法如下。

1) 诊断模式 I(自测试)

在此模式下(如图 5.46 所示),同一节点的发送线(Tx)和接收线(Rx)受到检测。所测到的功率损耗代表 3 种故障情况:发送光纤到星形的衰减,星形的接入损耗,从星形到接收光纤维的衰减。如果上述衰减接近维修手册中表列的最大值,那么被测的节点自身与该节点之间的通信可能发生错误。

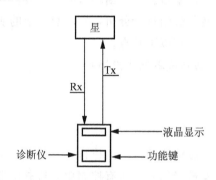

图 5.46　诊断模式 I(自测试)

2) 诊断模式 II(全部路径测试)

在此模式下(如图 5.47 所示),必须同时采用两个光学诊断仪。两个诊断仪测量从节点 A 发送器到节点 B 接收器路径的衰减(包括节点 A 的发送光纤维的衰减、星形的接入损耗和节点 B 的接收纤维的衰减),以及从节点 B 发送器到节点 A 接收器路径的衰减(包括节点 B 的发送纤维的衰减、星形的接入损耗和节点 A 的接收纤维的衰减)。如果沿两条路径的衰减大于允许值,则链路可能出现通信错误。

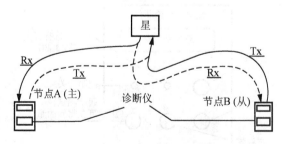

图 5.47　诊断模式 II(双路测试)

3) 测试过程

无论是周期性故障(间歇或断续故障引起的衰减使系统操作超出规范的较高位误码率)还是全系统故障(链路全部衰减),都可通过存取网络出错记录的诊断程序查找出节点间的通信问题。简略的测试过程如下。

（1）诊断仪与被怀疑的节点相连接，模式开关调至Ⅰ位置，即可像图5.46那样开始检测可疑节点的链路衰减，若衰减在规范内，则可进行下一步骤。

（2）诊断仪仍然以模式Ⅰ方式测试第二个被怀疑有故障的节点（方法同（1））。若链路衰减也在规范内，则可进行下一步骤。

（3）将诊断仪模式开关调到Ⅰ位置，即可测试节点A到节点B（或从节点B到节点A）的通信路径。如果链路衰减仍在规范内，但仍觉汽车有问题，即可判定故障存在于被怀疑节点的电子线路中。

（4）按上述测试，若链路衰减超出规定，则可沿被测路径查找问题。最简单的方法是更换发送和接收光纤，然后重新测试。如果链路衰仍然超出规定，则应更换无源光学星形。也可利用所有"3定点"测到的信息来分析问题。例如，测到从节点A回到自身的衰减高于规范，故障就可能存在于节点A发送和接收路径的某个地方。但如果从节点A回到自身与从节点B回到自身的两条路径的衰减都高于规范，那么故障大多存在于星形中。简单地说，A和B的不正常（衰耗）根源在于C（星形）。

按此"3定点"测试理论可得到图5.48的故障诊断流程图，结合该车型的维修手册中规定的链路衰减（损耗）规范，可帮助维修人员迅速查找到故障部位。

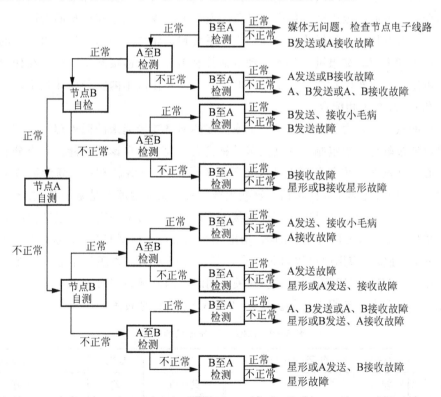

图5.48 光学网络故障诊断流程

注：A发送故障指沿A发送器到星形的路径有故障，包括A发送纤维、成簇接头（指有成簇连接的星形网络和A发送纤维到星形的接口）。

5.4 车载蓝牙系统

5.4.1 蓝牙技术的发展

在现代的商业和个人领域，移动通信和信息系统的应用显得越来越重要了。在过去，移动装置之间的信息交换只能通过导线或红外线技术来实现。这种非标准连接严重限制了移动的范围，且使用也很复杂。Bluetooth（蓝牙）技术弥补了这方面的不足，该技术可为不同厂家生产的移动装置提供一个标准的无线连接方式。

Bluetooth（蓝牙）这个名字源于维京国王 Harald Blatand，他在 10 世纪时曾统一丹麦和挪威，他的绰号就叫 Bluetooth（蓝牙）。由于这个无线系统可以将各种信息系统、数据处理系统以及移动电话系统连在一起，这正与 Harald 国王的功绩相仿，因此该系统就被称为 Bluetooth（蓝牙）。

蓝牙（Bluetooth）是 1998 年 5 月 5 家世界著名的大公司——爱立信（Ericsson）、诺基亚（Nokia）、东芝（Toshiba）、国际商用机器公司（IBM）和英特尔（Intel）联合宣布的一项技术。其实质内容是建立通用的无线电空中接口及其控制软件的公开标准，使通信和计算机进一步结合，使不同厂家生产的便携式设备在没有电线或电缆相互连接的情况下，能在近距离范围内具有互用、相互操作的性能。汽车系统和蓝牙技术相结合将会给汽车的生产和服务带来更大的方便，如果进一步和移动电话甚至 Internet 连接起来，车主在任何时间任何地点都可以了解汽车的状况并给予必要的控制。但要在汽车内实现蓝牙技术，还需要使蓝牙技术和 CAN 技术相配合。

新一代的汽车将包含更多的通过两个或更多的网络连接起来的微处理器，其优点是汽车参数可以通过软件个别定制，并且汽车具有更大程度上的自诊断功能。为充分利用这些特点，有必要在汽车系统和生产工具以及服务工具（用以下载新软件、新参数或上载汽车状态、诊断信息等）间建立双向通信。这些生产工具在很大程度上是基于 PC 技术，汽车系统和生产工具间的连接是通过电缆直接连接 CAN 总线或网关来实现。最廉价的方法是通过电缆直接使 CAN 总线和 PC 机相连，但电缆必须很短，根据 CAN 的标准在 1Mbit/s 下应小于 30cm，在实际应用中可以再长一点，但从使用方便来说还是不够长。在新的设计中，也使用 CAN/USB（通信串行总线）网关。同时，因蓝牙技术可在汽车系统和生产工具间建立无线通信，所以有很大优势。表 5-2 是 USB 和蓝牙技术的比较。

表 5-2 USB 和蓝牙技术的比较

参数	USB	蓝牙（Bluetooth）	参数	USB	蓝牙（Bluetooth）
数据吞吐率	较大	小	灵活性	差	很好
反应时间	较快	慢	价格	低	高
安全性	好	差	多功能性	差	很好

可以看出，蓝牙技术的最大优点是无线连接，它不仅可用在汽车和生产工具之间，还

可用在汽车和车主喜好的服务工具之间；最大的缺点是反应时间慢和安全性差。蓝牙技术是为任意实体间建立开放连接而开发的，但对汽车系统来说在大部分情况下是专一连接。

5.4.2 蓝牙技术在汽车上的应用

1. 蓝牙技术在汽车上的应用场合

蓝牙技术在汽车上服务的场合如下。(1)当汽车进入服务站时，它的蓝牙站和服务站主计算机建立连接，它和汽车计算机通过蜂窝电话系统交换信息。(2)服务站主计算机提醒服务人员分配任务，同时服务人员的 PC 和汽车建立连接，并下载一些需要的信息。(3)服务人员在其 PC 机上获得必要的工作指示，当给汽车服务时，他可通过 PC 机控制和调节一些功能，如灯、窗户、空气、发动机参数等，也可为任何电子控制单元下载最新版本的软件。前两点是无可争论的，但汽车制造商喜欢隐藏或控制一些信息以致它们不能被未授权者改变。第三点更具有魅力，在将来，汽车可通过 PC 机实现远程控制，这将会遇到高实时性和不受干扰问题。因此，首先要区分两种模式：连接模式和控制模式。

在连接模式下，平常的蓝牙 MAC 层应可以很好地工作，而在停车场蓝牙站的密度会导致一些问题。然而，在控制模式下，蓝牙的 MAC 层就不是很合适。当建立连接时，仅需要点到点的连接，别的服务如漫游、临近连接等将会产生问题。因控制模式 MAC 的特性是由汽车制造商确定，所以，必须能从蓝牙 MAC 层向用户定制的 MAC 层切换。蓝牙组织没有必要重新设计当前的 MAC 层或提供更实时的 MAC 层。这可由汽车制造商自己或他们的组织来制定，但为使在每辆汽车内包含一个蓝牙节点对汽车制造商有更大的吸引力，应该以用户定制的 MAC 来暂时替代蓝牙 MAC。

2. 汽车中的蓝牙网

在汽车里，每个门、前座和操纵轮都有灵活的电缆，而这些灵活的电缆常常会出现问题。这里可以在小范围内采用无线电缆延伸器，但在 CAN 网络中，小范围内实现可靠的位—位无线连接很困难，因此，电缆延伸器应是网桥而不是转发器。电缆延伸器把 CAN 网分为两个网，其中一个网络仅由一个节点组成，这就解决了高复杂性和高费用的问题。

小范围内的点—点电缆延伸器需要 14 个无线单元，还要求网络间的兼容性，所以这种体系结构在汽车中根本没有吸引力。还有一种方案是用一节点相连，仅需 8 个站。另外，基站可能与其他蓝牙特性产生问题。因此，应用也将减少，降低 MAC 层会减低硬件价。汽车中的网络拓扑如图 5.49 所示。

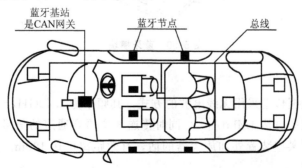

图 5.49 汽车中的网络拓扑

在奥迪 A8 03 型车上使用的蓝牙技术就是将该车的电话/TELEMATIK 装置的听筒和控制单元通过蓝牙技术进行无线联系的。

3. 蓝牙技术的关键技术

为使蓝牙技术在汽车中真正具有吸引力，必须能够在标准蓝牙 MAC 层与用户定制的 MAC 层间切换。用户定制 MAC 层主要是为获得更好的实时性，并避免窃听和其他蓝牙站的干涉。MAC 层主要的时间要求是以每秒 1000～5000 字节信息的速度交换 CAN 信息，如对 10～20 的字节包需要 100～75kbit/s 的速率和 5～10ms 的转换时间。

4. 蓝牙技术的前景

在汽车工业中把蓝牙技术用做 CAN 网络的网关将使汽车具有更高的无线接口能力，从而具有更广阔的市场前景。为得到这个市场，必须在汽车中存储专用的蓝牙 MAC 层，并使之能通过 CPU 的指令在它与用户定制的 MAC 间切换。进一步说，如果蓝牙芯片与用户定制 MAC 相结合，将蓝牙单元安置在需要灵活电缆的地方而不是仅仅与上面提到的蓝牙 CAN 网关通信，市场潜力会更大。

今后 Bluetooth 技术在汽车上还将在如下场合应用：在车的后部安装第二个听筒、将笔记本电脑与互联网连接以实现信息传递和娱乐、通过用户的笔记本电脑和掌上电脑收发 E-mail、从用户的笔记本电脑和掌上电脑向多媒体接口系统(MMI)传送地址和电话号码、移动电话的免提装置(无附加的适配器)和驻车加热装置的遥控等。

5.4.3 车载蓝牙系统的结构与原理

1. 结构

车载蓝牙系统的短距离无线电收发器(发射器和接收器)直接安装在所选用的移动装置内或集成在适配器(如 PC 卡、USB 等)内。蓝牙系统使用 2.45GHz 的波段进行无线通信，该波段在全世界范围内都是免费的。由于该频率的波长非常短，因此可将天线、控制装置和编码器、整个发送和接收系统等装置集成到 Bluetooth 模块上，如图 5.50 所示。蓝牙模块结构小巧，可以很方便地将其安装在很小的电子装置内。

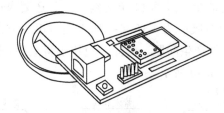

图 5.50 蓝牙模块

2. 数据传输

蓝牙系统内的数据传送采用无线电波的方式，其频率为 2.40GHz～2.48GHz。车载蓝牙系统的数据传输速率可达 1Mbit/s，可同时传送 3 个语音通道的信号。蓝牙发射器的有效距离为 10m，如果某些装置外加放大器的话，有效距离可达 100m。并且数据的传送不需要进行复杂的设定。

蓝牙控制模块将数据分成短而灵活的数据包，其长度为625μs，用一个16位大小的校验和数来检查数据包的完整性。如有干扰，蓝牙控制模块自动再次发送数据包，它使用一个稳定的语言编码将语言转换成数字信号。

无线电模块在每个数据包发送后以随机的方式改变发送和接收的频率（每秒1600次），这称为跳频。

3. 数据安全性

在蓝牙技术的开发过程中，生产厂家非常重视对传送数据的保护，例如数据的处理和防窃听。数据是用128位长的电码来编制代码的。接收器的真实性也由一个128位电码来校验，这时各装置用一个密码彼此识别。每个连接都会产生新的电码。由于蓝牙有效的作用距离只有10m，因此它对数据的处理操作也就只能在这个范围内进行，这样还可提高数据的安全性。同时在蓝牙系统中采用的抗干扰措施还能提高保护数据流的能力，使其免受干扰。

生产厂家还可以通过使用更为复杂的编码方式、设置不同的安全等级以及网络协议等来提高数据的安全性。

4. 蓝牙装置间的适配

如果两个蓝牙装置相遇，它们之间会自动建立起联系。这种联系建立前，须输入PIN来进行两装置间的适配（只能进行一次）。在此过程中会产生无线微元，称为"Piconet"，它使装置协调工作。每个Piconet最多可为8个蓝牙装置提供位置，而每个装置又可同时从属于多个Piconet。另外，最多可将256个不工作的装置分配到一个Piconet上。在每个Piconet上有一个装置执行主控功能，主控装置先建立起联系，其他装置与主控装置进行同步设定，只有收到主控装置数据包的装置才会作出应答。例如，在奥迪A8 03年型车上，电话/Telematik控制单元就是蓝牙主控装置。为了避免在创建Piconet时产生混乱，每个装置都可进行设定，用以决定它可与哪个装置进行通信联系。每个装置有一个48位长的地址，它在全世界范围是唯一的，也就是说可识别281万亿个不同的装置。

5. 蓝牙系统的诊断

蓝牙系统在诊断时用的是主控制单元的地址码。例如，在奥迪A8 03年型的车上，电话/Telematik控制单元J526就是蓝牙主控装置，其中电话地址码为77，紧急呼叫模块地址码为75。电话听筒和J526之间的蓝牙总线连接是通过检查蓝牙天线进行监控的。如果天线接线断路，故障存储器内会记录故障为蓝牙天线无信号/无法通信。诊断时还可以通过诊断仪器在蓝牙主控装置的自适应过程中，接通或关闭蓝牙功能。

项 目 小 结

（1）VAN为车辆局域网，主要应用于车身电器设备的控制。VAN数据总线系统有物理层、数据连接层、网络协议层、传输层、核查层、显现层和执行层。

（2）VAN节点由协议控制器和线路接口两个主要部分组成。

(3) VAN 数据总线系统拥有 3 种可行的传输模式：定时传输模式、事件传送模式和混合模式。

(4) LAN 主要是为了使车载各电控单元间进行的各种数据交换，以此促成对汽车性能的精确、高速控制和减少配线。LAN 主要取决于 3 个因素：传输媒体、拓扑结构和媒体访问控制协议（MAC）。

(5) LAN 常用的拓扑结构有 3 种：星形、环形、总线/树形。

(6) 光纤传送信息的方法有：时分复用（OTDM）、波分复用（WDM）和频分复用（FDM）3 种方式。

(7) 光纤传递传递数据信息时，由控制单元形成的电信号在发射元件内被转换成光信号，并发射到光缆内。光线穿过光缆然后通过接收元件重新转换成电信号。

(8) 汽车无源光学星形网络主要由无源光学星形、光发送器（光二极管 LED）、在节点上的光接收器、节点与星形之间的发送和接收光纤 4 部分组成。

(9) 蓝牙系统内的数据传送采用无线电波的方式，其频率为 2.40～2.48GHz。车载蓝牙系统的数据传输速率可达 1Mbit/s，可同时传送 3 个语音通道的信号。蓝牙发射器的有效距离为 10m，如果某些装置外加放大器的话，有效距离可达 100m。

附录

实训部分

实训 1　认识汽车车载网络系统

1. 实训目的

能够对车载网络系统有较深的认识。

2. 实训器材

大众系列具有车载网络系统的轿车，数字万用表，汽车专用示波器。

3. 实训要求

学生根据已学的相关知识，通过查阅技术资料，指出车载网络系统的整体结构组成及在汽车上的布局。

4. 实训任务工单

由学生完成如下工单。

(1) 解释如下术语。

　　局域网：_____
_____

　　数据总线：_____
_____

　　多路传输：_____
_____

　　网络协议：_____
_____

(2) 简绘出网络系统在汽车上的布局图。

5．检验与评估

检验与评估内容	检验指标	权重	自评	互评	总评
任务检验	能掌握车载网络系统的常用术语	20			
	能掌握车载网络系统的组成、通信协议分类	30			
	对车载网络系统的实际应用有较深的认识	10			
	能够详细绘制出车载网络布局图	20			
职业素养	学习态度：积极主动参与学习	20			
	团队合作：与小组成员一起分工合作，不影响学习进度				
	现场管理：服从工位安排、执行实训室"5S"管理规定				

实训 2 CAN 数据总线检修

1. 实训目的

能够对 CAN 数据总线系统的基本故障进行检测、排除。

2. 实训器材

奥迪轿车动力总线系统实训台、数字万用表、汽车专用示波器、故障诊断仪 VAS5051。

3. 实训要求

(1) 教师在实训台上设置动力总系的 3 种典型故障(数据通信失效、数据通信错误和节点无通信)。

(2) 学生结合车辆实际情况,按照相关维修资料和技术标准,使用故障诊断仪、万用表和示波器对 CAN 总线系统进行各种检测,并分析判断故障原因,排除故障恢复正常性能。

4. 实训任务工单

由学生完成如下工单。

奥迪轿车动力总线检修				
CAN 总线信息描述	CAN 总线分类、组成			
	CAN 总线怎样传递信息			
	CAN 动力总线由哪些单元组成			
工作准备	相关维修资料			
	相关技术标准			
	相关检测工量具			
	相关维修、拆装工具			
故障原因	故障描述	检测内容	判断依据和故障点	修复方法
CAN 系统数据通信失效		诊断仪检测结果:		
		万用表检测结果:		
		示波器检测结果:		

续表

故障原因	故障描述	检测内容	判断依据和故障点	修复方法
CAN系统数据通信错误		诊断仪检测结果：		
		万用表检测结果：		
		示波器检测结果：		
CAN系统数据某节点无通信		诊断仪检测结果：		
		万用表检测结果：		
		示波器检测结果：		

5. 检验评估

检验与评估内容	检验指标	权重	自评	互评	总评
维修质量检验	各项控制功能恢复正常	40			
任务检验	能描述CAN总线的组成和工作原理	5			
	能正确连接示波器并读取总线波形	10			
	能用万用表、故障诊断仪对CAN总线系统进行检测	20			
	在小组完成任务过程中所起作用	5			
职业素养	学习态度：积极主动参与学习	20			
	团队合作：与小组成员一起分工合作，不影响学习进度				
	现场管理：服从工位安排、执行实训室"5S"管理规定				

实训 3 LIN 数据总线检修

1. 实训目的

能够对 LIN 数据总线系统的基本故障进行检测、排除。

2. 实训器材

奥迪轿车 LIN 总线教学台架或 LIN 总线教学车、数字万用表、汽车专用示波器、故障诊断仪 VAS5051。

3. 实训要求

（1）教师在实训台上设置 LIN 总系的几种典型故障。

（2）学生结合车辆实际情况，按照相关维修资料和技术标准，使用故障诊断仪、万用表和示波器对 LIN 总线系统进行各种检测，并分析判断故障原因，排除故障恢复正常性能。

4. 实训任务工单

由学生完成如下工单 1、工单 2、工单 3。

1）工单 1

奥迪轿车 LIN 总线检修		
LIN 总线信息描述	LIN 数据总线的特点	
	LIN 数据总线由哪些单元组成？各自作用分别是什么？	
	LIN 数据总线在系统功能控制中起到什么作用？	
	LIN 数据总线怎样进行自诊断？	
工作准备	相关维修资料	
	相关技术标准	
	相关检测工量具	
	相关维修、拆装工具	

2) 工单 2

LIN 总线测量任务

操作项目	操作内容	检测结果
万用表检测	LIN 数据总线对地电阻值	
	LIN 数据总线静态时对地电阻值	
	LIN 数据总线动态时对地电阻值	
示波器检测	LIN 数据总线正常波形测量	画出波形简图：（标明幅度、时间）
	LIN 数据总线从节点断路时波形测量	画出波形简图：（标明幅度、时间）
	LIN 数据总线对地短路时波形测量	画出波形简图：（标明幅度、时间）
诊断器检测	LIN 数据总线处于失效状态时	故障代码： 数据流：

3) 工单 3

LIN 总线检修任务

故障现象	检测内容	判断依据和故障点	修复方法
刮水器电机失效	诊断仪检测结果：		
	万用表检测结果：		
	示波器检测结果：		
1 挡刮水器控制失效，2 挡正常	诊断仪检测结果：		
	万用表检测结果：		
	示波器检测结果：		
防盗警报喇叭不工作	诊断仪检测结果：		
	万用表检测结果：		
	示波器检测结果：		

续表

故障现象	检测内容	判断依据和故障点	修复方法
刮水器间歇挡间歇时间，无随雨量大小调节的功能	诊断仪检测结果：		
	万用表检测结果：		
	示波器检测结果：		

5. 检验评估

检验与评估内容	检验指标	权重	自评	互评	总评
维修质量检验	各项控制功能恢复正常	40			
任务检验	能描述 LIN 总线的组成和工作原理	5			
	能正确连接示波器并读取 LIN 数据总线波形	10			
	能用万用表、故障诊断仪对 LIN 总线系统进行检测	20			
	在小组完成任务过程中所起作用	5			
职业素养	学习态度：积极主动参与学习	20			
	团队合作：与小组成员一起分工合作，不影响学习进度				
	现场管理：服从工服安排、执行实训室"5S"管理规定				

实训 4 MOST 数据总线系统检测

1. 实训目的

能够对 MOST 数据总线系统进行检测、排除故障。

2. 实训器材

奥迪轿车 MOST 总线教学台架或 MOST 总线教学车、数字万用表、汽车专用示波器、故障诊断仪 VAS5051、汽车光学检测仪。

3. 实训要求

(1) 教师在实训台上设置 MOST 光纤网络出现环路断路故障(例如,信息娱乐系统故障)。

(2) 学生结合车辆实际情况,按照相关维修资料和技术标准,使用故障诊断仪、汽车光学检测仪、万用表和示波器对 MOST 总线系统进行各种检测,并分析判断故障原因,排除故障恢复正常性能。

4. 实训任务工单

学生根据实训要求,完成如下工单。

<table>
<tr><td colspan="4">奥迪轿车 MOST 总线检修</td></tr>
<tr><td rowspan="2">MOST 总线
信息描述</td><td colspan="3">MOST 光纤网络的特点</td></tr>
<tr><td colspan="3">MOST 光纤网络是怎样传输信号的?</td></tr>
<tr><td rowspan="4">工作准备</td><td colspan="3">相关维修资料</td></tr>
<tr><td colspan="3">相关技术标准</td></tr>
<tr><td colspan="3">相关检测工量具</td></tr>
<tr><td colspan="3">相关维修、拆装工具</td></tr>
<tr><td rowspan="4">MOST 网络
的光学检测
仪测量</td><td>操作内容</td><td colspan="2">测量结果(写出各节点的衰减值)</td></tr>
<tr><td>MOST 总线正常时</td><td colspan="2"></td></tr>
<tr><td>挤压光纤时</td><td colspan="2"></td></tr>
<tr><td>光纤转变角度过小时</td><td colspan="2"></td></tr>
</table>

故障现象	项目	内容	检测结果	结论
网络故障检修	故障诊断仪检测	读取故障码		
		读取数据流		
		主动功能测试		
	万用表检测	系统模块供电电压和搭铁状况测量		
	光学诊断仪检测	MOST 光衰减度		

5. 检验评估

检验与评估内容	检验指标	权重	自评	互评	总评
维修质量检验	各项控制功能恢复正常	30			
任务检验	能描述车载信息娱乐系统的组成和工作原理	5			
	能用故障诊断仪对信息娱乐系统进行读取故障码、数据流、主动功能测试等操作	20			
	能用汽车光学检测仪对信息娱乐系统进行检测	20			
	在小组完成任务过程中所起作用	5			
职业素养	学习态度：积极主动参与学习	20			
	团队合作：与小组成员一起分工合作，不影响学习进度				
	现场管理：服从工位安排、执行实训室"5S"管理规定				

参 考 文 献

[1] 谭本忠. 汽车车载网络维修教程[M]. 北京：机械工业出版社，2008.
[2] [德]Andreas Crzemba. MOST 汽车多媒体网络[M]. 北京：北京理工大学出版社，2010.
[3] 黄建文. 汽车车载网络系统检修一体化项目教程[M]. 上海：上海交通大学出版社，2012.
[4] 侯树梅. 汽车单片机及局域网技术[M]. 北京：高等教育出版社，2010.
[5] 罗峰. 汽车 CAN 总线系统原理、设计与应用[M]. 北京：电子工业出版社，2010.
[6] 李贵炎. 车载网络系统结构原理与维修[M]. 南京：江苏科学技术出版社，2008.
[7] 吴文琳. 汽车车载网络系统原理与维修精华[M]. 北京：机械工业出版社，2008.
[8] 朱双华. 汽车 CAN 系统故障诊断与检修技术[M]. 长沙：国防科技大学出版社，2008.
[9] [法]胡思德. 汽车车载网络（VAN/CAN/LIN）技术详解[M]. 北京：机械工业出版社，2006.